오천 년을 사는 여자

오천 년을 사는 여자

초판 1쇄 인쇄 2020년 10월 23일
초판 1쇄 발행 2020년 10월 31일

글쓴이 염경미
펴낸이 김승희
펴낸곳 도서출판 살림터

기획 정광일
편집 조현주
북디자인 꼬리별

인쇄·제본 (주)신화프린팅
종이 (주)명동지류

주소 서울시 양천구 목동동로 293, 22층 2215-1호
전화 02-3141-6553
팩스 02-3141-6555
출판등록 2008년 3월 18일 제313-1990-12호
이메일 gwang80@hanmail.net
블로그 http://blog.naver.com/dkffk1020

ISBN 979-11-5930-161-2 03330

* 이 책은 포천 막걸리체를 사용하여 디자인되었습니다.

이 도서의 국립중앙도서관 출판예정도서목록(CIP)은
서지정보유통지원시스템 홈페이지(http://seoji.nl.go.kr)와
국가자료공동목록시스템(http://www.nl.go.kr/kolisnet)에서 이용하실 수 있습니다.
(CIP제어번호: CIP2020045291)

오천 년을 사는 여자

염경미 지음

나는 왜 오천 년을 살았다 하는가?

사람은 태어나 한 세월 산다 하여도 백 년을 살기가 어렵다. 자신이 살아간 백 년 동안 있었던 일을 모두 기억한다 해도 인류 오천 년의 역사를 직접 경험하기란 쉬운 일은 아니다. 1966년에 태어나 전기도 수도도 없는 농촌마을에서 자란 내 유년의 삶이 수렵과 채집생활을 하도록 했다. 이어서 농경과 목축 사회에서는 당연히 선사 시대의 수렵과 채집생활이 공존하기 마련이었다. 나는 스스로를 오천 년을 산 여자라고 칭한다. 그것은 다른 사람들이 나와 같은 시대를 살았다 하더라도 도저히 알 수 없는 이야기를 가지고 있기 때문이다.

나는 수렵과 채집생활이 공존하던 농경 시대를 지나 산업 사회를 관통하였다. 정신없이 살다 보니 정보지식 사회에 진입해 있었고, 이제 또다시 4차 미래 사회를 준비해야 한다는 사회적 압박을 받고 있다. 인류의 경제사적 변동과정을 모두 경험하였다. 사회문화적으로도 증조할머니까지 계시는 봉건적 가부장제 질서가 지배하였으며, 정치적으로 박정희 독재와 부마항쟁, 5·18 광주항쟁과 87년 6월 항쟁, 그해 7~8월 노동자대투쟁, 그리고 경제성장과 정권교체, 다시 뒤로 후퇴하는 듯한 과정을 겪었다. 그러나 2017년, 시민들의 촛불혁명으로 정치적 민주주의뿐만 아니라 일상에서의 민주주의를 추구하고 있다. 2020년 현재, 우리는 이 모든 과정과 발전을 딛고 여기 있다. 더 나은 민주주의를 실현하기 위하여 힘과 힘이 부딪히고 진짜와 가짜가 뒤엉켜 진실을 가려내기조차 어렵다.

나는 기억한다. 좁은 방에 올망졸망 모여 앉아서 할머니가 들려주는 '옛날 옛날에'로 시작하는 이야기에 빠져서 울고 웃으며 자랐다. 글자를 아직 익히지 못했던 예닐곱 실에 '국민교육헌장'을 좔좔 외우며 나라에 충성, 부모에 효도를 다짐했다. 인류 역사 이래 가장 좋은 정치제도는 민주주의라고 사람들은 말한다. 이제 우리는 정치적 민주주의를 넘어 일상의 민주주의를 구현하고자 하는 시대를 살고 있다. 나는 오천 년 역사 속의 민중들이 희로애락과 그들이 추구한 오래된 미래를 살고 있는지 들여다보려고 한다. 어쩌면 동년배라 할지라도 도시에 살았거나 유복한 환경에서 살았던 이들은 까마득한 옛날이야기처럼 들릴지도 모른다. 하물며 자라나는 젊은 세대들이야 오죽할까? 압축적인 경제성장의 뒤에 감추어진 우리들의 이야기를 전하고자 한다. 문화의 역사는 언제나 혼재한다. 공간을 조금 달리하면 수렵과 채집의 구석기 시대 문화가 여전히 오늘날에도 이루어지는가 하면 동시대를 사는 사람이라 할지라도 전혀 다른 세상을 경험할 수도 있다. 문화의 역사는 하나가 끝이 나고 또 다른 하나가 시작되는 것은 아니다. 그것은 언제나 혼재한다. 그래서 나는 오천 년을 사는 여자가 될 수 있었던 것 같다.

이미 출간된 나의 책 『선생님, 민주시민교육이 뭐예요?』, 『선생님, 페미니즘이 뭐예요?』에서 나 자신을 '오천 년을 사는 여자'라고 소개하였는데, 학생들은 어떻게 오천 년을 살았는지 이야기를 해 달라고 요청이 쇄도하였다. 수업시간에 잠깐 들려주는 이야기가 아니라 글을 써서 차분히 소통하고 싶은 글쓰기 욕구가 활활 타오르기 시작하였다. 아이들은 태어나면서부터 현재와 같은 디지털 시대의 원주민으로서 그 문화를 만났다. 아이들에게는 오늘이 있기까지의 수많은 사회적 노력과 실천, 전진과 후퇴, 문화의 혼재 속에서의 갈등과 진화를 거듭하였다는 이야기를 들려주고 싶었다. 민주주의는 생명을 가진 유기체와 같아서 끝없이 만나고 노력해야 더 성장할 수 있다. 이전 세대의 희생과 노력 위에서 오늘이 건설되고 만들어졌다는 것을 상기하고 세대 간 소통이 이루어지는 기회가 되기를 희망한다. 한편 우리나라의 경제성장과 민주주의를 위해서 자신을 희생하면서 힘차게 달려온 기성세대에게는 누구나 어렴풋이 기억 너머에 묻어 둔 따뜻한 옛이야기를 들려줌으로써 당신들의 노고에 큰 박수를 보낸다. 또 그 이전의 부모님과 조부모님이 나라 잃은 설움과 전쟁을 겪으면서도 여기 생명의 뿌리를 내리고 후손들이 살아가도록 해 준 이름 없는 선대들께 감사하는 마음을 전한다.

2020년 가을, '포스트 코로나19',
또 다른 우리 사회를 상상하며

차례

I.

이삭 줍는 여인과
사냥하는 남자

1.

토끼 사냥

엄격히 말하면 공산제 사회는 경험하지 못했다. 오히려 사유재산을 철저히 보호받았고 그것이 무너지는 일은 없을 것이라는 철옹 같은 벽을 느끼면서 자랐다. 그런데 사냥을 하러 동네 아이들이 함께 산을 오르고 마침내 토끼나 꿩을 잡게 되면 그것은 공유물이 되었다. 아무 때나 시도 때도 없이 사냥을 하러 가는 것은 아니었다. 눈 오는 겨울 한낮이 바로 토끼 사냥 나서기에 가장 좋았다. 학교에서도 눈이 펄펄 내려서 짐승의 발자국이 눈 위에 흔적을 남기는 날이면 오후 수업은 토끼몰이를 하는 일이 교실에서 하는 공부보다 자연스러웠다.

5~6학년 때의 겨울은 아이들의 천국이었다. 요즘같이 롱패딩이라든가 오리털 잠바는 없던 시절이었다. 아마도 지금보다 엄청 추운 겨울이었을 것이다. 그때는 지구온난화라는 말도 생기지 않았던 시절이라 집집마다 처마 밑에는 고드름이 길게 자랐다. 그러나 우리는 산으로 들로 뛰어다니며 노느라 추운 줄도 몰랐다.

5~6학년 시기는 때마침 모두 남자 선생님들이 담임을 했다. 학교에는 여선생님은 소수였고 남선생님이 절대 다수였다. 상급학교로 진학할수록 더욱 남교사가 많아졌다. 그만큼 고등교육을 받는 사람이 남

성 중심이었기 때문일 것이다. 당시 초등학교 교사를 할 수 있는 교육대학은 2년제였다. 심지어 1970년대 초반 수년간은 고등학교 졸업자 중에서 공모하여 6개월 속성 과정으로 초등학교 교원자격을 주는 시기도 잠깐 있었다. 이모 두 명이 6개월 속성 교육으로 초등학교 교사 생활을 했다. 그래도 여교사가 훨씬 적었다.

시골 학교라 학급이라야 달랑 두 개 반이었다. 1반 아니면 2반으로 6년을 같이 자라다 보니 모두 잘 아는 사이가 되었다. 농번기에는 일손 돕기 실습을 학교 앞 논으로 나가서 벼 베기, 이삭줍기, 콩 심기 등을 줄을 맞추어 가며 도왔다. 공부보다는 이렇게 들에 나가서 재잘거리며 일하는 게 더 즐거운 오후였다. 봄에는 씨 뿌리기, 여름에는 강으로 놀러 가기, 겨울이면 사냥이었다.

어떻게 시작되었는지 분명하진 않지만 우리는 눈이 오는 날 오후에 산으로 토끼몰이를 나갔다. 토끼가 보이면 모든 아이들이 빈틈없이 달려가 껑충껑충 뛰는 토끼를 한두 마리 잡았다. 희한하게도 토끼는 그렇게 빠르지 않았다. 사람들이 우우 몰려가면 눈을 동그랗게 뜨고 쳐다보느라 시간을 죽였다. 아이들에게 잡혀서 노획물이 된 토끼의 종말에 대하여 우리는 궁금해하지 않았다. 그것은 당연히 사냥 시간을 만들어 준 선생님이 가져가거니 생각했다. 그날 밤 시골 학교 숙직실 부엌에서는 연기가 오랫동안 피어올랐다.

토끼 사냥을 하면서 우리는 한 가지를 배웠다. 두 마리 토끼를 잡기는 매우 어렵다는 것을 말이다. 두 마리 모두 잡으려고 힘을 분산하다 보면 한 마리도 못 잡게 된다. 토끼 사냥의 원칙은 바로 '두 마리 토끼를 잡으려 하지 마라'였다. 힘을 합쳐서 한 마리를 먼저 잡고 여력이 있으면 다시 나머지 한 마리를 잡아야 한다는 사실이다.

지금은 '어린이 노동 금지', '아동·청소년 노동인권'으로 어린아이에게 일을 시키는 건 야만적으로 생각하는 시절이다. 근로기준법에서 미성년자에게는 노동을 금지하고 있다. 그러니 학교에서 버젓이 단체로 어린 초등학생을 동원하여 농사일을 돕는다면 신문에 날 일이다. 그러나 40~50년 전의 아이들은 농번기에는 고사리손으로 일을 도우며 '백지장도 맞들면 낫다'고 보탬이 되었다. 교실에서 국어, 수학 공부하는 것은 매일같이 하는 일상이다. 들로 나가서 벼 베기를 돕거나 볏짚을 나르는 일은 반은 노동이요, 반은 놀이처럼 하는 체험학습 같은 것이었다. 눈 오는 날의 토끼몰이는 즐거운 놀이였다. 누구도 그러한 학사 일정에 대하여 뭐라고 의문을 제기하는 사람은 없었다.

2.
꿩과 콩밭

평양냉면이 특별한 이유는 육수를 꿩고기로 만들기 때문이라고 한다. 평양냉면은 북한이 자랑하는 대표 음식이다. 북한에서는 꿩을 어떻게 잡을까? 평양냉면의 육수를 내는 꿩을 무슨 방법으로 잡을지 상상하기 어렵다. 꿩 한 마리라야 고기는 한 주먹 거리도 되지 않는다. 꿩 마음이 아무리 콩밭에 있다지만 꿩은 나는 새다. 나는 짐승도 우리에 넣어서 인위적으로 재생산을 하지 않으면 꿩으로 만든 육수를 내기란 쉽지 않을 것이다.

아마도 꿩을 가까이에서 보지 못한 사람들도 많을 것이다. 운 좋게도 나는 꿩을 찾아서 야산을 쫓아다닌 기억을 가지고 있다. 꿩은 닭목에 속하는 텃새이다. 그래서 산계山鷄라 부르며 크기도 집에서 키우는 닭과 비슷하거나 조금 작았다. 유독 겨울이면 우리 동네 뒷산에는 꿩이 많이 나타났다. 산에서 흔히 볼 수 있던 꿩을 가리켜 이름도 다양했다. 수컷은 장끼라 불렀고 암컷은 까투리, 새끼는 꺼병이라 하였다. 판소리 중에 장끼전이 있고 우리 민요 중에도 새타령에 나오는 까투리 사냥 구절이 있다. 아름다운 자태를 지닌 꿩은 참새나 제비와 까마귀만 보고 놀던 우리들에게 아주 특별했다. 꿩의 모양은 우아했다.

특히 수컷은 더 아름다웠다. 긴 깃을 가지고 있고 푸른빛을 띠었는데 하나의 색이 아니었다. 소위 그라데이션인 양 푸른빛이 다양했다. 푸른빛과 붉은빛을 띠는 꽁지와 깃은 몸의 절반을 차지했다. 크기로 보자면 보통의 새보다는 열 배 큰 덩치를 지녔다. 물론 매나 독수리보다는 턱없이 작았다. 그래도 참새나 제비를 흔히 보고 자라던 우리들에게는 반가운 새였다.

우리 속담에 '꿩 구워 먹은 소식이다'라는 말이 있다. 도대체 소식이 없다는 뜻이다. 꿩을 잡으러 갔는데 잡아서 구워 먹고 오는지 오랜 시간 연락이 없음을 두고 하는 말이다. 또 '꿩 마음은 콩밭에 가 있다'라는 말이 있는데, 꿩이 콩을 워낙 좋아하여 붙여진 말로 마음이 다른 데 가 있는 사람을 가리킬 때에도 이 말을 썼다. 하라는 공부는 하지 않고 다른 생각만 하고 있는 학생을 가리켜 "저놈 봐라, 마음이 콩밭에 가 있으니 공부가 될 리가 없지"라며 혀를 찼다. 몸은 여기 있으나 마음은 다른 곳에 있어서 정신 줄을 놓은 상태를 말한다.

'꿩 먹고 알 먹는다'는 한 가지 일을 하여 두 가지 이상의 이익을 보게 되는 것을 비유적으로 하는 말이다. '굿도 보고 떡도 먹고'와 비슷하다. 또 꿩의 천적은 매다. 그래서 나온 말인 '꿩 놓친 매'는 애써 잡았다가 놓친 경우로 허사로 돌아간 일을 말한다. '꿩 잡는 게 매'는 꿩을 잡아야 매라고 할 수 있다는 뜻으로 수단 방법을 가리지 않고 목적을 이룬 경우를 말했다. 이렇게 꿩과 관련한 생활 언어 표현이 많았던 것을 보면 꿩은 우리 주변에서 흔히 볼 수 있는 짐승이었다.

겨울 산에 눈이라도 내리는 날이 며칠 계속되면 꿩은 먹을 것을 찾아서 야산 밑의 밭으로 내려왔다. 동네 오빠들이 이 기회를 놓칠 리가 없었다. 겨울철에 심심하여 뭐 재미있는 일이 없나 궁금하던 차에 눈이 오면 사냥철이 되었다. 어린 동생들까지 데리고 토끼몰이를 하는 것은 당연했다. 아울러 꿩을 잡으려고 무진 애를 썼다. 그런데 사람의 손으로 나는 새를 무슨 수로 잡겠는가 말이다. 그래서 생각해 낸 것이 약을 쓰는 일이었다. 당시에 우리는 꿩을 잡던 약을 사이나라고 불렀다. 어린아이들에게는 근처에도 못 오게 하던 약을 붉은색을 띤 야생의 열매에 묻혀서 꿩이 내려올 만한 밭이나 뒷산에 놓아두고 내려왔다. 이튿날에는 꿩이 그 모이를 먹었는지를 확인하고 근처를 이 잡듯이 살폈다. 약을 묻힌 열매가 없어졌다면 꿩이 주워 먹었을 것으로 생각하여 흥분하기 시작했다. 꿩은 배가 고파서 먹을 것을 찾다가 약을 발라서 놓아둔 먹이를 날름 먹어 버리면 얼마 멀지 않은 곳에서 주검으로 발견되었다. 꿩을 수확한 오빠는 의기양양하여 들고 돌아오곤 했는데 꿩의 깃털을 곱게 벗겨 내어 껍질은 잘 말리고 그 속에는 마른 짚을 넣어서 살아 있는 꿩 모양을 만들어 박제하였다.

약을 먹고 죽은 꿩은 위를 절제하여 버리고 고기가 되었다. 참새같이 작은 새도 잡아먹던 시절이라 꿩은 그 크기가 참새 열 마리보다 많으니 잔칫상이나 다름없었다. 꿩고기는 평양냉면처럼 육수를 만들어 먹지 않고 바로 고기로 취했던 것 같다. 꿩을 잡은 오빠들의 몫이었다.

초등학생 중에서도 꾸러기 녀석들이 있기 마련이다. 개구리, 메뚜기는 아이들이 구워 먹는 간식으로 생각하는 아이도 있었다. 자연에서 잡아서 직접 불에 굽고 이것을 같이 먹는 거다. 지금은 무엇이든 필요하면 인위적으로 생육 조건을 갖추어서 재배를 하고 사육을 한다. 마술사가 불러 내는 그 많은 비둘기들은 어디에서 왔을까? 비둘기 판매자에게 마리당 25만 원을 주고 사 온다. 어떤 재화가 필요하여 그것을 사려고 하는 수요자가 많아지면 곧 생산자는 공급을 시작한다. 자본주의 시장의 원칙이다. 사려는 사람의 욕구가 많을수록 이를 알아챈 사람이 돈을 벌려고 길러서 판매를 하는 거다. 야생의 꿩도 마찬가지다. 꿩이 아무리 콩을 좋아하여도 이제 콩밭에 가서 꿩을 잡기란 쉽지 않다. 꿩도 야생보다는 사육으로 길러져서 우리에게로 온다. 평양냉면에 꿩 육수를 쓸 수 있는 게 바로 이러한 이치다. 다만 '꿩 대신 닭'이라는 말이 있는 걸 보면 꿩이 부족하면 닭으로 육수를 만들 수도 있겠구나 싶다.

3.

살쾡이와 관절염

어느 날 들에 나갔다가 돌아오는 아버지 손에 살쾡이가 들려 있었다. 어른들은 그것을 이리저리 살피며 범 새끼 같다고도 하였다. 살쾡이는 무슨 일이었는지 산에서 내려오다가 신작로에서 차에 치여 죽어 있었다고 한다. 소위 말하는 '로드킬' 짐승이었다. 그때는 차도 드물던 시절이라 마음껏 어슬렁거렸나 보다. 운이 없었던지 그 날렵한 짐승이 차에 치여 죽어서 아침 일찍 들에 나갔던 아버지가 발견한 것이다. 살쾡이는 고양이과에 속하는 짐승이다. 몸길이가 제법 컸다. 집에서 기르는 강아지보다 컸으니 족히 70~80cm는 된 것 같다. 살쾡이의 꼬리길이는 몸길이의 절반 정도로 고양이보다 훨씬 길었다. 나는 어른들 사이에 끼어서 주워 온 살쾡이를 이리저리 구경하였다. 몸은 비교적 길고, 네 다리는 짧았다. 등에는 고르지 않은 검은 갈색 점무늬가 많은 것이 흡사 범 새끼 같았다. 머리는 호랑이와 비슷하게 생겼으며, 코 위에서 이마 양쪽으로 줄무늬가 뚜렷하게 나타나 있었다. 꼬리에는 갈색 바탕에 둥근 검은 갈색 무늬가 있다. 이빨과 발톱은 작은 편이나 매우 날카롭게 솟아 있었다.

우리는 살쾡이를 범이라는 말로 퉁쳤다. 우리 마을 근동에 배나무가 많다 하여 배골이라 부르는 동네가 있었다. 배골은 범이 나온다는 골짜기와 바위가 많은 곳을 지나야 학교에 올 수 있었다. 그 골짜기를 사람들은 범골이라 불렀다. 그런 마을에서나 더러 볼 수 있다던 살쾡이가 죽은 모습으로 나타났기 때문에 동네 사람들이 소문을 듣고 모여들었다. 어른들은 이 물건을 어디에 쓸 것인가가 관심사였다. 모두 살쾡이를 주워 온 아버지 입을 쳐다보았다. 이런 일은 흔한 일이 아니라서 쉽게 결정하지 못하는 것 같았다.

　시골에서도 야생의 살쾡이를 직접 만나는 일은 흔치 않았다. 어른들도 무서워하는 게 분명했다. 살쾡이는 주로 혼자 또는 한 쌍씩 생활하기 때문에 만나기도 어려운 영물[1]이라고 했다. 성질이 사납고, 몸이 날쌔며, 나무 위에도 잘 올라가서 사람이 먼저 해치려 들지 않으면 눈에 불을 켜서 노려보다가 뒷걸음질을 한다고 했다. 모든 짐승들이 그렇듯이 사람이 먼저 공격을 하면 저도 살기 위해서 죽기 살기로 덤비는 법이란다. 살쾡이는 낮에는 나무 구멍이나 바위 밑에 숨어 있다가 밤이 되면 먹을 것을 찾아서 활동하기 시작하여 토끼·쥐·꿩·다람쥐·새끼노루 따위를 잡아먹고 산다. 시골마을에서 마당에 풀어서 키우는 닭은 물론이거니와 닭장 안을 공격해서 닭을 잡아먹기도 하여 살쾡이가 다녀간 것을 어른들은 알고 있었다. 살쾡이는 봄이 되면 나무 구멍이나 바위틈에 2~3마리의 새끼를 낳아 길렀는데 새끼는 일 년 정도 자라면 제 어미만 하게 완전히 성장한다고 입을 모았다.

　영물인 살쾡이를 어떻게 할 것인가를 두고 고민하는 사이에 한 분

---

1. 영험한 기운과 능력을 가진 동물이나 식물을 이르는 말로 영리한 짐승을 신통히 여겨 부르는 말.

이 나섰다.

"모친이 관절염으로 고생하시는데 살쾡이를 고아서 드시면 효험이 있다고 하니 저에게 주십시오."

하는 것이었다. 주워 오기는 했으나 마땅한 용처²를 찾지 못하던 터에 아버지는 선뜻 죽은 살쾡이를 내어 주었다.

요즘은 고양이를 반려동물로 키우기도 하고 사람과 친밀하게 지내기도 한다. 그래도 개와 달라서 고양이는 저를 알아 달라고 보채는 일이 없다고 한다. 한마디로 시크한 동물이다. 내가 자라던 농촌에서 고양이는 그저 쥐를 잡는 동물로 환영을 받았을 뿐 그것도 모두 도둑고양이였다. 그래서 도둑고양이가 내 집에 와서 흔한 쥐라도 잡아 주면 고마운 일이었다. 고양이가 다녀가면 쥐가 보이지 않는다고 반색을 했다. 어른들도 고양이는 요물이라 집에서 기르기는 어렵다고 생각했다. 눈에서 불이 뚝뚝 떨어지는 동물이라 무서워했다. 그래도 사람이 보기에 고양이는 몸이 유연하기 그지없었는데 그런 고양이를 고아서 먹으면 앓던 관절이 부드러워져서 낫는다고 믿었던 것 같다. 왠지 그럴듯하게 들렸다. 살쾡이를 고아서 약으로 드신 그 할머니는 관절이 고양이처럼 부드러워져서 그 후에 바깥출입을 자유롭게 할 수 있었는지 기억이 나지 않는다. 그러고 보면 사람이 취하지 않는 것이 없었던 것 같다. 당시에는 야생 동물도 사람에게 오면 고단백 식품으로 변했다. 야생의 짐승에게 어떤 위험 물질이 숨어 있는지 과학적으로 가려내는 일은 얼마 되지 않았다. 살쾡이는 몸이 유연하니까 굳어진 관절로 고생하는 어르신들의 몸이 좋아지겠지 하는 막연한 희망이 아니었을까

---

2. 돈이나 물품 따위를 쓸 곳을 이르는 말.

싶다.

　동물 애호가들이 들으면 기절할 일이다. 일부러 잡아서 먹은 것은 아니지만 살쾡이를 먹는다는 건 현대사회에서는 상상하기도 어려울지 모른다.

4.
이삭 줍는 여인들

내가 어릴 때는 이동식 탈곡기가 있었다. 때로는 논에서 볏단을 옮겨서 집 마당에서 탈곡을 하는 경우도 있었다. 그러나 대체로 추수할 양이 많은 논으로 탈곡기를 옮겨 논바닥에 큰 비닐을 깔고 탈곡을 하였다. 볏단을 부지런히 가져다 놓으면 한 사람은 탈곡기에 넣기 좋을 만한 크기로 주고 탈곡기 앞에 선 아버지는 발로 탈곡기를 밟으면서 볏단을 밀어 벼가 다 떨어졌다 싶으면 다른 쪽으로 짚을 던지는 그런 형태였다. 탈곡기를 중심으로 아버지가 선 맞은편으로 나락이 수북이 쌓이면 가마니에 넣는 사람이 있어야 했다. 볏단을 집어 주는 사람, 탈곡기를 밟으며 벼가 떨어지도록 하는 사람, 탈곡된 나락을 담는 사람, 논에 있는 볏단을 날라 주는 사람, 탈곡한 후의 짚을 묶는 사람 등 일하는 사람이 많을수록 손발이 척척 맞아서 일도 수월하고 빨리 끝낼 수가 있는 것이었다.

농촌에서는 늘 일손은 부족하고 할 일은 많았다. 일을 할 때, 아버지는 언제나 일손을 넉넉하게 하려고 애를 썼다. 그래야 늦도록 하지 않고 조금 일찍 마치고 일꾼들도 집으로 가는 시간을 앞당길 수 있다고 하면서 말이다. 그날도 우리 집 일은 조금 이른 시간에 갈무리가 되었다. 사람들을 보내고 집으로 오는 길에 탈곡을 하는 이웃을 만났다.

"해가 지는데 아직 일이 안 끝나서 어쩌나." 하면서 아버지가 거들기 시작했다. 얼마나 지났을까? 아버지 옷과 손에 피가 흥건하도록 묻어 있었다. 어둑어둑해지는 들녘에서 남의 집 일을 거들다가 손가락이 탈곡기 안으로 들어갔다. 오른손 중지 반 마디가 날아갔다. 아버지는 밤새 아파서 끙끙 앓았다. 아버지는 손가락을 다친 후 그해 추수일은 더 이상 할 수 없었다. 남의 집 일이 늦어지는 것을 보고 그냥 지나치지 않고 거들다 그 모양이 되었으니 그 집에서도 미안해서 쩔쩔매고 아침저녁으로 건너와서 좀 어떠시냐고 안부를 물었다. 그렇게 아버지의 오른손 중지 손가락은 손톱 뿌리만 남기고 사라져 약지보다 짧았다.

고등학교 미술책에서 장 프랑수아 밀레를 만났을 때의 충격은 매우 컸다. 밀레가 그린 〈이삭 줍는 여인들〉, 〈만종〉은 내가 경험한 농촌생활의 모습을 그대로 담고 있었기 때문이다. 세계적으로 유명하여 교과서에 실린 작품이 우리의 삶을 그린 모습에 적잖은 감동을 받았다. 밀레는 스스로 농촌화가임을 자임하였고 농촌 풍경을 그려서 19세기 유럽 농촌에서 일하는 농민의 삶을 보여 주었다. 그동안 예술이라 하면 음악이든 미술이든 '클래식이다' 하여 나의 생활과는 거리가 먼 귀족적인 초상화, 종교화, 산수화 등이었다. 그래서 예술은 접근하기 어려운 딴 세상 이야기로 생각하였는데 밀레를 만나면서 무릎을 치게 되었다. 우리의 삶이 곧 현실적인 예술의 소재가 된다는 것을 깨달았다.

탈곡을 마치고 추수가 끝나면 이삭줍기가 시작되었다. 논에 떨어진 이삭을 줍는 일은 밀레의 작품에서와 같이 주로 여성들이 했다. 이때

폴짝거리며 어머니와 할머니를 따라서 논으로 갔다. 탈곡을 한 뒤에 논의 상태도 확인하고 이삭도 주워서 정리를 하는 일이다. 내가 직접 한 이삭줍기를 프랑스의 넓은 들녘에서도 여인들이 했다는 사실적인 농촌 풍경이 더할 수 없이 아름다웠다.

밀레의 〈만종〉이라는 그림을 보면 해 질 무렵 어스름해지는 들녘에서 일을 하다만 부부가 멀리서 들려오는 교회의 종소리에 감사의 기도를 올리는 장면이다. 참 아름다운 모습이다. 들판에서 부부가 같이 일하고 같이 감사의 기도를 드리는 이 장면은 해가 저무는 들판에서 빛과 어둠이 교차하여 인물과 사물의 윤곽이 흐릿해지는 모습을 포착하고 있다. 이제 일을 그만하고 집으로 가야 할 시간이다. 서로의 수고를 위로하고 오늘 하루도 감사하다고 신께 기도드리는 모습이다.

밀레의 작품을 만난 이후 밀레라는 미술 거장을 좋아하지 않을 수 없었다. 내 삶을 표현해 주고 있었기 때문이다. 그의 그림은 농촌에서 고된 노동을 하는 농부와 시골 풍경을 담고 있어서 절묘하게 우리들의 일상과 맞았다. 나는 여기에 더하여 '기다리는 아이들'이라는 작품도 있었으면 좋겠다는 생각을 하였다. 왜냐하면 해 질 무렵이면 들에 일하러 가신 부모를 기다리는 아이들이 있고 그 아이들의 마음을 표현한 작품이 그리웠다. 바로 나의 모습이기도 했다. 해거름이 되면 유년의 나는 일하러 나가신 부모님을 기다렸다. 들에 가셨거나 볼일을 보러 출타한 아버지, 장 보러 가신 어머니가 오실 때가 됐는데 싶어서 들락날락하며 목이 빠지게 기다리는 아이들이 있었다.

삶은 척박하고 고된 일상이다. 이에 비하여 예술은 고상하고 귀하며 여유로운 풍경을 연상하였다. 그런데 밀레라는 거장은 '삶이 곧 예술이다'라는 말이 딱 맞아떨어지는 생각이 드는 작품을 남겼다. 그는 스스로 농촌화가임을 자부하며 농촌의 삶을 그림으로 남겼다. 화가의 이러한 태도는 삶의 현장을 그림이나 작품으로 표현하는 선구자적인 모습이다. 예술이 가장 큰 감동을 주는 때는 그것이 바로 우리 삶을 반영하여 표현하였기 때문일 것이다.

5.
세대 차이

송아지는 태어나자마자 어미젖을 찾아서 힘차게 빨며 제 발로 뛰어다니기 시작했다. 그런데 오직 사람만은 연약하기 짝이 없는 상태로 태어난다. 아기는 즉시 돌봐 주지 않으면 그대로 죽는다. 딸을 내리 낳은 어미가 독한 마음을 먹고 젖을 먹이지 않은 채 한나절 윗목에 밀어 두었더니 죽었다는 소문이 돌기도 했다. 인간은 태어나서 거의 20년 가까이를 먹이고 입히고 가르치고 그 부모의 보살핌을 받고 나서야 비로소 제 힘으로 살아간다. 그것마저 점점 독립하는 시기가 늦어진다. 육체적으로는 장성하였으나 경제적으로 독립하지 못하기 때문이다.

한 세대의 격차를 보면 더 선명해진다. 우리 증조할머니 세대와 할머니 세대는 평균적으로 17년에서 18년의 차이를 두고 자식을 보았다. 즉 할머니가 낳은 맏이와 나이 차이가 17~18년이라는 소리다. 그러다 그다음 세대인 85세 이상의 어르신들은 20년 이상의 차이를 두고 다음 세대를 두었다. 그분들의 자식인 우리 세대는 25년 이상을 두고 자식을 보았다. 그런데 우리들의 자녀 세대는 서른이 넘어도 자식을 보기는커녕 결혼도 못하고 있는 경우가 대부분이다. 평균적인 결혼

연령이 서른을 넘다 보니 다음 세대를 보기가 점차 늦어진다. 한 세대 건널 때마다 늦어지는 속도에 가속도가 붙는다. 수명이 길어지는 만큼 다음 세대를 늦게 보다 보니 여러 형제를 두기 어렵게 된다. 점점 제 스스로 살아가는 게 어려워지는 세태를 반영하는 것이다. 그러니 사람에 비하여 야생의 다른 짐승을 보면 생존능력이 엄청나게 크다는 것을 알 수 있다.

전반적으로 지구의 변화 속도는 가속도가 붙었다. 그런데 한 세대 간의 나이는 점점 길어지다 보니 세대 간의 문화 차이는 더 커질 수밖에 없다. 같은 시대를 살아도 서로 다른 경험을 하고 서로 다른 세상을 사는 것처럼 낯선 풍경이 많다. 특히 지식정보의 발달로 인터넷이 모든 것을 지배하는 새로운 사회로의 진입은 그 이전 세대와 많은 차이를 가져왔다. 불특정 다수와 소통하는 사회, 부호처럼 사용하는 인터넷 세대의 문자, 종이책이 아닌 전자책으로 어디서든 책을 읽을 수 있다. 익명성이 보장되는 인터넷 세상에서 '아이디'라는 이름으로 살아간다. 익명성으로 인해 자유롭고 거친 표현이 가능하다. 서로 다른 생각에 대하여 혐오가 넘쳐난다.

결혼에 대한 생각도 격차가 크다. 결혼은 이제 더 이상 필수적인 과제가 아니다. 개인의 선택에 불과하다. 그만큼 경제적 독립이 늦어질 뿐만 아니라 미래의 삶이 불안하다는 것을 반영한다. 경제생활이 안정되어야 다른 꿈을 꿀 수가 있다. 특히 요즘같이 소비 권하는 사회에서 안정적인 수입 없이 무조건 결혼해라, 아이 낳아라 할 수는 없다. 왜냐면 결혼과 아기 출생 이후에 생기는 어떤 문제도 우리 사회가 제대로 해결해 주지 못하고 있으니까 말이다.

2000년대가 되기 전에는 사람이 태어나고 자라서 장성하면 결혼하는 것을 자연스럽게 여겼다. 결혼을 하면 아이를 낳고 기르며 잘났든 못났든 부모가 되었다. 그렇던 사회가 걷잡을 수 없을 정도로 빠르게 변화하면서 이제 더 이상 결혼은 자연스러운 인간사의 한 과정이 아니라 성취해야 할 과업이 되었다. 청년 세대는 불안정한 직장과 수입으로 홀로 독립하기도 어렵게 되자 배우자를 만나고 자식을 낳는다는 게 큰 부담으로 다가왔다. 게다가 외벌이로 가족을 부양하면서 살기도 만만찮은 세상이 되고 보니 맞벌이로 살아야 하는 것을 기정사실로 받아들인다. 서로 사랑하고 아기를 낳아 키우며 오순도순 살아가는 평범한 일상마저 어려운 과업이 되고 있는 게 현실이다. 청년 세대가 이기적이어서가 아니라 불안한 일상을 살고 있기 때문이다.

세대 차이는 단순히 나이를 넘어서 인간사에서 중요하다고 여기던 많은 것들이 바뀌었다는 것을 의미하니, 그것이 나와 다르다는 이유로 억압해서도 안 될 일이다. 그만큼 사회경제와 문화가 달라지고 있다는 것을 감지해야 한다.

Ⅱ.

농가의 풍경

1.
대우받는 소

농가에서 소는 말을 못한다 뿐이지 식구나 다름없었다. 아버지의 중요한 일 중의 하나가 바로 아침저녁으로 여물을 잔뜩 넣고 등겨(곡식을 찧고 난 후에 나오는 찌꺼기)를 잘 섞어서 쇠죽을 끓이는 일이었다. 주로 쇠죽을 끓이는 솥은 그야말로 엄청난 크기의 무쇠로 만든 솥이었다. 쇠죽을 끓이는 냄새는 구수했다. 아버지는 등겨와 여물을 잘 섞어서 적당히 물을 붓고 불을 땠다. 무쇠솥에서는 쇠죽 끓는 소리가 나고 김이 올랐다. 솥뚜껑을 열고 한 김을 쐬고 나서 적당히 식으면 쇠죽을 한가득 퍼다가 소에게 주었다. 김을 내고 식히는 이유는 소가 뜨거운 줄도 모르고 먹다가 입이라도 데면 안 되기 때문이었다.

어머니는 부엌에서 사람이 먹는 음식을 장만하느라 늘 바쁘고 분주했다. 그 시절의 아버지들은 대체로 부엌에는 얼씬도 하지 않았다. 그러나 소가 있는 농가의 아버지는 쇠죽을 끓여서 소에게 먹이는 것을 당신의 일로 여겼다. 아버지가 어디 볼일이라도 보고 늦게 오시는 날이면 집에 들어서면서 하는 말이 "쇠죽은 주었는가?"였다.

생각해 보면 짐승에게 가는 사람의 손길이 달랐다. 그중에서 가장 대우받는 짐승이 소다. 소는 특별했다. 살림 밑천이기도 하고 아들이 대학을 간다면 그 소를 팔아서 학비를 댄다 하여 대학을 가리키는 상아탑³을 우골탑이라고도 불렀다. 비싼 소를 팔아서 보낸 대학이라는 뜻이다. 그러다 보니 소는 당연히 귀한 대접을 받았다.

소는 봄에는 밭을 갈고 여름이면 무논을 갈아엎으며 모내기할 채비를 했다. 가을 추수를 하고 나면 들에 있던 나락과 볏짚을 소달구지에 가득 싣고 집으로 왔다. 일꾼 열 몫을 소 한 마리가 담당한다 해도 과언이 아니었다. 농사짓는 집에 소는 상일꾼 대우를 받았다. 그 격에 맞게 소는 제 방 한 칸을 가지고 있었다. 우리 집도 그랬다. 아래채 세 칸 중에서 떡하니 중간을 차지한 주인이 바로 소다. 소가 기거하는 외양간이었다. 외양간에는 할머니 방으로 불을 때는 아궁이가 있었다. 불을 때고 남은 불기운이 겨울 외양간을 그나마 데워 주었다. 거기에다 가마니로 짠 거적을 소 등에 덮어서 추위에 견디도록 아버지가 조치를 취했다. 아버지는 날마다 볏짚도 새로 깔아 주어서 소가 누울 자리가 춥지 않도록 알뜰살뜰 보살폈다.

소중하다면 짐승도 이렇게 대우를 받았다. 살림 밑천 정도 되니까 소를 돌보는 일은 매우 중요했다. 초등학교 때부터 여름이면 풀을 뜯어 먹이기 위해 소를 몰고 뒷산으로 갔다. 소들은 풀을 자유롭게 뜯어 먹고 아이들은 아이들대로 재미있는 놀이를 하다가 해가 서산에 지려 하면 풀 뜯는 소를 데리고 산을 내려오는 일이다. 어쩌다 소 한 마리가 길을 잘못 들었는지 보이지 않는 경우가 있었다. 아이들은 여기저기 뛰어다니며 찾아보다가 마을로 내려와 이 일을 알렸다. 그러면 마을 어른들은 저마다 손전등이나 횃불을 들고 산에 들어가 소를 찾았

3. 대학을 비유적으로 이르는 말.

다. 어두워진 산에서 소를 찾기란 쉽지 않았다. 소를 잃어버린 아이는 새가슴이 되어 걱정을 했다.

소가 길을 잃어버려서 주인에게 못 돌아오는 일은 엄청 큰일이라 동네 사람들이 다 같이 캄캄해진 밤이라 하더라도 찾아 나섰다. 간혹 이웃 마을에 소가 내려가 소 찾는 불이 산마루를 타고 내려오면 이웃 마을에서 기별을 해 준다. 낯선 소가 마을에 내려왔다고 말이다. 우연히 누구에게나 일어날 수 있는 불행한 일을 만나면 자기의 일처럼 도와주려고 했다. 그중의 하나가 바로 귀한 소를 잃어버리면 다 같이 찾아 나서는 일이었다. 마을 어른들은 소를 찾을 때까지 걱정도 하고 위로도 하면서 마음을 나누었다.

2.
송아지 태어나다

　사람과 임신 기간이 가장 비슷한 짐승이 소다. 소는 열 달을 배 속에서 새끼를 길러서 낳는다. 낳는 새끼도 대개는 한 마리다. 어쩌다 두 마리를 낳으면 대박이다. 열 달의 수태 기간을 가지기 때문에 일하는 일소가 새끼를 한 해 걸쳐서 연속적으로 서너 마리만 낳아도 엄청난 기여를 하는 셈이다. 태어난 송아지는 6개월에서 1년 정도 키우면 대개 우시장으로 데려가 팔았다. 암송아지가 가격이 비싸고 수송아지는 상대적으로 가격이 싸다. 암송아지는 새끼를 낳아서 재산을 증식해 줄 것으로 기대하기 때문에 비싼 가격에 팔렸다. 수소는 일소로 쓰임은 있지만 새끼 낳는 것은 기대할 수가 없기 때문이다. 수소는 일손을 덜어 주지만 돈을 벌게 해 주는 암소와는 그 대접이 달랐다. 불같이 일어나는 되는 집에는 암소가 새끼를 서너 배 낳아 주고 일도 잘하는 것이다. 이것에 더하여 새끼도 암송아지로 낳아 주면 금상첨화였다. 사람과 달리 소는 암컷이 훨씬 후한 대접을 받았다.

　농가에서 송아지가 태어나는 일은 어른들에게도 매우 긴장되는 순간이었다. 어느 날 밤에 나는 송아지가 태어나는 순간을 목격하였다. 외양간을 살피던 아버지가 "아무래도 오늘밤에 새끼를 낳을 것 같다"

라고 하면서 외양간에도 마당에도 불을 밝혔다. 밤중에 집에 그렇게 대낮처럼 불을 밝히는 일은 섣달 그믐날 밤이나 제사를 지내는 밤 외에는 드문 일이었다.

짐승도 새끼를 낳으려는 순간에는 사람과 같은 산기를 보였다. 양수가 터져서 흘러나오고 고통스러워한다. 어미 소는 앓는 소리를 내며 외양간이 좁은 듯 안절부절못하였다. 아버지는 송아지 받을 준비를 하셨다. 마른 짚을 수북이 깔아 주고 송아지 다리가 나오기만을 기다렸다. 어미 소의 등을 소 빗으로 쓸어 주거나 배를 어루만져 주면서 말이다. 얼마나 시간이 흘렀을까? 어린 나는 자다 깨다 하면서 어른들이 마당에서 서성이며 두런두런하는 말소리를 들으며 일어났다. 지금도 잊을 수 없는 그 모습이 선명하다. 송아지는 다리부터 나오고 있었다. 다리가 보이자 아버지는 팔을 걷어붙이고 한 손으로는 보이기 시작한 송아지의 다리를 잡았다. 그런 다음에 또 다른 손을 어미 소의 질 속으로 쑥 넣었다. 그러고는 송아지의 나머지 다리 하나를 찾아서 잡는 순간이었다.

"잡았다."

하는 안도의 말과 함께 송아지의 두 발목을 나란히 잡고 당기기 시작했다. 한꺼번에 쭉 당기는 게 아니라 서너 번에 걸쳐서 조심조심 송아지의 출산을 도왔다. 마침내 송아지가 태어나는 순간이었다. 송아지가 마른 볏짚 위로 툭 떨어졌다. 그러자 어미 소가 송아지에게 다가가 혀로 미끌거리는 새끼의 몸을 핥아 주었다. 갓 태어난 송아지는 어미 냄새를 맡았는지 순식간에 제 발로 일어나기 시작했다. 송아지가 몇 번 기우뚱거리는가 싶더니 두 발에 힘을 주고 일어섰다. 그러고는 어미 소의 다리 밑으로 들어가 젖을 빨기 시작했다. 정말 경이로운 광경이었다.

이어서 아버지는 준비한 쇠죽을 바람에 식힌 후에 여물통에 가득히 부었다. 등겨를 듬뿍 올려 주면서,

"이이고, 오늘 고생 많았네. 송아지 낳느라고 말일세. 많이 먹고 한숨 푹 자게나."

마치 사람에게 이르듯이 말하였다. 소가 큰일을 해낸 것이다. 무사히 송아지를 낳고 대접을 받았다.

송아지가 태어나는 그때 새삼 알게 된 것은 송아지는 다리부터 세상으로 나온다는 사실이다. 한꺼번에 두 다리가 같이 나올 수가 없으니 소가 새끼를 낳을 때는 반드시 사람이 도와주어야 한다는 것도 그때 알게 되었다. 그리고 또 한 가지는 이렇게 스스로 일어나 어미젖을 찾아 빨면서 힘차게 살아갈 준비가 되어 있었다. 태어날 때부터 말이다. 그러니까 두 다리에 힘을 주고 일어서야 살 수 있다. 사람은 머리부터 나온다. 머리를 잘 써야 살아갈 수 있는 동물이다.

송아지가 태어나는 장면을 보면서 우리는 서로 다른 종이지만 도움을 주고받으며 살아간다는 것을 알았다. 다리부터 내미는 송아지를 사람이 도와주지 않으면 죽는다. 마찬가지로 지구라는 세상에서 다른 종으로 살아가지만 서로 알게 모르게 관계를 맺고 있다. 주로 인간이 머리를 쓰는 만물의 영장이다 보니 도움을 받는 쪽에 위치한다. 특히 중국의 춘추전국 시대에 이미 인간은 소를 농사를 짓는 데 이용하기 시작했다. 기원전의 일이니 2,500여 년 전부터 말이다. 인간이 수확하는 농작물 생산에 비약적인 발전을 가져온 것이다.

인도에서는 힌두교를 신봉하는 국민이 대부분이다. 힌두교에서는 소를 신성시하여 쇠고기를 사람이 먹지 않는다. 소가 풀을 뜯다가 차

가 다니는 길에 나오면 차가 멈추어 기다린다. 소가 차도에 앉아 있기도 하고 지나가기도 한다. 이렇게 소를 신성시하여 자연사할 때까지 두는 것은 농사에 꼭 필요했기 때문이다. 소를 먹기 시작하면 흉년이 드는 해에는 소도 잡아먹어 버려서 씨가 마를 것이라고 생각했다. 그렇게 되면 다음 해에 농사지을 소가 없다. 그러면 또다시 흉년이 든다. 이런 악순환을 확실하게 끊는 방법으로 아예 소를 먹지 않도록 사회적 종교 규율을 만들었다. 인간의 탐욕은 욕심을 내자면 끝이 없기에 그것을 미리 금기시하였다.

3.
우시장 가는 길

소는 순하기 그지없다. 소의 눈을 바라보면 세상에 이토록 슬프고도 선한 눈을 가진 짐승이 또 있을까 싶은 생각이 저절로 들었다. 특히 송아지를 팔러 가는 날의 풍경은 이루 말할 수 없이 처연하였다. 어미 소와 같이 송아지를 계속 키우기는 버거웠다. 먹이 때문이다. 송아지도 자라면서 제법 먹는 양이 늘어나다 보니 먹이를 감당하기가 쉽지 않고 송아지를 내다 팔아서 돈을 마련할 요량이다.

"다음 장날에는 송아지를 내다 팔아야겠는데……"라고 어른들이 의논을 한다. 어른들이 송아지를 팔 마음을 먹으면 그날부터 쇠죽을 더 지극정성으로 끓여서 잘 먹였다. 송아지가 어미와 떨어지는 것도 불쌍하고 이제 남의 집에 팔려 가서 평생 일소로 살아가야 하는 신세를 뻔히 아니까 더 마음이 아파 오는 거다. 또 남의 집에 팔려 갈 때 가죽에 윤기가 흐르고 건강해 보이도록 며칠이라도 더 잘 먹이고 싶어 했다. 우리 집에 와서 살림을 늘려 주고 건강하게 잘 자라 주어서 고맙다고 인사도 한다. 그러는 며칠 동안 어미 소는 새끼와의 이별을 아는 눈치를 보이며 아파하는 기색이 역력하다. 쇠죽도 잘 먹지 않고 긴 울음을 토해 내다 새끼를 핥아 주는 행동을 보였다. 그 큰 눈에는 슬픔이 가득 차 있었다. 마침내 장날이 되어서 송아지를 팔러 가는 날이 온다. 1년이 채 안 된 중송아지도 이별을 알아채고 몸부림을 친다. 송아지는 어미 곁을 떠나기 싫어서 끌려 나가지 않으려고 버티기 시작한다. 어미 소와 송아지는 이제 다시 못 볼 운명을 아는지 헤어지기 싫어서 안간힘을 썼다.

어린 송아지는 자유롭게 키우다가 5~6개월이 지나면 코뚜레를 끼우고 이것에 익숙해지면 수소는 거의 팔려 간다. 더러 암송아지는 키워서 새끼를 낳아 재미를 볼까 하여 키우기도 한다. 소를 우시장까지 몰고 가는 소몰이꾼이 있을 정도로 우시장은 인근 마을에서 쏟아져 나오는 소를 비롯한 각종 짐승들로 가득하다고 했다. 대체로 이렇게 큰일은 아버지가 담당하기 마련이었다. 여느 때보다 일찍 일어나 쇠죽을 끓이고 오늘 팔려고 하는 송아지에게는 마지막 먹이를 준다. 어미와도 영원한 이별을 하는 날이기에 식구들의 마음도 편하지가 않다.

"말 못하는 짐승이지만 얼마나 그 마음이 아플까 짐작은 한다마는 그것이 소의 신세가 아니겠느냐?"라고 하면서 굳이 식구들의 동의를 구하기도 하였다. 모두가 아는 형편에 송아지를 팔지 말라고 떼를 쓸 수가 없다. 그나마 송아지가 윤기가 자르르 흐르도록 잘 먹여서 몸값이 제일 많이 나가도록 하는 일이 중요했다.

"그 집 송아지 참 인물 좋다. 송아지가 잘생겼다"라는 소리를 아버지는 듣고 싶은 게다.

우시장에서는 소를 팔려고 하는 사람과 사려고 하는 사람의 흥정을 붙이는 사람으로 시끌벅적하다. 사람들이 부르는 송아지 값을 들으며 그날 당신이 받을 가격을 대충 가늠할 수 있다고 한다. 아버지가 생각한 것보다 그날 시세가 영 아니다 싶으면 다시 송아지를 몰고 어스름한 저녁에 집으로 돌아오셨다. 그러면 어른들은 근심이 가득하여 둘러앉아서 물었다. 20리 먼 길을 송아지를 몰고 갔는데 웬만하면 팔고 와야지 또 그 고생을 할 것을 생각하여 걱정하는 소리다. 그런 날에는 다시 돌아온 송아지를 반기는 아이들의 기분과는 달리 어른들은 눈치를 보며 아버지의 고생을 염려하였다. 아버지도 웬만하면 팔고 오려고 했지만 금이야 옥이야 거두어 먹인 송아지를 제 금을 주지 않고 날로 먹으려는 사람 때문에 마음이 확 상해 버린 거다. 거기다 흥정해 주는 중간업자까지 끼어들어서 가격을 후려치고 제 몫만 챙기려는 사람을 만나서 더 마음이 상했다고 한다.

씨암소를 잘 거두면 두 해에 한 번은 새끼를 낳아 준다. 새끼는 반년에서 1년 정도를 키우다 보면 어느새 자라서 중송아지 모양을 갖춘다. 이때 반지르르한 윤기를 가진 중송아지가 가격이 세다. 그렇게 키우느라고 고생이 많았다는 것을 모르는 사람이 없다. 그렇지만 송아지 몸집이 커져서 겨울을 함께 지내기엔 외양간도 좁고 해서 송아지는 내다 팔기 마련이었다.

지금은 한우를 육우용으로 많이 키운다. 고기로 팔기 위해서이다. 옛날처럼 소 한 마리를 키우는 농가는 이제 찾아보기 어렵다. 소가 농사일을 하지도 않는다. 써레를 어떻게 끌지를 아는 사람이나 써레 일을 할 줄 아는 소를 만나기가 어려울 것이다. 보통 농가에서는 한 마리 소가 밭도 갈고 논도 갈고 무거운 짐도 날라 주며 농사짓는 주인과 같이 세월을 보냈다. 씨암소는 새끼를 낳아서 주인집 형편을 펴게 해 주었고 공부하겠다는 자식이 있으면 등록금으로 요긴하게 쓰였다. 겨울로 접어들면 푸른 풀은 없다. 그러면 쇠죽을 끓여 먹인다. 소는 돼지와는 달라서 사람이 먹던 음식 찌꺼기를 먹지 않는다. 그들만이 먹는 식량이 따로 있었다. 그것은 바로 볏짚을 잘게 썰어서 먹기 좋게 만들고 등겨를 섞어서 푹 삶아서 먹이는 일이었다. 바로 여물이다.

동네에서는 더러 소에게 먹일 여물을 썰다가 작두에 손가락 한두 마디를 잃어버리는 사고가 나기도 했다. 여물을 써는 일은 두 사람이 호흡을 맞추어서 하는 일이다. 한 사람은 앉아서 볏짚을 작두칼 밑으로 밀어 넣는다. 그러면 서서 작두를 밟는 사람은 들고 있던 작두를 내리면서 작두 목에 힘을 주어 밟는다. 이때에 볏짚이 싹둑 잘려 나간다. 쇠죽을 끓이는 일은 여물부터 준비해야 한다. 여물은 볏짚을 두 사람이 작두에 넣어서 여러 차례 반복하여 썰어서 쌓아야 한다. 여물을 물과 같이 솥에 담아서 끓이면 마침내 쇠죽이 된다. 사람의 노동이 많이 들어가는 일이다. 그래서인지 소를 여러 마리 키우는 일은 드물었다. 그만큼 소에게 먹일 먹이를 준비하는 일이 버거웠다.

새끼 송아지가 자라서 젖을 떼고 반년 정도 지나면 여물을 많이 먹기 시작하는 모양이었다. 그러면 어느새 송아지는 내다 팔아서 어미 소도 살을 찌우고 송아지도 많이 먹는다고 구박받지 않을 집으로 팔려 가기 마련이다. 그야말로 금쪽같은 대접을 할 집으로 송아지를 팔게 되면 좋은 일로 생각하였다. 그 집에서 귀하게 대접받고 자라서 내년부터 일도 조금씩 하고 주인장이 빗질하며 윤기 나게 키우기를 고대하였다. 그래서 우시장 가는 길은 슬프고 처연하기까지 하였다. 소가 나가는 뒷모습도 애잔하고 차마 끌고 가야 하는 아버지의 뒷모습도 쓸쓸해 보였다.

우시장 가는 길에는 배골에 살던 왜소증 아저씨가 있었다. 그는 소를 파는 주인의 부탁으로 소를 우시장까지 데려가는 소몰이꾼이었다. 우리는 어른들이 말하는 소리를 듣고 자연스럽게 그를 '난장이'라고 불렀다. 우시장으로 가려면 우리 동네를 지나가야만 했다. 장날은 2일, 7일장이었다. 멋도 모르고 동네 조무래기들이 나와서 "난장이, 난장이." 하면서 졸졸 몇 걸음 따라가기까지 하였다. 그는 어른이었고 소 모는 일을 하는 중이었는데 아이들은 그를 업신여기는 마음이 생겨 그렇게 부르며 놀렸다.

　장애를 가지고 싶은 사람이 세상에 어디에 있을까? 장애는 선천적으로 타고나기도 하지만 살다가 사고로 입는 수가 많다. 그런데도 장애를 가진 사람을 바라보는 사회적 시선은 여전히 차갑다. 왜소증을 가진 아저씨가 몇십 리 길을 한꺼번에 두세 마리를 몰고 땀을 뻘뻘 흘리면서 가는데, 아이들이 그렇게 부르며 놀렸으니 기가 막힐 노릇이다. 행태만 다를 뿐 지금도 마찬가지다. 장애인을 바라보는 마음이나 시선이 부끄러운 지경이다. 2019년, 광주에서 직업전문학교에 다니던 가해자 4명이 피해자를 때려서 죽음에 이르게 한 사건이 알려졌다. 단지 그가 어리숙하고 말을 잘 듣는다는 이유만으로 폭행은 점차 강도를 더해 갔다. 이 밖에도 발달장애를 가진 친구를 놀리거나 집단으로 따돌리고 돈을 갈취하는 악행은 여기저기에서 불거진다. 타인의 고통에 대한 공감능력, 그것이 바로 인간성을 회복하는 일이다. 옛날부터 이런 말이 있다. "동냥은 못 줄망정 쪽박은 깨지 마라"고 했다. 타인의 어려움과 고통을 적극적으로 도와주지는 못할망정 이를 빌미로 자신의 즐거움으로 치환하는 악행은 당장 그만두어야 한다.

4.
마른 쇠똥과 불

소를 한 마리 키우던 농가에서는 쇠똥마저 대우를 받았다. "개똥도 약에 쓰려면 없다"는 말은 온 동네에 흔하게 널려 있던 개똥마저 꼭 필요해서 쓰려면 어느새 누가 다 치웠는지 눈에 보이지 않는다는 뜻 이다. 쇠똥은 주로 외양간에서 보거나 소를 거름 무더기 옆 마당에 매어 두면 그곳에서 보았다. 거무튀튀한 쇠똥은 물기를 많이 머금고 있는 편이다. 그래서 쇠똥에 불을 붙여서 사용하려면 바짝 말려야 한다.

"쇠똥에 불붙으면 삼 년 간다"라는 말처럼 쇠똥은 불이 붙었다 하면 오랫동안 불씨를 머금고 있어서 나무도 구하기 어렵던 시절에 불을 땔 때는 좋은 재료가 되었다. 그러니 소는 똥도 버리지 않았다. 오히려 장날 우시장으로 가던 소가 흘려 놓은 쇠똥을 주워 왔다. 쇠똥을 모아서 바짝 말리면 은근히 오래 타는 땔감이 되었기 때문이다.

많은 것이 변했다. 이제는 일반 농가에서는 소를 키우지 않는다. 일하는 소가 없다. 따라서 외양간도 없다. 소가 하던 일은 모두 농기계가 대신한다. 농가의 주택도 편리하고 쓰기 좋게 주인의 뜻에 따라 지어서 농촌 풍경이 넉넉하게 느껴진다. 쇠똥마저 주워서 땔감을 하던 아궁이도 사라져서 지천으로 땔나무로 쓸 만한 나무가 있다. 일반 농가에서 한두 마리 키우며 애지중지하던 소를 축산 농가에서는 수십 마리에서 수백 마리를 키운다. 다른 농사는 짓지 않고 생업으로 소만 키우는 경우가 많다. 먹이는 사료를 먹인다. 그 옛날처럼 쇠죽을 끓이는 일은 흔하지 않다.

소들은 오직 먹고 살이 쪄서 무게가 나가면 팔려 나간다. 비싼 한우 대접을 받으며 이름값에 더한 고기 값을 한다. 소들은 모두 일련의 번호를 달고 있다. 사람으로 치면 이름이고 혈통이다. 소 값 파동을 수차례 겪었지만 축산 농가는 점점 기업화되고 한우도 이름값을 해내는 시절이 되었다. 귀하던 쇠고기를 돈만 지불하면 바로바로 구워서 먹을 수 있는 요릿집이 늘어 가고 있다.

때로는 수입 쇠고기가 버젓하게 한우로 둔갑하여 소비자를 우롱하는 일이 보도되자 모든 식자재에 원산지 표기를 하도록 강제되었다. 우리가 식당에 가서 먹는 고기, 야채, 생선, 쌀, 과일 등 모든 음식 재료는 어디에서 왔는지 원산지를 밝혀 거리비용을 가늠할 수 있다. 생산지를 떠나 우리의 식탁에 오기까지 이산화탄소를 발생시킨 탄소발자국을 알 수 있다. 나아가 거리가 먼 데에서 올수록 거리비용을 많이 지불하고 신선도가 낮아질 것이다.

세계화 시대에 아무리 자유롭게 사람이나 물자가 국경을 넘어 오간다 해도 윤리적 소비, 공정무역, 탄소발자국, 거리비용을 생각하는 소비자들이 늘어 가고 있다. 지역사회에서 지역의 주민이 생산한 로컬푸드를 그 지역에서 소비하는 생산자와 소비자의 직거래를 통한 신뢰 구축이 이루어지고 있다. 그렇게 되면 거리에 따른 탄소발자국 비용은 낮아지고, 신선도는 올라간다. 우리 몸엔 우리 것이 좋다는 '신토불이'도 이루어지며 생산자와 소비자의 윈-윈으로 상생과 공존이 가능한 시대를 열기 때문이다.

먹는 걸로 장난치는 일이 없으려면 원산지 표기는 필수적으로 거짓 없이 해야 한다. 돈을 지불하고 음식을 취하되, 어디에서 생산한 것인지, 어느 정도 먼 곳에서부터 우리에게로 와서 밥상에 올랐는지를 알고 먹어야 할 것이다. 그래야 지구 반대편에 살고 있는 농민이나 노동자의 삶도 그려 볼 수 있고, 그들의 보다 나은 삶을 위하여 공정무역이나 공정여행을 상상할 수도 있을 것이다.

---

4. 몸과 자신이 태어난 땅은 둘이 아니라 하나라는 뜻으로 자신이 사는 땅에서 생산한 농산물이 체질에 잘 맞는다는 뜻임.

5.

출신 성분과 입맛

예전이나 지금이나 쇠고기는 몸값이 너무 비싸서 일반적인 서민들이 접근하기가 쉽지 않다. 한우를 먹는다는 건 정말이지 큰마음을 먹어야 하는 일이다. 대신 미국산이다 호주산이다 하여 이역만리에서 물 건너 수입해 온 쇠고기가 우리들의 밥상을 화려하게 채워 준다. 이유는 한우에 비하면 값이 저렴하기 때문에 수입 쇠고기를 먹는 것이다.

2008년에는 이명박 정권 때 '미국산 수입 쇠고기 반대'를 내걸고 국민의 저항이 엄청 컸다. 일명 '유모차 부대'라는 새로운 이름이 생긴 일이기도 했다. 미국산 쇠고기를 반대한 이유는 명백하였다. 미국산 소는 동물성 사료를 먹여서 광우병의 위험이 있다는 것이다. 원래 초식 동물인 소에게 동물성 잡뼈 등을 무작위로 갈아서 만든 사료를 먹이는 일은 소를 미치게 만드는 요인이며, 그러한 쇠고기를 먹은 인간도 광우병에 시달리게 될 것이라는 우려였다. 그뿐만 아니라 기업형 축산 농가는 대부분 닭이나 돼지, 소를 키울 때 빠른 시간 내에 키워서 내다 파는 데 목적을 두고 있다. 그러기 위하여 가축을 좁은 우리 안에 가두어 두어서 자유롭게 움직이지 못하도록 통제한다.

그 속에서 엄청난 스트레스를 받으며 사육되는 동물은 좋지 않은 기운을 가질 수밖에 없으며 그러한 부정적 에너지가 응고된 살과 뼈와 피를 인간이 먹게 된다. 그렇게 부정적 에너지를 모은 살과 피와 뼈를 취하는 사람은 미친 기운을 갖게 될 것이라고 경고하는 사람들이 나타나기 시작했다. 심지어 다른 종의 생명을 앗아 내 몸을 살찌우는 행위를 하지 않겠다는 채식주의자들도 늘어 가는 추세이다.

불교에 입문하여 수도생활을 하던 스님들은 육식을 하지 않고 오직 채식으로만 육신의 욕망을 스스로 제거하려는 노력을 하였다. 이러한 절간 음식이 대중의 각광을 받으며 비구니 스님들의 노동으로 재배된 각종 나물과 채소로 만든 반찬이 소개되기도 하였다. 그러나 우리의 음식문화를 이르는 말에는 '산해진미'[5]라는 말이 있는데, 상다리가 부러지도록 가득 차린 상에 고기가 빠질 수가 없다. 임금님 상에 오르던 신선로는 고급스럽기가 그지없다. 고관대작[6]들이나 먹던 육회나 갈비는 이제 일반화되어 주머니 사정에 따라 자유로운 선택이 가능하다. 제사상에 오르던 산적은 떡갈비로 변형, 발전하여 일상에서도 구입하여 먹을 수 있다.

한국인은 소 한 마리나 돼지 한 마리를 잡아서 버리는 부위가 없다. 뼈까지 취하여 뼈해장국의 주재료가 되고 창자도 버리지 않고 곱창이나 순대를 만들어 먹는다. 간, 쓸개, 내장도 모두 요리의 재료가 되고 심지어 닭발, 족발, 우족까지 먹는다. 대가리는 대가리대로 삶아서 고사 지낼 때 쓰이기도 하고 소머리국밥과 같은 음식의 주원료가

---

5. 산과 바다에서 나온 온갖 산물로 잘 차린 음식.
6. 지위가 높은 벼슬자리에 위치한 사람.

된다. 껍데기는 소가죽으로 각광을 받으며 신발이나 가방, 벨트를 만드는 가죽 제품에 쓰인다. 소꼬리마저 비싼 값으로 팔린다. 푹 고아서 우려낸 꼬리곰탕이 환영을 받기 때문이다.

돼지도 마찬가지다. 우선 돼지 대가리는 미소를 짓도록 표정 관리까지 하여 고사상에 오른다. 웃는 돼지의 입속에 '부자 되시라'는 염원을 담아서 만 원권, 오만 원권 지폐를 물린다. 무엇보다 온 국민이 좋아하는 삼겹살을 빼놓을 수 없다. 이제 그러다 보니 삼겹살 값이 금값이다. 한국을 찾는 외국인들도 삼겹살을 한국의 대표 음식으로 생각할 지경이다. 그 밖에도 돼지 족발, 순댓국에 넣는 돼지고기, 수육, 돼지 껍데기로 환영을 받는다.

우리나라의 축산 농가가 키운 돼지는 '한돈'이라 하여 더 귀한 대접을 받는다. 수입 돼지고기와 비교가 안 된다는 것이다. 당연히 가격 차이가 있다. 누구나 마트를 가면 쉽게 식육 코너를 만나고 동네 식육점도 많다. 사람들은 거기서 자유롭게 먹고 싶은 육류를 살 수 있다. 소비자의 지갑 두께에 따라서 선택의 자유가 있다. 수입산 고기를 사든지 우리 땅에서 키운 고기를 사든지 그것은 어디까지나 개인의 선택일 뿐이다. 다만 모든 사람이 같은 주머니 사정을 가질 수는 없기 때문에 먹는 음식 재료조차도 빈부격차가 나기 마련이다. 가난한 사람은 설사 많은 정보를 가지고 있다 하여도 좀 더 싼 식자재를 구입하는 방법 외에는 별 도리가 없을 것이다.

이래저래 가난하다는 것은 먹는 것부터 다를 수밖에 없다. 그래서 예부터 말이 있었다. 출신 성분을 속이는 일은 쉽지 않다고 말이다. 그가 먹는 음식이 어떤 것인지를 보면 금방 알 수 있다고 하였다. 음식이 가장 보수적인 성질을 띤다고 한다. 사람은 자신이 먹어 본 음식에 익숙하기 때문일 것이다. 아무리 다양한 국제적인 음식이 들어오고 먹을 기회가 쏟아진다 해도 그것은 며칠은 먹을 수 있다. 그래서 한국 사람은 열흘 정도 해외여행을 가더라도 한식당을 찾아서 된장찌개나 김치찌개를 먹어야 속이 풀린다고 하지 않는가?

18세기 후반에 일어난 프랑스 시민혁명 당시에 "우리에게 빵을 달라"고 은유적으로 표현한 시민들을 향해 "빵이 없으면 고기를 먹어라"는 답변을 했다는 루이16세와 그의 부인 앙투아네트의 이야기는 유명하다. 배부른 지배 계급은 배고픈 시민들의 고통을 모르고 있었다.

'2017 비만 백서'에 의하면 가난한 지역일수록 비만율이 높고 부자 동네일수록 비만율이 낮은 것으로 통계조사에서 밝혀졌다. 이것은 가난한 사람들이 탄수화물 위주의 밀가루로 만든 라면, 빵 등과 인스턴트식품을 섭취할 비율이 높다는 것을 의미한다. 또 가난할수록 노동에 투입하는 시간은 많되, 운동할 시간을 갖지 못한다. 몸은 점점 비만으로 치닫고 성인병에 노출되어 건강마저 위협받는다. 부자들은 고단백 저지방 음식을 취하고 여가시간을 활용하여 운동을 하여 날씬한 몸을 유지하니까 상대적으로 성인병에도 덜 노출되고 건강하게 오래 살 수 있다. 돈이 많은 것을 좌우한다. 무엇을 먹느냐 하는 문제는 경제 능력을 나타내기 때문에 그 사람의 현재적 위치는 물론 태생적 물적 기반을 가늠하게 한다. '고기도 먹어 본 사람이 먹는다'는 말이다.

Ⅲ.

겨울 아이들

1.
눈 오는 날의 풍경

　겨울에 눈마저 내리면 좋아하는 사람은 아이들이다. 세상이 하얀 눈으로 가득하고 나무마다 눈꽃을 피우는 장관을 구경하기 때문이다. 그뿐만 아니다. 집집마다 어른들이 마당에 수북이 쌓인 눈을 치우고 나면 그 집 아이들은 힘을 합쳐서 마당을 치운 눈으로 눈사람을 만들기 시작했다. 그리고 대문 앞에 눈사람을 세웠다. 솔방울과 나뭇가지를 주워 와서 눈썹을 그리고 눈도 만들어 붙여 주었다. 코와 입도 삐뚤빼뚤 만들고 소나무 잔솔가지로는 머리카락도 만들어 주었다. 우리는 이 집 저 집 다니며 누구네 눈사람이 가장 근사한지를 보았고, 다른 아이들이 만든 눈사람을 보면서 우리 집 눈사람을 더 아름답게 단장해 주려고 애썼다.

　대구는 지형적으로 분지다. 사방이 산으로 둘러싸여 있다 보니 여름에는 엄청나게 덥다. 여름에는 더운 열기가 빠져나가지 못한 채 도시를 달구기 때문이다. 반대로 겨울에는 차가운 바람을 높은 산이 막아서 가두고 있는 형국이다 보니 찬 공기가 그대로 눌러앉아서 매우 춥다. 그러다 보니 눈이 많이 오지는 않는다. 눈이 오려면 날이 풀려서 푸근해야 한다.

눈이 온다고 해서 무슨 특별한 일이야 있겠느냐마는 그래도 우리는 12월엔 '화이트 크리스마스'를 기대했다. 첫눈이 소담하게 내리는 날은 첫사랑을 만나는 날이라고 생각했다. 이상하게도 눈을 기다리면서 뭔가 낭만적인 일이 일어날 것만 같은 소망을 품었다. 아이들의 이런 바람과는 달리 내가 살던 고향에는 눈이 많이 오지 않았지만 어쩌다 큰 눈이 내리면 어른들은 걱정이 이만저만이 아니었다. 지붕에 쌓인 눈도 걷어 내야 했다. 눈 무게를 이기지 못해 지붕이 내려앉을까 봐 걱정을 하였다. 사다리를 찾아서 세우고 긴 대빗자루를 들고 올라가서 눈을 쓸어 내렸다. 눈이 오면 날은 포근했다. 햇살이 비추는 한낮이 되면 눈이 녹기 시작했다. 처마마다 눈이 녹으면서 긴 고드름을 만들어냈다. 아이들은 고드름을 잘라서 아이스크림처럼 빨아 먹었다. 아무 맛도 없었지만 그저 입에 넣을 색다른 것이 필요했다. 고드름을 먹다가 누구네 집 고드름이 가장 길고 실한지 고드름 치기를 하여 잘라 내는 놀이를 했다. 아이들은 가끔 고드름에 찔려서 다치기도 하고 특별한 모양이라며 의미를 주고 자랑하던 고드름이 부러지면 안타까워하면서 우는 아이까지 생겼다. 그렇게 눈이 내린 시골은 아이들이 겨울 놀이를 찾아서 모여들고 다양한 놀이로 재미난 풍경을 만들어 내었다.

2.
나무 썰매와 스케이트

날은 춥고 마땅히 놀 거리도 없었다. 얼음이 꽁꽁 얼어붙으면 얼음 지치기를 하러 강으로 갔다. 아버지가 만들어 준 썰매를 가지고 나갔는데 누구네 아버지가 만든 썰매가 가장 잘 나가고 큼직한지 단박에 알 수가 있었다.

얼음썰매는 나무판자를 여러 장 대어서 붙이고 날을 세우는 곳에는 다시 세로로 나무를 대어서 얼음이 바로 엉덩이에 닿지 않도록 높이를 조절한다. 아무리 얼음이 얼어도 직접 엉덩이나 발에 닿으면 젖기 마련이다. 신발에도 물이 배어들어서 발도 젖고 신도 흥건히 젖어서 동상이 걸리기도 한다. 손이나 발을 겨울에 혹사시키면 동상으로 고생한다. 만약 아이들이 손발에 동상이 걸린다면 일을 해서가 아니라 추운 데서 너무 오랫동안 놀았기 때문이었다. 추운 줄도 모르고 노는 게 아이들이니까.

그럴 때 즈음이면 자식 사랑이 지극한 아버지 중에서 한 분이 강가로 나오셔서 나뭇가지를 주워서 불을 피워 주었다. 정말이지 그 불은 한겨울의 추위를 녹이는 따뜻한 불이었다. 지금 생각해 보아도 우리 동네에서는 주로 영희 아버지가 자주 나오셔서 아이들 노는 걸 보며 춥다고 걱정해 주셨다. 영희네는 사남매였는데 영희는 내 바로 밑 동생의 친구니까 동생들이 아래로 셋이라서 아직 어렸다. 영희 아버지, 어머니는 마을에서도 금실이 좋기로 소문이 나 있었는데 그렇게 살뜰하게 아이들도 챙기고 썰매도 가장 크고 튼튼하게 두 개나 만들어서 형제끼리 두 명이 하나의 썰매를 타도록 제작해 주었다. 맏이인 영희가 막내 동생을 안고 타고 그 사이의 두 남동생이 또 다른 썰매를 타고 밀어 주면서 놀았다. 참 부러웠다. 철사도 썰매 크기에 맞게 굵고 튼실한 것으로 단단히 매여 있어서 아이들은 그 집 썰매를 한번 타 보자고 사정을 할 정도였다. 그런 날이면 나는 집에 와서 "아버지, 우리 썰매가 작아요. 영희네 썰매처럼 아버지도 만들어 주세요"라며 반은 부탁이지만 반은 떼를 썼다. 그러면 아버지는 아이 마음은 간 곳 없이 "이만하면 충분하다"라고 일축해 버렸다. 아이의 마음을 헤아리지 못하고 아버지 마음대로 단정했다. 그 대신 썰매를 한번 휘이 둘러보고는 "못을 단단히 박았으니 힘차게 짚어 가며 타 보거라." 하시거나 "뒤에서 밀어 주는 동생이나 친구하고 의좋게 놀아라"는 식의 말만 하셨다. 그래도 썰매가 아예 없어서 남의 것을 타 보려는 아이도 있었으니 그나마 최악은 아니었다.

내 나무 썰매를 등에 메고 강가에 가는 날에는 한나절은 놀다가 왔다. 그러다 얼음이 녹는 시기가 오면 잘못하면 큰일이다. 얼음이 깨지면서 풍덩 물구덩이 속으로 빠져서 동상 걸리기 좋았다. 그나마 겨울철이라 물이 얕아져서 빠져도 집에 오기만 하면 얼어 죽을 일은 없었다.

그러던 어느 날, 외사촌 동생들이 신발에 날이 선 스케이트를 가지고 강으로 왔다. 어린 우리들은 얼음을 타는 신발이라는 새로운 세상과 만났다. 그들은 두 살 터울의 형제였는데 둘이 각각의 스케이트를 신고 멋진 폼으로 얼음을 지쳤다. 시골에서는 일종의 충격적인 사건이었다. 소위 강으로 스케이트 신발을 들고 형제가 나타나자 나무판자 썰매를 타던 우리들의 재미는 시들해지고 말았다.

아이들은 모두 신발에 날이 선 스케이트에 눈이 돌아갔다. 아버지가 직접 만들어 준 나무 썰매는 보잘것없는 구식이 되었고, 감히 근접할 수 없는 그 집 스케이트가 어떻게 된 사연인지 동네에 소문이 났다. 상고를 졸업하고 은행에 취직을 한 외사촌 언니가 열 살 터울의 자기 동생들에게 사 준 선물이란다. 졸지에 돈 잘 버는 딸이 부모도 못 해 준 최신 유행의 스케이트를 사 주어서 근동에서 제일 잘나가는 아이들로 만들어 주었다. 그 이후로도 언니는 두고두고 그 동생들을 뒷바라지했다. 공부도 시키고 용돈도 대 주면서 말이다. 공부를 썩 잘하지 못했던 외사촌 동생들도 돈 잘 버는 누나를 둔 덕분에 전문대학까지 졸업을 했다. 똑똑한 언니의 정보력 덕분인지는 모르지만 큰동생은 소방공무원이 되었고 둘째는 한전에 취업해서 걱정 없이 제 밥벌이를 하는 가장이 되었다. 이래서 첫딸은 살림밑천이라고 했는가 싶을 정도였다. 언니는 우리 동네에서 가장 잘나가는 은행원이 되었다. 이후 엄마들의 소원은 '딸은 상고를 보내서 은행에 취직하는 것'이 되었다. 대학을 보내지 않고도 은행원이 되는 일은 선망의 대상이었다. 여성의 대학 진학률이 낮았던 1980년대 초반만 해도 아주 명석한 여학생이 상고를 졸업하고 그중에서도 우수한 아이가 은행원이 되었다. 지금도 대학 졸업 후에 은행에 취직을 한다는 건 안정적인 일이다. IMF 이후 부실 은행이 정리를 하여 통합이 되거나 사라지는 위기를 맞이하자 맞벌이를 하던 여성 은행원이 권고 퇴직자 1순위로 밀려나는 고통을 겪었다. 그러한 위기까지 넘긴 내 어릴 적 명석했던 친구는 지점장으로 승진하여 지금도 경제활동을 하고 있다. 어릴 때부터 다부졌던 그 친구는 초등학교 다닐 적에도 가장 똑똑했다. 그녀의 이름은 명옥이다.

세월이 흘렀다. 겨울철이면 아버지가 만들어 준 나무 썰매를 타던 아이가 자라서 두 딸을 두었다. 어느 겨울에 화서역 근처에서 빈 논바닥에 물을 대어 스케이트장을 운영하고 있는 것을 알게 되었다. 어릴 때의 추억이 새록새록 올라왔다. 겨울철 아이들 놀이로는 얼음지치기만 한 게 없을 것이다. 단단히 옷을 챙겨 입고 네 식구가 모두 스케이트장을 찾았다. 벌써 20년 전의 일이다. 당시에 열 살 남짓했던 큰아이가 서른이 되었으니 말이다. 부모가 되면 꼭 해 주고 싶었던 것 중 하나가 바로 아이와 함께 놀아 주는 것이었다. 내가 자라던 시골에서는 어른이 아이와 같이 놀아 준다는 걸 상상하지 못했다. 어른들은 언제나 일하느라 바빴고 아이들은 아이들끼리 잘 놀겠거니 하고 믿고 살았다.

스케이트장은 비닐하우스를 만들어 스케이트를 타다 지치면 언제든지 따뜻하게 불을 쬘 수가 있도록 해 놓았다. 컵라면도 팔았고 어묵이나 떡볶이도 팔았다. 아이들은 논에서 스케이트를 타다가 출출해지면 컵라면이나 어묵을 먹으며 즐거워했다. 어른도 마찬가지였다. 사람들이 쉴 수 있는 비닐하우스는 제법 넓었다. 양쪽으로 난로를 지폈고 플라스틱 의자와 탁자들이 놓여 있었다. 그곳에서는 겨울 한 철 장사를 하였다.

젖은 양말을 벗어서 말리는 아이도 있고 얼어붙은 아이 볼을 어루

만지는 부모도 있는 따뜻한 풍경이었다. 아이를 데리고 온 젊은 부모들은 썰매를 끌어 주기도 하고 같이 타기도 하면서 아이보다 더 즐거운 시간을 보냈다. 아마도 어린 날 자신이 타던 썰매보다 훨씬 크고 날이 선 나무 썰매를 타면서 엄마, 아빠 어렸을 때 썰매 타던 이야기를 들려주었을지도 모를 일이다.

논바닥 스케이트장에는 나무 썰매만 있었던 게 아니었다. 치수대로 신발에 날을 세운 진짜 스케이트가 준비되어 있었다. 나무 썰매는 어린아이들이 엄마, 아빠가 앉아서 같이 타거나 끌어 줄 수 있도록 끈이 넉넉하게 매달려 있었다. 힘이 좋은 아빠는 아마도 수십 번을 끌어 주었을 것이다. 초등학생 정도만 되어도 스케이트를 신고 달리고 싶어 했다. 더러는 어른들 중에서도 멋지게 스케이트를 타며 아이들의 탄성을 자아내는 사람도 있었다. 그는 분명 어릴 적에 스케이트를 타 본 경험이 있을 것이라고 짐작했다. 스케이트를 한 번도 신어 보지 못한 나는 날이 선 스케이트를 신고 한 발자국도 옮기지 못했다. 균형을 잡고 서 있는 정도에서 그치고 말았다.

그런데 아이들은 달랐다. 제 발에 맞는 스케이트를 신자 금방 움직이기 시작했다. 그해 겨울이 다 갈 즈음에는 논바닥 스케이트장에서 자유롭게 스케이트를 탔다. 우리 집 아이들은 그렇게 스케이트를 배웠다. 그 후로도 몇 해를 더 논바닥 스케이트장이 문을 열어서 도시의 아이들도 야외에서 칼바람을 맞으며 즐겁게 스케이트를 탔다. 그러던 어느 날, 논바닥 스케이트장은 공사를 시작했다. 지금 그곳에는 체육공원이 들어서서 사시사철 주민들이 운동을 할 수 있는 공간이 되었다.

논바닥 스케이트장이 더 이상 문을 열 수 없게 되자 이재에 밝은 사람이 있었는지 근처에 아이스링크장을 열었다. 김연아 선수가 세계를 제패하는 쾌거를 이루는 시기였던 만큼 스케이트가 붐을 일으키고 있었다. 논바닥 스케이트장의 추억을 안고 실내의 아이스링크장을 찾았다. 전문적인 스케이트 선수 같은 아이들이 스케이트를 타며 뽐을 냈다. 논바닥 스케이트장에서 기본을 익힌 우리 집 아이들도 금방 합류를 했다. 아이들은 넓은 아이스링크장에서 지칠 때까지 스케이트를 탔다. 운동적 기능과 기술은 어릴 때 익힐수록 쉽다. 그러면 나이가 들어서도 금방 그 기능을 되찾아 즐길 수가 있다. 나무 썰매만 앉아서 타던 나는 그저 아이들이 신나게 스케이트를 타고 아이스링크장을 도는 모습을 흐뭇하게 바라보며 구경만 하였다. 넘어지면 다칠 것이고 나 때문에 다른 사람이 다치게 될까 봐 그것이 더 무서웠다.

강가로 나가서 썰매를 타던 기억을 가진 사람, 그 사람은 부모가 되어 스케이트장에서 아이와 함께 스케이트를 타며 함께 즐기는 사람이 되었다. 부모의 무릎에 앉았던 어린아이가 자라서 아이스링크장을 마음껏 누비며 자유롭게 노는 청년으로 성장했다. 스케이트 선수를 꿈꾸며 얼음판 위에서 자라는 아이들도 있다. 눈이 많이 오는 지역에서 발이 빠져서 걷기 힘들어 신었던 설피의 변형이 바로 스키가 아닌가 싶다. 우리나라는 2018년, 평창 동계올림픽을 치른 나라다. 스키, 스케이트와 같은 겨울에 볼 수 있는 눈과 빙상에서 하는 경기 종목이 주를 이룬다. 겨울이 길고 눈이 많이 오는 북유럽의 스웨덴, 핀란드, 노르웨이에, 덴마크 선수들이 단연 기량을 발휘했다. 냉대 지역에 속하는 캐나다, 러시아, 미국 선수들도 눈이 많이 내리는 자연환경을 가지고 있다. 일본의 홋카이도 삿포로도 눈이 많이 내리기로 유명하다. 삿포로는 이미 동계올림픽을 치른 곳이기도 하다. 빙상 경기는 자연환경이

겨울왕국을 만드는 곳일수록 뛰어난 선수를 배출하기 쉽다. 이에 비하면 우리나라는 눈이 많지 않다. 얼음이 늘 어는 곳도 아니다. 올해처럼 겨울이 포근할 때는 얼음 위에서 치르는 축제를 할 수가 없다. 강원도 빙어 축제나 눈꽃 축제는 날씨 탓에 이를 준비한 주민들이 울상이다. 그럼에도 동계올림픽에서도 우수한 성적을 자랑하였다. 불가능한 환경에서 도전한 것과 마찬가지다. 이러한 악조건을 이겨 내고 세계인의 찬사를 받으며 빙상의 여제가 된 김연아 선수는 우리의 자랑이 아닐 수 없다.

3.
이밥에 고깃국

고기를 구워서 먹는 날이 일상이 된 것은 얼마 되지 않는다. 우리음식 문화를 보면 유독 국 종류가 많다. 국이 아니면 적어도 찌개라도 있어서 국물을 떠먹어야 먹은 것처럼 느낀다. 국물이 없는 마른 반찬만으로는 밥상이 뭔가 부족하다는 생각이 든다. 심지어 유치원이나 초등학교 급식조차도 국은 꼭 있다. 아이들이 먹든지 안 먹든지 상관없이 국은 나온다. 밥, 국, 반찬 3종이 그것이다. 외국에서는 우리나라같이 국이라는 것이 없다. 그래서인지 숟가락이 없는 경우도 많고 인도나 이슬람 문화권에서는 손으로 밥을 먹기도 한다. 반찬의 종류도 단순하다.

국이 있어서 밥 먹기가 좋다고 어른들은 생각했다. 국에 밥 한 그릇을 붓고 말아서 뚝딱 먹는 문화가 발달했다. 남의 살이라고 하는 고기가 들어가는 것으로는 곰탕, 설렁탕, 소고깃국, 뼈해장국, 육개장, 닭개장, 어묵국, 북엇국, 순댓국, 계란국, 동탯국 등이 있다. 채소 같은 나물로도 국을 만들었는데 콩나물국, 된장국, 시금칫국, 시래깃국, 아욱국, 미역국, 김칫국, 감잣국, 배춧국, 뭇국 등 주변에서 흔히 나는 채소로 국을 만들어 먹었다.

고기는 귀하고 비싸서 구워서 식구 수대로 실컷 먹는 일은 없었다. 요즘처럼 식탁에서 삼겹살이나 꽃등심을 구워서 바로바로 먹는 이런 호사를 누리게 된 것은 얼마 되지 않았다. 물론 돈이 많은 사람들이야 옛날이나 지금이나 이밥에 고기를 먹었다. 그러나 보통의 서민들은 '이밥에 고깃국'은 잔칫날에나 얻어먹을 수 있는 귀한 음식이었다. 그래서 '이밥에 고깃국' 실컷 먹어 보고 죽는 것이 서민들의 소원이었다.

이밥이란 흰쌀밥을 말한다. 쌀이 부족하여 보리를 섞고 그것도 부족하면 나물을 넣어서 양을 불렸다. 식구는 많고 식량은 부족하니 어쩔 수 없는 호구지책[7]이었다. 그러니 조금 들어간 쌀은 가장 연세 드신 어른 밥그릇에 들어갈 뿐이었다. 또 젊은 아기 어미가 양껏 못 먹어서 젖이 나오지 않으면 아기는 바짝 마르고 보채기 일쑤다. 젖을 실컷 못 먹어서 늘 우는 어린 아기를 위해 쌀죽을 끓였다. '쌀'이라는 것이 얼마나 고귀한지 젖을 못 먹은 아기도 쌀미음을 끓여 먹이면 살이 올랐다고 한다. 그러니 이밥에 고깃국을 먹을 수 있다면 무슨 일이든 할 수 있을 것 같은 나날이었다. 배가 고파서 이성을 잃고 눈이 뒤집힌 사람을 가리켜 '저 사람 환장했다'라고 했다. 내장이 뒤집어졌다는 뜻이다. 내장이 뒤집어졌으니 어찌 제정신일 수가 있는가 말이다.

고관대작을 지내며 이미 '이밥에 고기' 맛을 본 사람이라면 초근목피[8]로 연명하는 일이 보통의 결심이 아니고서는 어렵다. 그럼에도 불구하고 정치적 신념이나 철학을 이유로 출세의 길을 마다하고 낙향[ ] 하

---

7. 가난한 살림에서 그저 겨우 먹으며 살아가는 방책.
8. 풀뿌리와 나무껍질이라는 뜻으로 맛이나 영양 가치가 없는 거친 음식을 이르는 말.

거나 깊은 산속으로 들어가는 경우도 있었다. 그러한 일은 쉽지 않은 일이기에 두고두고 회자[9] 되었다.

"나물 먹고 물 마시니 이 또한 족하지 아니한가"라며 청빈낙도[11]의 삶을 자랑으로 여겼고, 물질적 부를 이루지 못한 것을 청렴하다는 증거로 생각해 부끄럽게 여기지 않았다. 오히려 가난을 즐겼다. 즉 선비들은 밭을 갈고 곡식을 심는 일보다 책을 읽고 토론하며 서로 배우는 것을 좋아했다. 그렇지 못한 사람들은 그들을 부러워하였다. 그 속에서 죽어나는 사람은 선비의 아내였을 것이다. 어린아이를 키워야 하고 입에 풀칠을 해야 산목숨은 살 수가 있다. 아무리 양반이라도 공기만 마시거나 물만 마시고 살 수는 없다. 공기와 물만 마시다가는 보름 이내에 남녀를 불문하고 저세상 사람이 되기 마련이다.

잔칫집이라 해도 먹을 사람은 많고 고기는 부족하다 보니 물을 많이 잡고 나물을 넣어서 양을 늘렸다. 고기는 어쩌다 낚시를 해야 할 정도로 그 양이 적지만 오래 끓여서 냄새만 풍기더라도 명색은 고깃국이다. 국을 많이 먹게 된 것은 먹을 게 부족하던 시절에 궁여지책[12]으로 만들어진 문화가 자리를 잡은 것이리라. 콩 한 쪽도 날름 내 입에 넣지 않고 나누어 먹는다는 말이 있다. 우리가 자랄 때만 해도 집에 오는 모든 손님에게 하는 인사말은,

"아침 드셨습니까?

"점심 드셨습니까?

9. 서울에서 벼슬을 하던 사람이 시골로 거처를 옮겨 이사함.
10. 칭찬받는 일로 여럿의 입에 오르내리는 일.
11. 청렴결백하고 가난하게 사는 것을 옳은 일로 여기고 즐기는 생활.
12. 궁한 나머지 생각다 못하여 꺼낸 책략.

"저녁 드셨습니까?"

라며 세 끼 끼니를 걱정하는 알부를 물었다. 그렇게 물으면 어른들은 반사적으로 "어서 드세요. 저는 먹고 왔습니다." 하고 식사 때가 되어 남의 집에 가는 것을 어려워했다. 서로가 뻔한 살림에 누가 될까 봐 걱정했던 것이다.

끼니 걱정을 하던 시절을 건너 여기까지 왔다. 물질의 풍요, 즉 양적 성장은 엄청나게 커졌다. 국민 1인당 평균 소득이 3만 달러의 경제 성장을 이루었다. 이때 평균소득이라는 함정이 숨어 있다. 즉 최저 소득이 아닌 평균소득이다 보니 여기에 턱없이 미치지 못하는 빈곤 계층이 폭넓게 존재한다는 사실이다. 여전히 먹을 게 없어서 2019년 탈북 여성이 아이와 함께 주검으로 발견된 일, 생활고를 비관하여 가족 동반자살을 선택하는 사람들, 노인 빈곤층의 실상, 청년들의 불안한 일자리와 미래, 하루 벌어서 하루를 살아가는 새벽 인력시장에서 일을 기다리는 사람들이 광범위하게 살아간다. 농경 사회에서는 함께 일하고 같이 쉬며 공동체 생활이 가능했기에 누가 먹는지 굶는지 알 수가 있었다. 그러나 지금은 각자 일하느라 바쁘고 점점 1인 가구가 늘어나면서 이웃 사람이 어떻게 살아가는지 알지 못한다. 다만 아파트 평수로 어림잡아 비슷한 형편의 사람들이 살아가고 있다. 경제적 계급의 차이가 날로 커진다.

세계적인 빈부격차[13]를 보면 상위 1%의 부자가 차지하는 부가 전체의 50%를 넘어섰다. 즉 나머지 99%가 상위 1% 부자가 가진 것보다 적은 양으로 나누어야 하는 상황이다. 우리나라도 부동산이 차지하는

---

13. 2018 세계 빈부격차 보고서.

비중이 높고 그것의 상승률이 가파르다 보니 빈익빈 부익부 현상은 더욱 심화되는 상황이다. 특히 1980년대 이후 선진국의 흐름을 보더라도 각국은 빈부격차가 심해지고 있다. 세계적인 경제학자인 피케티 이론에 따르면 자본 이득이 실질 노동임금을 훨씬 앞지르기 때문이라고 주장하여 설득력을 얻고 있다. 자본가의 경영 또는 자본의 자기증식은 엄청난 속도로 증식하는 데 반해 노동자의 노동 임금은 물가상승률을 따라가지 못하기 때문에 점점 그 차이가 커질 수밖에 없는 구조를 가진다.

우리나라만 보더라도 집값이 수직적으로 올랐다. 보이지 않는 주식 거래도 빠르게 성장했다. 서울 강남의 집값은 하루가 다르게 오른다. 임금만으로 내 집 장만하기는 쉬운 일이 아니다. 지방에서 서울로 학교를 다니거나 취업을 한다 해도 월세를 부담하기가 어렵다. 인간다운 최소한의 생활을 해야 하는데 임금은 물가를 따라가지 못한다. 특히 집값 상승은 그 속도가 너무 빠르다. 집이 없는 사람들은 월세 내기도 버겁고 전세비 올려 주기도 어려워서 자꾸만 도시 외곽으로 밀려난다. 저임금으로 살아가는 많은 노동자가 주거 불안을 가장 큰 고통으로 여길 수밖에 없는 구조다. 삼각김밥이나 컵밥이 편의점에서 많이 팔리는 이유는 여전히 하루 세 끼 인간다운 식사를 하기 어려운 사람들이 많다는 의미를 내포하고 있다. 예나 지금이나 부자들은 더 부자가 되기 쉬운 구조다. 따라서 부의 경제적 세습은 더욱 강화된다. 그래서 만들어진 말이 금수저, 흙수저 논쟁이 아닌가? 빈곤의 대물림으로 가난한 사람들은 더 가난해지기 쉽다. 소수 부자들의 왕국이 되어 버려서 재벌 갑질이라는 신조어도 나타났다. 경제적인 격차는 인격까지 쥐락펴락한다. 피라미드 구조가 점점 더 견고해지면서 희망의 사다리가 보이지 않는다. 여전히 배고픈 사람들이 있는데 누구도 그들에게 밥은 먹었는지 물어 오는 사람이 없다는 게 현실이다. '이밥에 고깃국'은 단순히 옛날이야기가 아니다.

4.
다리 밑의 길손들

우리 동네와 용전이라는 골짜기를 가진 동네를 이어 주는 곳에는 큰 다리가 있었다. 용전동 깊은 골짜기에서 흘러나오는 물과 만나는 제법 큰 강이었다. 그 강가의 다리 밑에는 어디에서 흘러왔는지 모르는 사람들이 살고 있었다. 더러는 가족을 거느린 사람들도 있었는데 얼기설기 비를 가리는 천막을 짓고 살았다. 그들은 밥때가 되면 귀신같이 알고 동냥을 하러 왔다. 때로는 부엌에서 밥을 얻어먹고 가는 사람도 있었고 빈 그릇을 가지고 다니며 얻어 가는 사람도 있었다. 우리는 그들을 낮추어 거지라고 하였고 문자깨나 쓰는 집 어른들은 길손이라 불렀다. 지금은 그들을 가리켜 노숙자라고 부른다. 또 다른 말로는 홈리스, 즉 집 없는 천사들이다. 그들에게도 일정한 룰이 있었던 것 같다. 같은 집에 여러 명이 오지 않고 한두 명만 다녀갔다.

식구가 많던 우리 집에도 밥을 먹고 치울 때쯤이면 어김없이 길손이 찾아왔다. 부엌에는 허드레로 쓰는 작고 둥근 소반이 있었는데 어머니는 그 소반을 내려서 말없이 상을 보았다. 식구들이 먹다 남은 밥한 덩이와 김치가 전부인 밥상이었다. 국이 남아 있는 때는 운이 좋은 날이라 국을 퍼 주었다. 길손은 누가 뺏어 먹는 것도 아닌데 허겁지겁고개를 숙이고 게 눈 감추듯 밥을 먹었다. 고맙다고 몇 번이나 인사를 하면서 떠났다. 다리 밑에서 바깥으로 나오지 못하는 식구가 있는 길손은 이 집 저 집 밥을 얻어서 가지고 갔다. 어린아이들은 질색을 했지만 어른들은 그들도 그저 먹고살아야 한다고 말할 뿐 늘 오던 길손이 며칠 찾아오지 않으면 무슨 일이라도 있는 게 아닌지 걱정하기까지 하였다.

넉넉하지 않은 살림살이는 누구나 비슷했다. 그러다 보니 끼니때가 되어 맡긴 듯이 찾아오는 길손이 반가울 리가 없다. 그런데도 어른들은 인심이 사납지 않았다. 내가 철이 들어 자랄 때만 하여도 보통 집에서는 그래도 세 끼를 먹었다. 물론 그 이전에는 보릿고개다 흉년이다 하여 세 끼를 모두 챙겨 먹지 못하는 날도 많았다. 길손들은 점심때는 얼씬도 하지 않았다. 그들도 염치가 있었다. 하루 두 끼 내지는 한 끼라도 얻어먹은 날에는 그나마 천만다행이었을 것이다. 그들은 주린 배를 견디며 살아 내고 있었다.

봄부터 가을까지는 그래도 어떻게든 견뎠다. 한뎃잠을 자도 고생스럽긴 했지만 다음 날 또 찾아오는 걸 보면 살아 있었다. 그런데 한겨울이 문제였다. 사람이 밖에서 잠들면 얼어 죽기 십상이었다. 동사하기 쉬운 한겨울이면 어김없이 길손이 찾아와 잠자리를 청했다. 어린 우리는 질색을 하였지만 할머니는 말없이 윗목을 내주었다. 우리 집에는 할머니가 계셔서 주로 여자 길손이 찾아왔다. 잠을 자려고 불을 끄고 누우면 밖에서 무엇인가 희미한 인기척이 났다.

"밖에 누구 있소?" 하면서 불을 켜면 추위에 떨고 있는 사람이 서 있었다. 들어오라는 말을 할 사이도 없이 그 사람은 염치 불구하고 하룻밤만 재워 달라며 밀고 들어왔다. 그녀는 누더기 옷을 입은 채로 고개를 숙이고 모로 돌아누웠다. 우리는 내키지 않았지만 하는 수없이 같은 방에서 잠을 잤다.

길손이가 가고 나면 같은 방에서 잠을 잔 아이들에게 이를 옮겼다. 우리는 길손에게서 옮겨 붙은 이라고 우겼지만 원래부터 우리 몸에 있었던 이였는지도 모를 일이다. 한겨울 잠을 같이 잔 길손은 아침이 되어 깨어나면 가고 없었다. 잠을 얻어 잔 것만으로 고마워서 식구들이 모두 일어나기 전에 나가고 없었다. 이른 아침에 어머니가 부엌에 나가 덜거덕거리기 시작하면 부엌에서 잠시 불을 쬐고 어디론가 총총히 사라졌다. 자고 일어난 배가 오죽이나 고플까마는 밥까지 청하지 못하고 또 길을 나선 것이다. 우리는 아침에 일어나 같이 잠을 잔 그녀가 간 것을 확인하면 할머니께 투정을 부렸다.

"이 한겨울 엄동에 방에 들어오지 못하면 얼어 죽는다. 사람이 죽도록 내버려 두면 죄받는다. 그런 야박한 마음 품으면 안 된다."

하시며 손녀딸 머리에 살고 있는 이를 잡아 톡톡 손톱으로 눌려 죽였다. 몸에도 이가 번져 가렵다고 이리저리 팍팍 그으면 속내복도 벗겨서 이를 잡았다.

사실 집 없는 그들이 겨울을 나기는 어려웠을 것이다. 그래서인지 길손들도 동네 사정을 훤히 아는지 단손[14]에 아이들과 사는 집에는 가지 않았다. 젊은 부부와 어린아이만 사는 집에는 잘 데가 없다고 거절하기 마련이었다. 할머니 계시는 집에 가서 어른의 도움을 청하는 것이었다. 산전수전 다 겪은 할머니들은 사람 목숨이 제일 중하다고 하면서 기꺼이 윗목을 내주었다.

---

14. 도와주는 사람 없이 혼자서 아이를 키우는 집.

그러던 어느 날부터인가 길손이 오지 않았다. 동냥을 얻으러 오지도 않았고 잠자리를 청하러 오지도 않았다. 갑자기 다리 밑에 살던 사람들이 궁금했다.

"아버지, 요즘은 왜 동냥하러 오는 사람들이 없나요? 발길을 딱 끊은 것 같아요"라고 물었다. 아버지는 그때서야 생각이 난 듯이 "아, 나라에서 부랑자 수용소를 만들어서 모두 거기에 갔다. 이제 남의 집에 동냥하러 오는 사람은 없을 것이다"라고 했다. 거짓말처럼 길손이 없어졌다. 모두 집을 얻은 것이려니 단순하게 생각했다. 그런데 나중에 알고 보니 소위 말하는 부랑자 강제수용과 강제노역의 시대가 시작되었던 것이다. 마을 근처의 다리 밑에 살던 그들이 부랑자 수용소에 잡혀가서 어떻게 살았는지는 그 이후 40년 이상 되고서야 세상에 드러났다. 집이 없는 사람이라는 이유만으로 강제로 끌려갔고 모진 폭력과 영양실조, 강제노역으로 죽어 갔다. 다시는 그곳을 나와서 살아 보지 못하고 죽은 사람들이 많다는 것도 아주 오랜 세월이 흐르고 나서야 알게 되었다. 집 없는 사람에게 인간다운 삶은 없었다. 강제로 수용소에 감금되다시피 하였고 그곳에서 강제노역에 시달리며 비인격적인 대우를 받았다. 형제복지원은 대표적인 사례이다. 한 번 가 버린 시간에는 타임머신이 작동되지 않는다. 사람은 이미 죽거나 늙었거나 병들었다.

2020년 5월, 과거사진상규명위원회가 연장하여 활동을 하게 되었다. 이에 형제복지원 사건도 포함되었다. 부랑자도 거지도 아닌 사람도 운이 없으면 끌려가서 수용되었고 사람으로서 상상할 수도 없는 일을 당했다고 그들은 증언하고 있다. 일단 국가배상 및 보상 문제는 제외했다고 한다. 살아남은 당사자가 오죽 억울했으면 먼저 진실규명이라도 해 달라고 국회 앞에서 고공농성을 했겠는가 말이다. 이 밖에도 국가권력에 의해 인권을 침해당한 사람이 있다면 철저한 조사를 통해 그들의 명예가 회복되고 배상과 보상을 받아야 할 것이다.

속절없이 세월은 흘러간다. 가 버린 청춘은 다시는 돌아오지 않는다. 한 사람의 목숨이 천하보다 귀하다고 했다. 권위주의 국가 체제에서 속절없이 가 버린 아까운 목숨과 모진 고통에 대하여 한 명이라도 살아 있을 때에 진실을 밝히고 진정한 사과를 해야 할 것이다. 그것만이 그분들과 그 가족들의 응어리진 한을 녹이는 데 조금이나마 온기가 되지 않을까 싶다

고도의 경제성장으로 호황을 누리던 우리 사회가 1997년 IMF 외환위기라는 폭력적인 상황에 내몰리자 다시 등장한 사람들이 바로 노숙자이다. 갈 곳을 잃은 그들은 사람들이 붐비는 역 주변의 지하에서 신문지를 이불 삼아 노숙하기 시작했다. 노숙자 쉼터나 노숙자 재활을 위한 사회적인 노력이 이루어지기도 하지만 여전히 그들의 인권은 사각지대에 놓여 있다.

5.
시골 교회와 아이들

어느 날, 우리 동네 언덕 위에 있던 다 쓰러져 가던 허름한 집을 뚝 딱뚝딱 고치더니 십자가를 세우고 예배당이라고 했다. 별로 놀 것도 없던 시골에 교회가 들어선 것이다. 동네에 교회를 세운 사람은 박 장로와 이 장로 형제였다. 박 장로는 집안에서는 아무도 안 다니는 교회를 혼자 열심히 다니는 사람이었고, 이 장로 댁은 윗대부터 예수를 믿는 집이었다. 그들은 집에서 멀리 떨어진 해선동까지 농사일을 하다가도 주일마다 교회를 가는 사람들이었다.

멀리 다니던 이들이 힘을 합쳐서 마을에 교회를 세웠는데, 달랑 두 집뿐인데 교회가 되겠는가 싶어서 마을 사람들도 걱정 반, 호기심 반으로 지켜보았다. 참 신기한 일은 점차 사람들이 늘어났는데 주로 어린이와 청소년 등 나이가 어릴수록 많았다. 나도 초등학교 3~4학년 때부터 예수라는 블랙홀로 빠져들었다. 아이들은 앞서거니 뒤서거니 하면서 전도를 하고 못 이긴 듯이 교회에 나가기 시작하여 그해 여름성경학교를 졸업하였다.

교회에 가면 학교에서는 만져 보지도 못하게 하는 풍금도 있었고 얼마든지 자유롭게 연습도 허용했다. 시골에서 자랑할 만한 일도 없고 내세울 것도 없는 가난한 아이들에게 천국처럼 다가왔다. 학교가 유일한 집으로부터의 탈출구였다면 교회는 자유롭고 위로를 해 주는 영혼의 쉼터 같은 공간이 되었다. 박 장로와 이 장로 형제는 어린 우리들에게 다정하고 친절했다. 새로 모셔 온 전도사님 내외분은 그렇게 사이가 좋아 보일 수가 없었다. 두 분은 장로들과 나란히 서서 주일 낮 예배를 보고 나오는 신자들에게 일일이 안부를 물으며 우아하게 악수를 했다. '나도 저렇게 살아야지.' 하는 생각이 저절로 들었다.

교회에서 풍금을 치고 기도도 하고 노래도 불렀다. 성탄절을 맞이하여 '아기 예수 탄생에 관한 연극' 연습을 하며 무대에 서 보는 기쁨도 알게 되었다. 성탄절 새벽에는 어른들 틈에 끼어서 '기쁘다 구주 오셨네, 만백성 맞으라'라는 새벽 송을 힘차게 불렀다. 새벽 송을 부르던 마지막 집은 권사님 댁으로 거기에서는 매년 새벽 송을 부른 모든 이들에게 떡국을 대접해 주었다. 그 집에서 먹는 떡국 한 그릇과 축복의 기도가 좋았다. 성경암송대회에 나가 마가복음, 마태복음을 줄줄 외우고 일등을 해서 도 대회에도 나갔으며 '잘한다, 명석하다'고 칭찬해 주는 사람들 덕분에 교회는 일종의 도피처가 되기도 했다.

중학생이 되던 해에 초고속 승진으로 주일학교 선생님이 되었다. 교회에 다니는 우린 모두 그렇게 또 하나의 새로운 세상을 만나고 새로운 위로를 받으며 교회에 간다고 핍박하는 아버지에게도 저항할 힘이 생겼다. 그리고 의연하게 기도했다.

'가난한 자에게 복이 있나니, 천국이 저희의 것임이요……

나를 핍박하는 자를 위하여 기도하나니…….'

그렇게 1970년대 시골 교회는 뭐 내놓을 것 하나 없는 집과 시계추처럼 왔다 갔다 하던 학교와 공일이면 여기저기 치이며 구박이나 받던 아이가 처음으로 만난 살 만한 세상이었다.

그 옛날 우리가 초등학교에 다닐 적 시골 교회는 아이들에게 놀이 터가 되었다가 예술 공연장이 되기도 하고 수요일 밤과 주일 낮과 밤에는 술 취한 아버지를 피해 갈 수 있는 공식적인 장소가 되었다. 주일 낮 예배 후에는 꼭 먹고 가라던 후루룩 국수 한 그릇의 뜨끈한 국물 맛을 잊을 수가 없다. 아무도 알아주지 않던 아이에게 천국의 아이라고 치켜세우고 용기를 주었던 참 고마운 교회였다.

지금은 교회에 나가지 않지만 마음속에는 언제나 위대한 예수님을 따르고 있다. 누구나 권력을 가진 자의 편을 들기는 쉬운 일이다. 그러나 예수는 가난한 자의 편에서 그들을 위로하고 병든 자를 치료하며 고아나 과부를 위해 기도했다. 그 시대 가장 낮은 자인 사회적 약자의 편을 들자 민중들이 구름같이 모여들기 시작했다. 자기의 이익을 위해서 복무하는 자는 곧 다른 사람들이 그를 알아본다. 그러나 공공의 이익을 위해 자신을 헌신하는 자는 처음엔 권력자에 의해 핍박받는 것처럼 보이나, 후일 그를 추앙하는 수많은 사람이 있을 것이다. 예수가 바로 그런 경우이다. 가난한 이를 위하여 오신 이, 그가 바로 예수이다. 예수를 믿고 교회에 가는 사람이 그를 존귀하게 하고 욕되게 하지 않으려면 예수가 가신 길을 보고 따라야 할 것이다.

지금도 교회든 절이든 성당이든 종교생활을 함으로써 자신을 성찰하는 시간을 가질 수 있다. 세상의 물질적인 욕구에 시달리며 살지만 그래도 하루쯤은 돌아보는 시간을 가진다는 것은 큰 의미가 있다. 또 현실적으로 하고 싶은 거, 놀고 싶은 거, 세속적인 욕망에 대한 억제 등이 있어야 종교생활이 가능할 것이다. 특히 몸이 부지런해야 한다. 다른 사람 잘 때 일어나 준비하고 교회에 가기 때문이다. 도시에서 거대 교회의 문제점, 목사 자리의 부자 세습, 종교집단의 세금 납부 문제 등으로 욕을 먹고 문제가 된다고 말이 많은 것도 사실이다. 그러나 그것은 신의 뜻이 아니라 사람의 욕심이 빚어낸 잘못된 행태이다.

특히 보수적인 교회에서 목사를 중심으로 개혁적인 정치인이나 시민을 향하여 '공산주의자, 종북, 빨갱이' 등의 발언을 쏟아 내며 편 가르기를 통해 자신의 입지를 세우려는 자가 있다. 맹목적으로 기복신앙에 의해 교회를 가는 사람들에게 먹힌다고 한다. 주로 반공을 외치며 보수적인 정치권으로부터 수혜를 입은 자들이다. 보수적인 정치인 중에서는 이러한 교회 세력을 등에 업고 정치적 지지를 구하는 자도 있다. 그들의 계산이 맞아떨어진다는 뜻이다. 예수를 믿고 따른다는 자가 예수의 기본을 망각하고 예수를 욕보이는 일을 하는 것과 마찬가지다. 예수는 당시 권력에 저항한 위대한 혁명가이다. 그는 가난하고 병든 사람을 위해 기도하였고 그들에게 먹을 것을 주었다. 이 시대의 가난한 자들을 외면하면서 자기들의 권력과 부자 계급을 위해 복무하며 예수를 내세우는 일은 예수라는 이름에 똥칠을 하는 행위이다. 예수를 팔아서 자기 욕망을 채우는 일과 다름없다.

IV.

인간존엄성에 대한 소고

1.
잔칫집에 먹을 게 많더냐?

　우리 사회는 긴 겨울을 지나 오뉴월에 보리를 수확할 때까지 기다려야 하는 일명 '보릿고개'라 불리던 지독한 가난이 오래도록 이어졌다. 그 와중에도 혼인하는 사람은 있었고 회갑을 맞이하는 어르신, 장원급제하여 금의환향하던 벼슬아치도 있었을 터이고 금세기 들어서는 고시에 합격하여 고을에 경사를 안겨 주는 인물이 나오기도 했다. 대체로 애경사에는 마을 사람들이 십시일반 부조를 하여 마을 잔치가 되도록 도왔다. 그때는 돈이 없고 어느 집에서나 형편이 녹록지 못하던 시절이라서 부조는 주로 현물이었다. 어머니들이 하는 일은 주로 직접 자기 집에서 그녀가 가장 자신 있게 잘하는 음식을 맡아서 하는 일이었다. 묵을 쑤어서 가져다주거나 두부 몇 판을 만들어 주거나 막걸리를 담아서 몇 말을 가져다주는 식이었다.

　대체로 이렇게 음식을 보태고 그것도 할 수 없는 집의 아녀자들은 잔칫집에 가서 노동력을 제공했다. 전을 부치고 음식을 나르고 밥을 짓고 국을 끓이고 설거지를 했다. 물론 부조의 의미이기도 하여 그렇게 음식이든 노동력을 제공받은 집에서는 그것을 잊지 않고 있다가 그 집에 일이 생기면 반드시 자기 집의 큰일에 보탬이 되었던 일을 기억하여 힘껏 되갚아 주려고 애를 썼다. 그래야 마을에서 비난받지 않고 어울려 사는 데에 어려움이 없다는 것을 모두 알고 있었다.

자식을 키워서 혼인을 시키거나 부모상을 당하면 마을 사람들이 십시일반 부조를 하여 큰일을 치를 수 있도록 도왔다. 때로는 큰 돼지 한 마리를 잡기도 하였고 고을의 큰 부자가 인심을 쓰기도 하였다. 소를 잡는 것은 일반 평민들에게는 있을 수 없는 일이었고, 만석꾼 집안 정도로 부자인 집에서 경사가 나면 소를 잡아서 이웃 동네 주민들까지 초대하여 잔치를 하였다. 마을 사람들은 이런 잔치가 있는 날에는 팔을 걷어붙이고 일하러 갔다. 일손을 보태면서 음식도 양껏 먹을 수 있었고 집에서는 잔치가 끝나는 날까지 따로 밥을 짓지 않을 정도로 잔칫집에 의존했다.

삼시 세 끼를 잔칫집에서 해결하기에는 눈치가 보였지만 동네 잔치를 하게 되면 대개는 잔칫집의 아랫집, 윗집에서도 잔칫집 손님들이 앉는 공간을 내주었다. 여기저기에서 전 부치는 기름 냄새, 고기 삶는 구수한 냄새, 술병이 오가는 바쁜 걸음들, 음식을 나르는 일손으로 북새통을 이루었다. 먹을거리가 귀하던 그 시절 음식이 남는 일은 없었다. 그래서 군수 영감을 내는 경사로운 잔치에서도 무한정 계속 음식을 댈 수가 없었기 때문에 돼지 한 마리, 소 한 마리, 떡 열 말, 밥 세 끼를 먹되, 매끼 한 말씩을 한다고 소문을 먼저 냈다고 한다. 그러면 동네 사람들이 얼추 그 양을 알기 때문에 눈치껏 잔치 음식을 얻어먹고 물러났다.

그래도 고기를 굽거나 삶아서 수육으로 대접하기엔 턱없이 부족하기 때문에 큰 솥을 걸어서 고기를 잘게 썰어 넣고 무, 파, 배추 등으로 양을 많게 하는 국을 끓였다. 뜨거운 국그릇에 밥 한 덩이를 말면 동네 사람들이 모두 와서 한 그릇씩 먹어도 될 양이 되었다. 거동하기 어려운 어른이 계시는 집에는 밥과 국을 비롯하여 전, 술, 과일 등을 상을 보아 맛을 보시라고 집에 가져다 드렸다. 이런 일은 주로 잔칫집에서 일을 주관하는 안어른이 혹시 잔치 음식을 못 드시는 분이 없는지 살피는 데서 나왔다. 잔치에 가지 못한 어르신이 궁금해하는 것은 인지상정이었다.

"잔칫집에 먹을 게 많더냐? 무엇을 했더냐? 맛이 좋더냐?"

특히 추운 겨울 잔치에서 고기를 썰어 넣은 국밥은 얼어붙은 가난마저 녹이는 힘이 되었다. 평소에 고기를 먹어 보지 못했던 서민들이 국밥에 들어간 고기 몇 점 때문에 탈이 날 염려도 없었다. 사람들은 그렇게나마 고기 맛을 볼 수 있는 좋은 날이었다. 요즘은 물에 빠진 고기는 아예 손도 대지 않는 사람도 많아지고 있다. 세상이 참 많이 변했다.

2.

초상은 축제처럼

한편 남자 어른들이 중심이 되어 큰일을 진행하던 터라 쌀 한 가마니 또는 쌀 두 가마니를 부조한다는 약속이 있었다. 그것을 내가 자라던 마을에서는 '청운회'라고 불렀다. 언제 만들어졌는지는 모르겠지만 아마도 결혼을 하고 세대주 역할을 하는 젊은 아버지들이 마을 일을 같이하면서 만들었던 것 같다. 노동력을 잃어 가던 늙은 부모를 대신하여 가계를 책임지던 젊은 청장년들이 젊은 꿈의 좋은 운이 가득하기를 바라는 마음에서 그렇게 이름 붙이지 않았을까 어림잡아 본다. 그분들이 점차 세월을 이기지 못하고 나이가 들어 가도 한번 붙여진 '청운회'는 아버지가 돌아가시는 날에도 '청운회'였다.

우리가 어릴 때는 '청운회' 회원들이 마을 어른들 대부분이었지만 우리가 자라고 나니 몇 분 남지 않았다. 혹 도시로 이사를 가기도 했고 더러는 자식을 따라서 마을을 떠나기도 했다. 대부분 앞서거니 뒤서거니 세상을 떠나서 이제는 아버지들이 이끌었던 '청운회'는 그 이름마저 기억하는 이가 몇이나 될까 싶다. 처음에 '청운회'는 부모상을 당하면 어찌할 것인가부터 시작했다.

부모 없이 태어나는 사람은 없으니 늙으신 부모가 돌아가시면 서로 도와야 한다는 걱정에서 비롯했다. 그때는 병원에서 돌아가시는 일도 '객사'다 하여 불효라고 여겼다. 병원에서도 가망이 없다 싶으면 보호자를 불러서 집으로 모시라고 했다. 집으로 모시라는 말은 곧 운명하실 것이라는 의사의 사망선고 같은 말이나 다름없었다. 그러면 편찮으신 어른을 집으로 모셔 오고 슬하의 자식들과 마을 사람들이 지켜보는 가운데 숨을 거두는 복을 누렸다.

동네에 초상이 나면 아버지들의 모임인 '청운회'에서는 열일을 제쳐두고 상주가 시키는 일을 했다. 1분 대기조인 셈이다. 1분 안에 상주와 머리를 맞대고 일을 도우려면 사흘장을 치르는 내내 초상집에 있어야한다. 겨울이 아니라면 마당 한쪽에 불을 때면서 멍석을 펴고 화투를 치기 시작했다. 그들은 대체로 상여가 나갈 때 상여를 메는 상두꾼이기도 했기 때문에 초상을 치르는 집에서는 술과 담배를 대고 식사 대접을 후하게 하였다. 초상집 상주와 달리 친구분들은 일종의 축제 같은 시간이었다.

일가친척에게 부고를 알리는 일도 사람이 직접 가지고 가야 했다. 한지에다 일필휘지로 부고 글을 세로쓰기로 써서 일일이 봉투에 넣어 예를 갖추었다. 부고를 전하는 사람은 그 집에 들어서지 않고 길에서 큰 소리로 "부고요." 하고 외쳤다.

시골에는 전화가 없는 집이 많아서이기도 하고 직접 전달하는 것을 가장 좋은 부고 방법이라고 여겼다. 그다음으로는 사람이 직접 가기가 어려운 먼 곳이라면 전보를 쳤다. 우체국에 가서 전보를 치는데 글자 수가 많을수록 요금이 올라가기 때문에 전보의 글은 짧되, 분명하게 하여 말귀를 못 알아듣는 경우가 생기지 않도록 각별히 조심을 하였다.

'○○○ 어른 사망, ○○일 발인, 장지 ○○ 선산, 상주 ○○○ 배'이런 식이었다. 상주가 전보에 들어갈 부고의 내용을 적어 주면 1분 대기 상태로 일거리를 찾던 아재들이 부리나케 달려 나와서 분담을 하였다.

한편 부고 소식을 잘못 들으면 생사람이 망자를 따라서 저승 가는 길에 동행한다는 미신이 있었다. 그것을 가리켜 '주당 걸렸다'라고 하였다. 주당이 걸리면 건강하던 사람이 그날로 시름시름 앓기 시작하는데 백약이 무효하고 저승길을 재촉하여 결국은 죽더라는 것이다. 어른들이 보기에는 상가에 다녀온 후로 특별한 이유 없이 아프기 시작하여 손 쓸 새도 없이 죽는 경우를 가리켜서 '주당 걸렸다'라고 말하며 이를 풀려면 큰무당을 불러 굿을 하였다.

'초상난 집에 불구경한다'는 말이 있다. 어린 눈으로 바라보는 내가 딱 그런 격이다. 대체로 상주를 도와주려는 그들은 삼시 세 끼를 초상집에서 먹고 마시며 분주히 왔다 갔다 하면서 일손을 거들었다. 어떤 이는 풍수어른을 모셔 오고 어떤 이는 망가를 구슬프게 불러 줄 소문난 소리꾼을 섭외하여 데려온다. 상여를 맡은 사람들은 동네에서 같이 사용하는 상여를 내어 손 볼 데가 없는지 둘러보기도 하고, 거기에 필요한 형형색색 오색 줄을 사러 장을 보러 가는 사람, 양조장에 일러서 술을 어느 정도 받아야 하는지도 조율했다. 또 다른 아재는 문상 온 사람들에게 상주가 고맙다는 의미로 돌리는 답례품을 무엇으로 할 것인지를 의논하고 상주의 주머니 사정에 맞추어서 준비를 했다. 그 와중에도 문상 온 사람들을 빈손으로 보내지 않았다. 멀리서 차비를 들여서 걸음을 한 사람은 반드시 얼마라도 차비를 주었다. 동네 사람들에게는 고무신이나 목장갑을 주거나 수건을 맞추어 돌렸다.

무엇이든지 물자가 귀하던 그 시절에는 동네에 초상이 나거나 잔치가 있으면 떨어지는 떡고물이 있었다. 소위 물자가 흔해지는 며칠을 보내게 된다. 그래야 동네 사람들이 "그 집 큰일 치르는 모양을 보니 참으로 양반입니다"라고 인사를 했다.

사람으로 태어나 마지막으로 가는 길이 가장 큰일이었다. 결혼은 하루가 정신없이 지나가고 찾아온 손님이 모두 돌아가면 다리를 뻗고 누울 수가 있다. 그런데 상을 치르는 일은 가장 엄격하게 예법을 따르려고 노력하는 모습이었다. 그것은 사람을 마지막으로 보내는 일이기 때문이라고 그때에도 생각이 들었다. 다시 못 올 길을 혼자 건너가야 하는 사람에 대한 예우였다. 돌아가신 분이 어느 해 어느 날 태어나서 자랐고 본은 어디를 쓰며 누구와 결혼하여 자녀를 얼마나 두었는지, 그 어른의 성정은 어떠하였는지, 문상 온 사람들은 상주와 더불어 돌아가신 분과의 관계와 그가 기억하는 일화를 나누며 때로는 울고 때로는 웃으며 술잔을 비웠다. 그때만 해도 집에서 초상을 치렀고 문상을 온 사람은 대개가 남자들이었다.

장례를 치르는 날은 큰 변수가 없으면 돌아가신 날부터 쳐서 사흘장을 지낸다. 사흘 정도면 마지막 가는 길에 보러 올 사람은 거의가 왔다고 간주했다. 또 주검이 바로 병풍 뒤에 있기 때문에 사흘 이상이면 부패의 속도가 엄청나게 빨라진다는 것을 알았다. 주검에서 흘러나오는 냄새를 막기 위해 향을 피우고 문을 열어 두고 마당에서 자리를 깔고 절을 했다. 여름에 초상이 나면 대책이 없었지만 죽는 사람이 철을 골라서 죽는 것이 아니니 나머지는 모두 산 사람 몫이었다.

초상은 사람이 운명하는 시간이 중요했다. 자정을 넘기지 않은 한

밤중에 운명하면 짧은 사흘장이 되었다. 그날을 이미 하루로 치기 때문이다. 반면에 자정을 넘기고 새벽에 돌아가시면 긴 사흘장이다 하여 더 많은 수고가 따르기 마련이었다. 두 가지 모두 장점과 단점이 있다. 긴 사흘장을 치르게 되면 시간적인 여유가 있어서 차분히 의논해가며 일을 할 수가 있다. 그러나 힘이 많이 든다. 즉 돈이 더 많이 든다는 소리다. 초상이 난 집이 부유하다면 문제가 되지 않는다. 이참에 동네 사람들에게 인심 크게 쓰고 이미지 변신에 성공할 수 있는 기회가 될 수 있기 때문이다.

그러나 가난한 집에 초상이 났는데 긴 사흘장을 치르게 되면 상주는 속이 탄다. 짧은 사흘장과 비하여 두세 끼를 더 준비해야 하고 그에 따라 더 많은 양의 반찬이나 고기, 떡, 술을 해야 하기 때문이다. 없는 살림에 긴 사흘장을 치르고 삼우제까지 지내고 나면 얕은 기둥뿌리가 휘청거릴 정도로 살림이 거덜 나는 경우도 있다. 여기에다 체면을 중시하여 무엇이든지 펑펑 아끼지 않고 쓰다 보면 초상 치르고 나서 산 사람 입에 거미줄을 치는 경우가 생기지 말란 법이 없어 보이기도 하다.

초상은 사흘장을 치르고 나도 삼우제[15]까지는 언제 손님이 올지 모르는 기간이다. 삼우제가 지나고 나면 상주들도 각자 본가로 돌아가 생업에 종사한다. 요즘도 대개가 그러하다. 부모상에는 삼우제까지 특별 휴가를 준다. 초상을 잘 지내고 직장에 복귀하라는 의미다.

그런데 그마저도 형편이 어려워 이틀장도 아닌 하루장을 지내는 경

---

15. 장사를 지내는 날 드리는 제사를 초우, 두 번째를 재우, 세 번째 하는 제사라 하여 삼우제라 하며 현대사회에서는 장례 치른 후 사흘째 되는 날로 생각하는 경향이 많음.

우를 보았다. 아침에 출근을 하니 담임을 하던 학생의 아버지가 돌아가셔서 학교에 오지 못한다는 연락이 왔다. 내가 맡은 아이가 상주가 되었으니 당연히 가서 위로를 해 주어야 되겠다 싶어서 반 아이들 대여섯 명과 같이 문상을 나섰다. 상주가 된 아이가 장례식장이 아닌 집으로 오라고 했다. 요즘에도 집에서 장례를 치르나 싶어서 깜짝 놀라서 가 보니 참으로 마음이 무너져 내렸다. 망자가 남긴 상주라고는 달랑 중학생인 아들 하나가 전부였다. 외로운 인생을 살다 가는지라 연락하여 일을 도와줄 일가친척도 별로 없고 문상을 올 사람도 없다고 여겨져서 오후 마지막 차례로 화장을 한단다. 망자가 그날 새벽에 운명하고 그날 저녁에 장례를 다 치르는 날이었다. 좁은 임대 아파트의 이웃 몇 명이 보일 뿐이었다. 거기에 사는 사람들은 거의 하루장, 길어도 이틀장으로 초상을 치른다고 했다. 문상 온 사람들에게 식사 대접은 생각지도 못하고 상주가 된 아이가 서 있었다.

이웃이 어떻게 사는지를 알던 시절에는 십시일반 부조를 하여 마지막 가는 길에 그 사람의 일생을 생각하고 돌아보는 시간을 가졌다. 마을 사람들은 일종의 축제처럼 한 사람이 일생을 마치고 떠나는 것을 지켜보았다. 인간이 존엄하다는 것은 자연으로 돌아가는 마지막 순간까지 예를 다하여 그를 대접하는 것이라고 생각하였다. 그러나 현대사회에서는 고독사처럼 혼자 지내다 혼자 숨을 거두고 주검이 발견되는 일, 마지막 가는 길에 무연고자가 되어 배웅해 줄 사람 하나 갖지 못한 사람, 가난을 운명처럼 덮고 지내다 주검마저 돈 때문에 일찍 하직해야 하는 사람들이 있다.

인도 힌두교의 성지인 바라나시 지역은 죽음을 기다리는 노인들이 마지막으로 찾는 도시로 유명하다. 바라나시 지역은 사람이 운명할 때까지 잠시 기거하는 저렴한 숙소를 도시 정부에서 마련하여 임대하고 있다. 죽음을 목전에 둔 사람이 바라나시에 가서 마지막 여생을 보내다 죽고 그곳에서 화장하여 갠지스강에 뿌려지기를 소망하는 사람이 많아지면서 생긴 도시 정책이다. 시시각각으로 다가오는 죽음을 기다리는 노인들이 갠지스강으로 나와서 대화를 하거나 저녁노을을 구경하기도 하는데 노인에게는 그를 돌봐 주는 가족이 한 사람씩 있다고 한다. 대체로 청장년층은 생업에 종사하다 보니 오기가 어려워 청소년기의 손자나 손녀가 할아버지나 할머니를 간병하다가 마지막 가는 길을 배웅하는데 운명하면 가족들에게 연락을 한다. 주검은 화장을 하여 갠지스강에 뿌리는데 화장하는 과정이 빈부에 따라 천차만별로 이루어진다. 어디에서나 인간으로 태어나 마지막 가는 길도 빈부격차가 드러나고 있어서 씁쓸하다.

3.
자연으로 돌아가

옛날에는 집안의 어른이 회갑을 하고 칠순이 지나면 천수를 다했다고 생각했다. 부잣집 어르신이 회갑을 맞이하면 장수 잔치를 하였다. 잔치를 하는 집에서는 카메라가 귀하던 시절에도 큰마음 먹고 사진사를 불러서 기념사진을 남기기도 하였다. 빛바랜 흑백 사진 속의 주인공을 현재의 시선으로 보면 삼십 년은 더 나이 들어 보인다. 즉 회갑을 맞은 어르신이 요즘 아흔을 넘긴 어르신과 비슷해 보인다는 뜻이다. 그만큼 고생이 많은 세월을 보냈다는 흔적이 온몸에서 나온다. 그러다 보니 상대적으로 회갑도 못 보내고 돌아가시는 분이 많아서 회갑을 지내고 칠순을 넘어서면 동네에서는 상노인 축에 들었다.

이렇게 연세가 들어서 천수를 누렸다고 생각하는 어른들은 아프기 시작하면 집에서 간병을 하며 가족들의 돌봄을 받았다. 간혹 병원까지 모셔 가서 의사의 치료를 받고 운명하시는 어른은 더 이상 아쉬울 게 없는 호사를 누린 것이었다. 대부분의 노인들은 시름시름 앓다가 병원에 가 보지 못하고 곡기를 끊은 지 열흘에서 보름 정도 지나면 돌아가셨다. 동네 어른들이 서로 만나면 '편찮으신 어르신이 곡기를 끊은 지가 며칠이나 되었는지'를 물었다. 그 말은 언제쯤 임종을 맞이할 것인가를 가늠해 보는 그들의 기준이었다.

"아이고, 어른께서 오늘내일하시니 참으로 걱정이 깊으시겠습니다." 하면서 아침저녁으로 동네 사람들이 임종이 멀지 않은 노인을 보러 와서는 봉양하는 아들 내외의 수고를 위로했다.

노인들의 죽음도 사람마다 달랐다. 집안의 어른이 노환으로 기운 없이 몸져눕는다 해도 아랫대 자손들이 두 손 놓고 지켜보기만 하는 것은 아니었다. 어떻게든지 자실 것을 만들어서 죽이다 미음이다 하여 드시도록 애를 썼다. 혹여 병든 어른이 자시고 싶은 게 있어 구하여 드리다 보면 일 년 이상은 고생하기 마련이었다. 그래서인지 아무 것도 모르고 층층시하에 시집간 나를 보고 어머니는 말했다.

"어른들이 건강하게 사시는 것이 네가 누리는 복이다. 편찮기라도 하면 그때부터 보통 일이 아니다. 끼니때마다 드실 만한 것을 만들어 드려야 하는데 건강하시면 밥상에 수저 한 벌 더 올리면 되는 것이 아니냐? 시어른들 건강할 때가 좋은 때다"라고 하며 시어른들 건강한 것이 얼마나 좋은 일인지 모른다고 했다. 그도 그럴 것이 병든 환자가 있는 집을 가리켜 "집안에 우환이 들어서 얼마나 고생이 많으신지요?"라고 인사를 나누었다. 병든 식구가 있는 집은 걱정 근심이 태산 같다는 의미다. 특히 연세 드신 어른을 두고 그 아랫대가 아프기라도 하면 걱정이 이만저만한 일이 아니었다. 그러나 '사람이 날 때는 순서가 있지만 갈 때는 순서가 따로 없다'는 말에서 알 수 있듯이 명은 제각각 타고나는 일이라서 사람의 힘으로 바꿀 수가 없는 모양이었다.

지금이야 우리나라 사람의 평균 수명이 여든이 넘고 기대 수명은 거의 아흔에 가까울 만큼 오래 사는 세상이 되었다. 고령 사회로 접어든 지도 몇 해가 지났다. 그리고 가장 빠르게 초고령 사회로 진입해

가는 나라 중 하나이다. 그러나 40년 전만 해도 아흔에 가깝도록 사는 사람은 근동에서 찾아보기 어려웠다. 중조할머니는 그때로 보아서 참으로 장수라 할 수 있는 여든여덟에 돌아가셨다. 내가 철이 들고 처음 맞이한 죽음이었고 장례였다. 그때 내 나이는 열다섯이었다.

4.
마지막 인사

    증조할머니가 세상을 떠났을 때의 연세가 아흔에 가까웠으니 문상을 온 모든 사람들이 호상이라고 하였다. 아버지는 상주가 되어 늠름하게 문상객을 맞이하였고 장례를 치르는 일체의 중대사를 지휘하였다. 그때 아버지의 모습은 예의범절을 갖춘 유학자처럼 보였고 손자였지만 평생을 모시고 산 맏상주를 대하는 사람들의 인사가 남달랐다. 문상객들도 거의 아버지에게 인사를 하는 사람들이었다. 그도 그럴 것이 아버지가 이미 40대 중반이었고 거의 20년 만에 맞은 상이었으니 그동안 닦은 공이 얼마나 많았는지 짐작이 갔다. 말이 손자로서 할머니 상을 치르는 일이지만 실질적으로는 큰아들 역할을 손자인 아버지가 20년을 하였고 마침내 상을 당한 것이다.

    문상객들은 그동안의 노고를 치하하는 말을 잊지 않았고 아버지는 곡을 함으로써 대답을 대신했다. 곡소리를 멈추고 잠시 쉬면서 이야기를 나누다가도 대문 앞에서 문상 오는 사람들의 소리가 들리면 또다시 곡을 하며 애달파하는 모습을 드러냈다. 아직 장례 관습을 이해하지 못한 나는 의아한 일이 하나둘이 아니었다.

    증조할머니의 부고는 많은 사람들이 찾아오는 계기가 되었다. 그동안 자주 못 보던 친척과 증조할머니의 친정 쪽 사람들, 우리 할머니의 친정 쪽 사람들까지 찾아와 사흘장을 지내는 동안은 물론이거니와 삼우제까지 북새통을 이루었다.

증조할머니가 돌아가시자 아버지는 장례 절차와 상복 문제, 손님 대접, 입관식, 발인식, 매장, 매혼에 따른 모든 것을 오랜 관습으로 내려오던 장례 문화 그대로 재현하기로 결정했다. 그중에서 상복은 누런색을 띤 성긴 삼베로 지은 옷을 입고 허리에는 삼베로 만든 띠를 둘렀다. 손에는 대나무 지팡이를 짚고 허리는 수그리고 있는 자세를 취했다. 머리에는 삼베로 만든 두건을 썼는데 그것도 격이 달랐다. 맏상주 역할을 하는 아버지와 작은할아버지는 두건을 중간을 눌러서 한 번 접은 모양이었다. 그런데 삼촌을 비롯한 다른 손자들은 모두 쭉 편 상태의 두건을 썼다. 이 예법을 몰랐던 삼촌이 가만히 두건을 보니 형님과 작은아버지는 두건을 한 번 접었는데 자신의 두건은 펴진 상태라 접어 보겠다고 애를 태웠다. 이 모습을 본 아버지가 "이렇게 접은 두건은 직계 아들만 하는 것이다. 나는 할머니를 모시고 산 손자로 아버지 대신이다. 너는 두건을 접어서 쓰는 사람이 아니니 편 채로 있거라"라고 하였다. 작은아버지는 나름 같은 손주인데 왜 나는 두건이 형님과 같지 아니한가 싶어서 접어 보려고 용을 쓰다가 예법이 아니라는 것을 듣고서야 멈추었던 일화는 그 후에도 웃으며 이야깃거리가 되었다.

아버지의 그 허풍 같은 예법 때문에 고생을 가장 많이 한 사람은 어머니였다. 요즘은 사람이 죽으면 삼우제를 지내고 거의 매혼을 한다. 즉 죽은 자의 영혼이 저승에 편히 가시라고 이승에서 하직하는 인사를 말한다. 장례를 치른 날로부터 사흘째 되는 날에 가까운 일가친척들이 산소를 찾아가 제를 지내고 잔디를 한 번 더 밟아 주고 나서 산 사람은 다시 일상으로 돌아가는 일이다. 그런데 40년 전 그때만 해도 백일 탈상을 하는 집이 더러 있었다. 우리 집은 3년 탈상은 어렵지만 1년 탈상을 해야 하지 않겠느냐고 했다. 그것이 무엇을 의미하는지 처음에는 몰랐다. 1년 동안 증조할머니는 우리 곁을 떠나지 못하는 일이었다. 탈상의 의미가 상으로부터 벗어난다는 뜻이다. 1년 동안은 산 사람과 똑같이 아침저녁으로 밥상을 차려서 증조할머니 방에 가져다 드리고 식구들이 밥을 먹고 나면 그 상도 내오는 것이다. 그 뿐만이 아니었다. 삭망제라 하여 상중에 있는 동안 음력으로 초하루와 보름에는 음식을 갖추고 곡을 하며 제사를 지내는 것이었다. 즉 한 달에 두 번씩 열두 달이면 스물네 번을 제사상을 차리고 손님을 맞이하여 밤에 제사를 지내는 일이다. 아버지는 준비한 음식을 가져다주면 상을 차리고 절을 할 뿐이었다. 초하루와 보름에 제사를 기억하여 찾아오는 손님은 증조할머니의 직계 자손(작은할아버지, 왕고모 내외, 삼촌)들이 대부분이지만 어쩌다 오가다 이웃에서 들르기도 하였다. 이럴 때면 아버지는 그분들과 담소를 하며 할머니에 대한 기억을 꺼내 놓았다.

무슨 이름 있는 문중의 종가도 아니면서 아버지의 체면을 세우기 위해서 고생을 하는 사람은 바로 어머니라는 것을 알았다. 죽은 자는 말이 없다는데 죽은 자를 위하여 조석으로 밥을 해다 바치고 초하루와 보름에는 제사를 지낼 만큼 가세가 넉넉하거나 물자가 풍족한 집이 아니었다. 그러자니 무엇인가를 만들어서 상을 차린다는 것도 힘이 들고 한 달에 두 번씩 손님들이 오는 제사에 남부끄럽지 않도록 제사상을 차리고 음복을 하려면 여간 고생이 아니었을 것이다. 그래도 조상을 위하는 일이라 여기고 지성으로 섬기면 자손에게 발복할 것이라 믿었는지 어머니는 군말 없이 1년 동안 살아 있는 분이라 여기고 밥상을 가져다 드리고 제사를 지낼 음식을 장만하였다. 1년 동안 이 일을 하면서 아버지도 힘이 들었는지 정작 우리 할머니가 돌아가셨을 때는 삼우제를 마치고 탈상을 선언하여 모두를 놀라게 하였다.

사람이 태어나 천수를 누리고 명대로 살다가 죽는다는 것은 많은 의미가 있다는 것을 알았다. 평균적으로 회갑을 지나기만 해도 만복을 누린 장수라 여기던 시대에 증조할머니는 여든여덟까지 수를 누린 것 자체가 큰 복이었다. 증조할머니는 아쉽게도 큰아들을 먼저 보내는 아픔을 겪어야 했지만 평생을 큰아들 집에서 손자며느리가 봉양하는 밥상을 받으며 살았다. 어느 하루 끼니 거르지 않고 삼시 세 끼를 드셨고 잠자리에 들 때마다 손자가 들여다보며 방은 따뜻한지, 불편한 데는 없는지 인사를 드렸다. 2남 2녀를 두셨는데 막내딸(왕고모)은 같은 마을에 살아서 시시때때로 볼 수가 있었다. 막내사위도 장모님, 장모님 하면서 살갑게 하였고 큰며느리인 우리 할머니는 그저 있는 듯 없는 듯 점잖으신 분이라 큰 소리 나는 경우가 없었다. 작은아들(작은할아버지)이 가까운 곳에 살아서 어매, 어매 하면서 자주 내왕하였고 증조할머니의 손자들인 삼촌, 당숙들까지 명절이나 기제사 때에는 모두 모여서 할머니를 둘러싸고 이야기꽃을 피웠다. 증조할머니는 어린 우리가 보아도 가장 어른으로서 위엄이 있었다. 그것은 아버지가 언제나 깍듯하게 증조할머니 잠자리까지 살피는 데에서도 그 힘이 느껴졌다. 증조할머니는 총기가 뛰어나서 그 많은 자손들 생일을 모두 기억하였고 온 동네 제사 드는 날까지 아셔서 돌아가시는 날까지 정신이

초롱 같았다. 증조할머니의 총기는 아무도 겨룰 만한 사람이 없었다고
사람들은 기억하였다.

V.

어진 사람들과 푸른 들녘

1.
아기 배는 뚱배

증조할머니는 신비스러운 손을 가지고 있었다. 참 알 수 없는 일이었다. 소위 골든타임이라 하는 사람 목숨이 경각을 다투는 일을 만나면 병원에 가서 의사를 잘 만나야 살 수가 있다. 그런데 가까운 곳에는 병원도 없거니와 병원을 가려면 차를 타고 가야 하는데 쉬운 일이 아니었다. 하루 종일 길가에 앉아 놀아도 차 몇 대 다니지 않았다. 무조건 용가리 통뼈를 타고나야 살기가 좋았다. 몸이 골골하여 아프면 아픈 사람이 가장 서러운 건 당연한 일이다. 누가 대신 아파 줄 수도 없거니와 아무리 금지옥엽 한다 해도 대신 죽을 수는 없는 이치다.

그 시절에 어느 집이든 아이가 아프면 난감한 일이었다. 그러나 아프지 않고 자라는 아이가 어디 있으랴. 수차례 몸이 불덩이처럼 되어 까무룩 경기를 하는 경우도 있고 토사광란을 만나서 더 이상 내놓을 게 없는 지경에 이르면 탈수로 눈도 뜨지 못하는 지경에 이르렀다.

어느 날부터인지는 모르겠지만 이렇게 축 늘어진 아이를 동네 사람들이 우리 증조할머니에게 데리고 왔다. 아이가 어찌어찌하더니 이 지경이 되었노라고 아이의 엄마나 아버지가 이야기를 한다. 그걸 가만히 듣고 있던 할머니가 아이의 배를 만지기 시작했다. 배를 주무르고 명

치끝을 누르는가 하면 등을 쓸어 주면서 무엇을 잘못 먹었느냐고 되물으셨다. 그러면서 증조할머니는 당신이 트림을 시작했다. 손에 힘이 빠질 때까지 아이의 배를 주물러 주셨다. 증조할머니가 트림을 심하게 하면 아이가 심하게 체한 것이고 트림을 적게 하면 조금 체한 것이라고 했다. 열이 많아서 불덩이 같던 아이도 체기가 심하여 열까지 오른 경우가 많았다.

그렇게 증조할머니 손은 약손으로 어느 날부터 소문이 나기 시작했다. 인근 동네의 사람들이 아이가 아프면 병원까지 가지 않고 증조할머니에게 와서 주무르면 낫는다는 소문이 그것이다. 그야말로 무슨 신비의 약손처럼 아이가 그 자리에서 회복되는 모양을 보이곤 했다. 그러면 그 부모는 고마운 마음에 다음에 일부러 막걸리 한 되를 들고 우리 집을 들러서 아이가 언제 그랬냐는 듯이 나았다며 그 공을 잊지 않고 살겠다며 고마워했다. 나도 배탈이 나면 증조할머니가 배를 주물러 주기만 해도 나았다.

증조할머니는 신기가 있는 사람도 아니고 의사도 아니었는데 어떻게 배앓이를 하는 아이를 낫게 하느냐? 그러다 아이가 더 아프기라도 하여 큰 탈이라도 나면 어쩌시려고 그러느냐? 아이 배를 주무르면서 왜 할머니가 트림을 하시느냐? 이런 많은 질문이 오갔고 우리 식구들 입장에서는 걱정거리였다. 혹시 할머니가 생각 없이 주무르다 더 악화되어 난처한 상황이 되면 어쩌나 싶었던 것이다. 사례를 받고 하는 행위는 아니지만 잘못하면 유사 의료행위로 치부되어 구설에 오르게 되는 건 아닌지 걱정이었다.

그런데 그야말로 '아기 배는 똥배, 할머니 손은 약손'인지 아기의 배탈은 멈추고 생기가 돌기 시작하는 것이었다. 처음엔 그저 버스가 오기를 기다리는 동안 잠시 봐 준다는 식으로 배를 주물렀는데 그러는 사이에 기다리는 버스는 오지 않고 아픈 아이는 생기를 찾았다. 아픈 아이를 들쳐 업고 이리 뛰고 저리 뛰다가 다시 잘 노는 아이를 본 부모는 여간 고마워하지 않았다. 원래 아이들은 아프지 않으면 잘 논다고 했다.

사람의 막힌 기를 뚫고 원기를 회복하는 데에는 사람의 지극한 기운이 작동하는 것을 보았다. 그래서 아이나 어른이 음식을 잘못 먹거나 지나치게 먹어서 탈이 나면 '아기 배는 똥배, 엄마 손은 약손'이라는 주문과 함께 배와 등을 주무르고 쓸어 주면 차차 좋아지는 경험을 한다. 사람의 기운이 막힌 데를 뚫어 주는 방책이라는 것을 배웠다. 대충 주무르는 게 아니라 나의 기운이 다할 때까지 진심을 다하여 아픈 사람의 회복을 기원하는 마음을 담아서 주무르고 또 주무르다 보면 어느새 막힌 데가 뚫려서 낫는가 싶었다.

약손을 가진 증조할머니를 보고 자란 덕분에 나도 약손이 되었다. 아이를 키우는 초보 엄마, 아빠에게 가장 두려운 일은 바로 아기가 아파서 보채고 울 때이다. 열이 오르면 냉찜질로 열을 낮추면서 열을 내리는 시럽을 먹이고 배를 주물러 주고 나면 열이 내린다. 배가 아파서 토하거나 설사를 하는 경우엔 '아기 배는 똥배, 엄마 손은 약손'을 자장가처럼 부르면서 주물러 주면 나아진다. 그러고 나서 소화제 시럽을 먹이고 나면 아기는 생기를 되찾았다. 다 자라서도 생리통이나 허리가 아프다 하면서 통증을 호소하면 다시 엄마는 아이의 건강을 비는 마음을 담아서 '아기 배는 똥배, 엄마 손은 약손' 하면서 주무르다 보면 한결 나아진다며 좋다고 한다. 역시 사랑하는 마음, 건강을 비는 엄마의 마음을 담아서 손바닥과 손가락의 기운을 모아 마찰열로 내보내면

훅하고 뚫리는 순간을 맞이하게 되나 보다 싶다.

아무리 기계가 발달했다지만 사람이 주물러 주는 도수치료나 전통 마사지가 각광을 받는 이유도 막힌 혈을 뚫어 주는 사람의 기운이 전달되기 때문인가 싶다. 그것이 비록 자본주의 사회에서 돈을 받는 대가로 이루어지는 의료 서비스 내지는 기술 서비스라 할지라도 말이다. 기계가 대신할 수 없는 부분이다.

중국이나 동남아시아 지역에는 황제 마사지, 전통 마사지, 아로마 마사지 등의 다양한 이름으로 여행객들의 피로를 풀어 주는 마시지 숍이 많다. 처음 해외여행으로 태국 방콕을 방문했을 때의 일이다. 여행사에서 진행하는 일정의 하나로 발마사지를 받게 되었다. 당시 우리는 40~50대에 이른 네 쌍의 부부였는데 모두 발마사지에 푹 빠졌다. 심지어 남은 일정 모두를 하지 않아도 좋으니 발마사지만 받아도 좋겠다고 할 정도였다. 그만큼 우리는 일하느라 몸을 혹사시켰을 뿐, 돌보지는 않고 지냈다는 것을 깨달았다. 특히 아침부터 잠들기 전까지 부지런히 오가며 내 몸을 지탱하고 움직이도록 애쓰는 발을 위하여 아무것도 하지 않았다는 걸 알게 된 순간이었다. 발마사지를 받을 때의 그 황홀한 기분은 내 몸을 위한 서비스를 받는 행복이었다.

누구나 어릴 때는 아픈 배를 쓸어 주던 엄마나 할머니의 따뜻한 약손을 경험했을 것이다. 그 묻어 둔 기억이 마사지 받는 것을 좋아하는 원천적인 욕구가 아닌가 싶다. 아기에게는 엄마의 약손이 있었지만 어른이 된 나는 배를 쓸어 주는 손을 만나기 어렵다. 옆에 있는 사랑하는 가족들이 약손이 되어 준다면 더 바랄 게 없을 것이다. 그러나 나도 해 보았지만 특별한 기술이 없는 일반인은 사랑만으로는 어렵다. 금방 힘이 들어서 손을 들고 만다. 돈을 주고 만져 주는 전문가의 손을 사야 한다. 성인이 된 나에게 누가 그토록 지극정성으로 내 몸을 쓸어 주겠는가? 마사지를 받으면 몸에 피가 돌고 가벼워지는 그런 느낌이 훅 다가온다. 전문가의 그 손은 배운 대로 막힌 기를 뚫어 주는 혈을 찾아서 주물러 주니 고마운 마음이 저절로 든다.

마사지를 하는 사람의 이야기를 들어 보니 마사지사는 전통 마사지 학교를 다니며 그 기술을 익힌다고 한다. 길게는 2년, 짧게는 1년 정도 마사지 기술학교를 다니며 익힌 기술로 자격증을 얻는다. 이를 직업으로 삼아 실제 경험이 많을수록 먹고사는 문제를 해결하는 전문가가 된다. 사람의 직접 서비스인 마사지와 같은 기술을 전수하여 산업이 된 곳은 중국을 비롯해 동남아시아 지역에서 활발하다. 아직 임금이 낮은 개발도상국가의 여성들이 주로 생업으로 삼아 이에 종사하고 있다. 또 사람의 기와 혈에 대한 상식을 공유하는 나라들이다. 사람의 몸이 아픈 것은 기나 혈이 바르게 흐르지 못하고 막혀서 생기는 것이라고 생각한다. 우리나라 말 중에서 어처구니없는 일을 당하거나 죽음 직전에 있는 환자를 보면 "기가 막힌다", "기가 찬다"라는 표현을 한다. 기가 막히거나 기가 단전 아래에 있지 아니하고 목까지 차오르면 죽는 길이다. 사람의 기는 순조롭게 흘러야 건강하다는 뜻이다. 어느 한 군데라도 막히면 문제가 생긴다.

물가가 비싼 지역에서는 사람의 직접 서비스를 요하는 일은 비용이 만만치 않다. 그래서인지 선진국가라고 불리는 곳에서는 사람을 사서 일을 시키는 게 가장 비싸다. 일단 출장비가 비싸고 그 밖에 기술에 따른 비용이다. 시간도 바로바로 되지 않고 함흥차사다.[16]

우리나라에서는 앞을 보지 못하는 맹인에게만 안마사라는 자격을 주고 안마시술소를 운영하도록 허용하였다. 앞을 보지 못하는 시각

장애인이 경제활동을 하면서 살아갈 수 있는 거의 유일한 방법이다.

안마나 마사지는 사람이 사람의 몸을 만지는 행위다. 이를 두고 2차 성매매로 이어진다, 불법 행위를 강요한다는 등 물의가 있었다. 남성 소비자가 일으키는 분란이다. 그럼에도 불구하고 상가 건물 곳곳에 간판이 걸려 있다. 마사지하는 사진을 걸어 두고 태국 마사지, 중국 황제 마사지 하면서 말이다. 직접 해당국의 여성 마사지 노동자가 상시 대기하는 곳도 갈수록 늘어나는 추세이다. 마사지 받는 것을 좋아하는 소비자가 점점 많아진다는 의미이기도 하다.

동남아시아 여러 나라는 여행사가 옵션으로 데려가는 곳이 아닌 호텔 앞에도 마사지 숍이 줄지어 늘어서 있는 풍경을 만날 수 있다. 현지에서 소비자가 직접 가면 마사지 서비스 요금도 우리나라의 1/3~1/4 가격에 불과하다. 엄마 손은 아니지만 엄마 손은 약손의 기억이 살아나는 순간이다. 마사지를 해 주는 노동자를 성매매와 연관하지 말아야 한다. 성매매는 범죄다. 그러나 마사지는 마사지 기술을 익힌 사람으로부터 받는 서비스다. 컴퓨터 앞에 앉아서 오랜 시간 일하는 노동자가 늘어났다. 그들은 일자목으로 고생하다 마침내 목 디스크로 고생하는 사람이 많다. 이것저것 치료를 받거나 마사지를 받기도 한다. 뭉친 혈을 풀어 주고 잠시나마 아픈 목과 어깨를 시원하게 해 준다. 그러니 이런 서비스를 받는 대신 그 요금을 지불하고 감사하다 여기면 될 일이다.

---

16. 심부름 보낸 자가 소식이 없는 것으로 일을 의뢰해도 빨리 해 주지 않고 늦어지는 것을 이름.

2.
노인과 친구

노인들도 친구가 필요하다. 다행히 증조할머니는 같은 마을에 더 오래 수를 누리신 강변 할머니가 계셨다. 강변 할머니는 아흔을 훌쩍 넘기고 돌아가셨으니 근동에서는 가장 오래 사신 어른이 아닐까 싶었다. 그분이 강변 할머니가 된 것은 아들 내외가 강변에서 과수원 농사를 하였기 때문이다. 강변 할머니는 아침을 드시고 나면 하루도 빼놓지 않고 강변에서 논두렁 밭두렁을 건너서 우리 집에 오셨다. 그분은 별말씀이 없으셨다. 연세가 아흔을 바라볼 때에도 허리가 곧아서 꼿꼿이 걸어서 나는 듯이 오셨다. 언제나 옥색이나 연보라색의 치마저고리를 입고 쪽찐 머리는 가지런히 빗어 넘기고 사뿐히 걸어오셨다. 요즘 말로 치면 날렵한 몸매를 가지고 있어서 걸어가시는 뒤태를 보면 가벼웠다. 매일같이 빚쟁이가 빚 받으러 와서 앉았듯이 증조할머니 방에 척 앉으셨다. 두 분이 만나서 누리는 호사는 막걸리 한 되를 나누어 마시는 일이었다. 강변 할머니가 오시면 막걸리 한 되를 받아 왔고 조그만 두리반에 올려놓고 주거니 받거니 드시다 일어섰다.

우리 집은 술 마시기에 딱 좋은 위치였다. 바로 옆에 양조장이 있었기 때문이다. 조금 멀리 떨어진 마을에서도 우리 마을로 술을 받으러 왔다. 우리 집에서는 술 먹는 사람이 증조할머니와 아버지였다. 우리 할머니는 한 방울도 입에 대지 않으셨다. 술을 받으러 가는 일은 어른들 눈에 누구라도 띄면 그 아이가 심부름을 하였다.

하루는 내가 막걸리 심부름을 갔다가 돌아오는 길이었다. 걸음이 천방지축이었는지, 되를 좋게 주었는지 막걸리가 흔들려서 자꾸만 땅바닥으로 넘쳤다. 괜히 아깝다는 생각이 들어서 주전자 주둥이를 입에 가져다 대고 몇 순배 마시면서 집으로 왔다. 주전자를 받아 든 할머니 두 분이 박장대소를 하였다. 나는 그만 고꾸라져서 잠이 들었다. 술이 취해 정신을 놓은 것이다. 어린아이가 술을 마시면 머리가 나빠진다며 이튿날 야단을 들었다. 머리 나빠진다는 말에 그다음부터는 술을 입에도 대지 않았다. 어린 나이에도 '머리가 나빠지면 어쩌나' 싶어서 걱정을 한 모양이다.

강변 할머니와 증조할머니는 치아가 거의 없었다. 1970년대만 해도 노인이 틀니를 한다고 욕심을 내지 않았다. 틀니를 하자고 자손들이 권할라 치면 "내가 앞으로 살면 얼마나 살겠다고 죽을 날을 앞두고 그 비싸다는 이를 하느냐?"면서 사양하였다. 그런 추세이다 보니 '이가 없으면 잇몸이 대신 한다'는 말이 자연스러웠다. 아래위로 어쩌다 한두 개 남은 이로 바느질할 때면 실도 끊고 식사할 때면 우물우물 몇 번 돌아가면 씹지 않은 듯해도 고기도 드셨다. 지금이나 예전이나 치과에 가서 이를 하는 일은 고액의 돈이 드는 일이었다. 그래서 이가 고르지 않거나 보기에 심각하게 흉하면 결혼 전에 이를 새로 하고 혼인을 했다고 한다. 그만큼 이를 하는 일은 돈이 많이 드는 일이라서 갓 결혼한 새댁이 이를 하자고 나서기가 어려웠기 때문에 이는 본가에서 하고 결혼하는 것이 그 옛날에도 예의로 여겼다.

지금은 우리나라에서 연세 드신 어르신들도 이 없는 상태로 지내는 분을 만나기는 쉽지 않다. 틀니는 물론이거니와 이제는 임플란트라고 해서 영구치를 심는다. 임플란트는 몇백만 원씩 하여 노인들은 주로 틀니를 하고 젊은 사람이라면 돈이 들더라도 임플란트를 하곤 했다. 이제 국민건강보험이 더 발달하여 노인들이 치과에 가면 틀니도 적용을 받고 임플란트도 2개 정도는 보험 혜택을 받게 되었다. 백세시대를 살다 보니 건강한 치아는 필수적인 상황이 되었다. 이가 가지런하고 건강해야 보기에도 좋고 맛난 것을 마음껏 씹어 먹을 수 있기때문이다. 옛날부터 건치가 오복 중의 하나라고 했던 것도 모두 의미심장한 내용이다. 그 정도로 삶의 질을 좌우하는 중요한 요소가 되고 있다.

가난한 나라에서는 여전히 이가 빠진 상태이거나 치열이 고르지 못해도 그대로 사는 모양을 흔히 볼 수 있다. 치과가 가까이 있지도 않고 이를 가지런히 고치고 살거나 새로 하는 일이 돈이 많이 들다 보니 잇몸이 이 구실을 하며 지내기 마련이다. 그러다 보니 같은 나이 또래라 하더라도 이가 없는 채로 사는 사람은 합죽 할머니 입매가 되어 이가 고른 사람에 비해 훨씬 늙어 보이기 쉽다.

강변 할머니에 비하여 증조할머니는 허리가 거의 90도 각도로 굽었다. 증조할머니처럼 연세가 많은 분은 누구나 허리가 점점 굽어지는 줄 알았다. '꼬부랑 할머니'라는 노래도 있었다. 강변 할머니가 오셔서 방에 좌정을 해도 증조할머니는 할 일이 있으면 다 하셨다. 앉아서 할 수 있는 일거리를 주로 했는데 콩을 고르거나 깨에 든 흙을 솎아 내는 등 잠시도 가만히 있지 않았다. 무엇인가 당신의 노동으로 보탬이 되고자 애를 썼다. 그에 비하여 강변 할머니는 일손을 돕지도 않고 그림처럼 앉아서 가만히 계셨다. 참 희한한 조합이라고 생각했다. 그냥 하던 대로 하여도 서로 존중해 주었다. 나와 다른 방식으로 사는 사람을 인정할 뿐이었다. 강변 할머니와 증조할머니는 당신과 같은 시절을 헤치고 살아남은 유일한 친구였다. 친구는 그저 나를 보러 논두렁 밭두렁 길을 걸어서 찾아 준 것만으로 고맙고 살아 있어서 서로를 확인하는 것만으로도 의지가 되는 그런 모습이었다. 그렇게 노인도 친구가 필요하다. 그런데 나이가 들면 어느 날부터 친구의 부고를 접하기 시작한다.

'이제 내가 갈 날도 멀지 않았구나.'

하는 생각이 드는 시간이다.

연배가 비슷하여 친구로 살지만 사는 모양은 모두 제각각이다. 다만 서로 다르게 살더라도 존중과 배려가 있으면 친구관계는 유지된다. 나와 다르다는 이유만으로 비난하거나 자기만 잘났다고 으스대지 않으면 별문제는 없을 것이다.

사람은 하루아침에 뻥튀기처럼 되는 존재가 아니다

옛날이나 지금이나 입이 방정이라고 남의 말 함부로 하다가 패가망신 하는 수가 있다. 특히 인터넷이 발달한 현대에는 SNS상에서 신

---

17. 집안의 돈을 다 써 버리고 신세를 망치는 일.

상이 모두 털릴 수가 있다. 그래서 더 잘 살아야 한다. 학교폭력 가해자이거나 그에 준하는 잘못을 한 과거가 있다면 이를 숨기고 싶을 것이다. 연예인 중에서도 학교폭력 가해자로 증언하는 친구가 나타나면 자신이 산 과거가 드러나기 마련이다. 치명적인 타격을 입을 수 있다. 그러나 어두운 역사도 역사다. 현재를 알려면 과거를 알아야 하고 과거를 알면 현재가 보이며 미래도 예측할 수 있다. 더구나 사람은 하루아침에 뻥튀기처럼 생기는 존재가 아니다. 수많은 나날이 모여서 그의 인격이 만들어지고 오늘을 이루었으며, 그 오늘들이 쌓여서 미래의 그 사람을 예측할 수 있다. 그래서 학교 다니는 초, 중, 고, 대학 시절을 얼마나 성실하게 다니고 생활했는지를 보고 '이 아이는 성실하다, 책임감이 있다, 정의감이 넘친다, 리더십이 있다, 약속을 잘 지킨다, 예의 바르다, 비판적이다, 한결같다, 순발력이 있다, 창의적이다, 마음이 곱다, 다른 사람을 배려한다, 무슨 일을 해도 잘할 것이다' 등등 그를 나름대로 보는 눈이 생기게 된다. 학교 다니는 내내 친구 등쳐 먹고 삥 뜯고 거짓말하고 약한 사람 괴롭히고 때리고 하던 야비한 사람이 성인이 된다고 해서 어느 날 갑자기 성인군자가 되지 않는다는 소리다. 나쁜 버릇은 습관이 되고 어느덧 그 사람의 인격으로 형성되기 마련이기 때문이다.

누구나 친구들끼리 친하게 지내다가 싸우기도 하면서 자랐다. 그러나 곧 화해하고 다시 어울려 놀면서 잘 지내면 별문제는 없었다. 그 마을에서 같이 자라고 같은 학교를 다니며 일상으로 보는 사이인데 설사 아이들이 싸우더라도 부모의 처신이 중요했다. 즉 다시 친구관계가 평등하게 되도록 회복하는 일이 우선이다. 그때나 지금이나 아이가 길을 나서면 부모는 아이가 돌아올 때까지 걱정이다. 우리가 자랄 때는 부모들이 아이들에게 항상 말하기를 "학교 가서 선생님 말씀 잘 듣고 친구하고 사이좋게 지내거라. 만약에 싸우게 되더라도 맞은 사람은 발 뻗고 자지만 때린 사람은 가시방석이다. 다른 아이를 때리면 안 된다"라고 했다. 만약에 아이가 맞아서 얼굴이 붓거나 피 흘린 자국을 보면 어느 부모나 자기가 맞은 것보다 속이 더 상하기 마련이다. 때린 아이는 본인이 먼저 말하지 않는 한 그 부모가 내 아이가 가해자라는 사실을 모른다. 맞은 아이 부모가 알고 아이를 앞세우고 때린 아이 집을 찾아가 항의를 하면 그 부모와 때린 아이가 무조건 빌어야 했다. 그래서 때린 사람은 발 뻗고 잠들지 못한다는 말이 나오게 되었다.

많이 다쳐서 치료를 해야 하는 상황이라면 병원비를 대는 것은 당연했다. 아버지보다 서너 살 적은 왕고모의 큰아들, 나에게는 당숙아재가 초등학교 6학년 때 고무줄로 만든 새총으로 장난을 하다가 다른 친구의 한쪽 눈을 멀게 하는 참사가 일어났다. 그때 왕고모네는 과수원과 땅을 모두 팔아서 아들의 잘못을 빌며 용서를 구했다. 청춘이 구만리 같은 남의 귀한 아들의 눈을 멀게 하였으니 거리에 나앉는다 해도 할 말이 없다고 했다. 내 아들은 두 눈이 멀쩡하니 말이다. 그러고 난 뒤에 두 분의 고생이 이루 말할 수 없이 고되었으나 아들 죗값 치르느라고 이렇다는 말 한 번을 하지 않으셨다. 아들의 큰 실수를 부모가 끌어안고 대신 갚느라고 고생을 했지만 아들을 믿고 기다렸다. 장난으로 행한 행동이 엄청난 결과로 이어진 것을 보고 당숙아재의 마음고생도 이만저만이 아니었을 것이다. 아재는 잘 자라서 경찰이 되었고 노년의 부모님이 거처하기 좋은 따뜻한 집을 지었다. 아재는 시시때때로 찾아와 부모의 고생을 덜어 주려고 애썼다.

물론 그때도 맞짱을 뜨자고 하며 누가 가장 주먹이 센지를 겨루는 남자아이들이 있었다. 5학년 때, 남자아이들이 한 짓으로 기억한다. 둘이 싸우게 되면 다른 아이들은 우 하고 가서 둘러서고 하나가 코피가 터지거나 항복할 때까지 치고받아 굴복을 시키고서야 끝이 났다. 주먹의 세계는 물리적인 폭력 그 자체였다. 그 정도로 싸우고 나면 평정이 되고 그다음부터는 조용해졌다. 그러나 사람의 세계라서 주먹만 작동하는 것은 아닐 것이다. 서열이 정해진 동물의 세계와는 달리 많은 변수가 작용할 것이다. 사람의 세상이기 때문에 일어나는 여러 가지 경우의 형태가 있었다. 그중에서 학교폭력이 날이 갈수록 심해져 이를 견디지 못한 아이가 자살하는 사태에 이르고 사회적인 문제로 등장하였다.

옛날의 부모들은 '맞은 사람은 발을 뻗고 자지만 때린 사람은 가시 방석이다'라고 경계하며 차라리 맞는 편을 택하는 것을 권장할 정도로 다른 사람에게 폭력을 가해서는 안 된다고 주의를 주었다. 그런데 그런 주의를 들으며 자란 아이가 부모가 되자 경제성장의 후광을 입어서인지 좀 다른 태도를 보이기 시작했다.

"맞지 말고 차라리 때리고 와라. 뒷감당은 모두 아빠가 책임진다."

지금도 다른 사람을 아프게 한 잘못을 저지른 사람은 발 뻗고 자기 어렵다. 아빠가 책임질 수도 없다. 폭력은 폭력을 낳을 뿐이다. 범죄 행위이다. 갈등이 없는 데가 어디 있는가? 갈등을 해결하는 방법이 다를 뿐이다. '주먹이 운다', '법보다 주먹이 먼저'라는 폭력적인 상황은 가장 미개한 방식이다. 민주적이고 합리적으로 해결할 방법을 모색하는 능력을 키우는 것이 바로 성장이다. 자신의 인권뿐만 아니라 타인의 인권을 침해하지 않고 존중하는 태도가 매우 중요하다. 인권의 외연이 확장되고 이에 대한 감수성도 높아졌다. 개인의 권리와 자유가 중요하다는 것도 알게 되었다.

이제는 한 발 더 나아가 개인의 자유와 평등에 대한 권리에 더하여 타인의 그것을 침해하지 않으려는 의무, 공동체의 구성원으로서 참여할 의무도 매우 중요하다. 권리 이면에는 반드시 의무가 있다. 권리는 많을수록 좋으나 의무는 적을수록 좋을 것이다. 그러나 나의 권리를 보장받기 위해서는 타인의 권리도 보장해야 한다는 것을 일상생활에서 실현해야 한다. 인간의 권리에 차별이 있을 수 없기 때문이다.

3.
담배와 권력

증조할머니는 평생 동안 청동으로 만든 화로를 끼고 사셨다. 쇠죽을 끓이고 나면 벌겋게 타고 있는 숯을 화로 가득히 담고 꼭꼭 누른다. 재를 누르는 불주걱도 청동으로 만든 것이었다. 화롯불은 아침저녁으로 갈았다. 12시간 정도가 지나면 불씨가 꺼지는 시간도 되거니와 쇠죽을 끓이는 아궁이에 불씨가 튼튼한 나무가 많았던 모양이다. 화롯불 담당은 쇠죽을 끓이는 아버지 몫이었다. 아버지가 안 계시는 날에는 증조할머니가 직접 화롯불을 갈무리하시기도 했다.

증조할머니의 화로는 사시사철 불을 묻어 두고 있었다. 어릴 때는 모든 어르신들이 화로를 곁에 두고 사는 줄 알았다. 증조할머니가 돌아가시자 화로는 아무도 사용하는 사람이 없어서 어느 구석에 있다가 엿장수에게 팔려서 엿을 바꾸어 먹고 말았는지 보이지 않았다. 지금 생각해 보면 그것이 바로 골동품일 터인데 화로도 주인을 잃자 가치를 잃고 퇴색되다가 새 주인을 찾아 우리 곁을 떠났다.

증조할머니가 왜 그토록 화로를 끼고 사셨을까? 증조할머니는 긴 대담배를 피우셨다. 담뱃대는 크게 세 부분으로 이어져 있었다. 담배를 넣는 곰방대 부분과 속이 비어서 연기가 통하는 긴 대 부분 그리고 마지막으로 입술이 닿는 쇠로 된 부분이 그것이다. 곰방대와 입술 닿는 부분은 손가락 하나만 한 길이였는데 그 두 부분은 쇠로 만들어져 있었다. 그리고 중간의 긴 부분은 대나무로 만들어져 있어서 우리는 증조할머니가 피우는 담배를 대담배라고 불렀다. 그것의 길이는 사람의 팔 길이만큼 길었다. 담배를 곰방대에 꼭꼭 눌러서 넣고 화롯불에 가까이 가져다가 대면서 빨면 연기가 나기 시작했다.

증조할머니는 당신의 방에서 자유롭게 화롯불에 불을 붙여서 대담배를 피웠다. 강변 할머니의 손에도 늘 대담배가 들려 있었다. 우리 집에 놀러 오실 때에도 집으로 가실 때에도 강변 할머니가 유일하게 들고 있는 것은 대담배였다. 그걸 보고 쉽게 할머니들은 모두 대담배를 피우는 줄 알았다. 그러나 우리 할머니는 대담배는커녕 일반적인 담배도 손에 대지 않았다. 뒷집 할머니는 그토록 담배를 연이어 피우며 밤새 이야기를 해도 우리 할머니는 그저 듣기만 할 뿐 이렇다 저렇다 반색을 하지 않았다.

증조할머니의 대담배, 뒷집 할머니의 줄담배, 아버지의 담배 냄새 등 담배는 어른 중에서도 집안의 권력자들이 누리는 호사품인 것 같았다. 지금은 흡연자가 설 곳이 없는 세상이 되었지만 30~40년 전만 해도 방 안에서 담배를 피우는 것에 대하여 누구도 싫은 소리를 내지 않았다. 그만큼 담배는 어른들 중에서도 권력자가 피울 수 있는 것이라고 여겨서 그 권력에 저항하지 못했다. 그러한 권력을 훔쳐보던 아이들은 자라면서 자연스럽게 담배를 피우기 시작했다. 집에 담배를 피우는 사람이 있으면 일단 담배에 접근하기가 수월하다. 훔쳐서 피워볼 수 있기 때문이다.

증조할머니처럼 여성이지만 집안의 최고령 어른이었던 분은 담배를 피웠다. 할머니들도 담배를 피우는 분이 많았다. 하지만 대체로 남성들이 담배를 피웠고 어머니 세대만 하여도 젊은 여성이 담배를 피우는 경우는 거의 없었다. 우리 마을에서 유일하게 젊은 여자가 담배를 피우는 사람이 있었다. 동네 사람들은 그녀가 피우는 담배 때문인지 본처를 쫓아내고 들어온 재취자리 때문인지 상종하려 들지 않았다.

기호품에 불과하던 담배는 시간이 지나면서 남성의 전유물처럼 여겨져서 남자들은 거리나 식당이나 공공기관 사무실 어디에서도 담배를 자유롭게 피웠다. 영화나 드라마에서 남자 주인공이 담배 연기를 내뿜는 것도 멋지게 표현하였다. 그러다 보니 남성은 성인 나이에 이르면 대체로 담배를 피우기 시작했다. 담배 연기로 구름 모양도 만들고 반지 같은 고리도 만들어 내었다. 그런 반면에 여성들이 담배를 피우면 "여자가 담배 피운다"고 여간 흉이 아니었다. 여성해방운동에 대한 공부를 하거나 민주주의에 대한 공부를 하면서 여성에게만 금기시되던 사회적 편견을 깨고자 담배를 피우는 운동권 여성들이 늘어나기 시작했다. 담배를 단순한 기호품으로 바라보지 않고 남성이 피우면 더 남성다운 이미지를 덧씌우고 여성이 피우면 되바라진 여성, 내지는 가까이하기 힘든 여성으로 간주되었다. 그러다 보니 담배는 어느새 남성의 권력이 되었다. 이에 반해 여성이 담배를 피우면 손가락질당하기 십상이었다.

담배에 관한 풍속을 보면 집 안에 앉아서 피우던 담배가 이제는 자기 집에서도 피울 수가 없다. 공동주택인 아파트에서 배관이나 창문을 타고 아랫집, 윗집으로 연기가 들어가기 때문에 이것이 이웃 간 분쟁의 원인이 되기도 한다. 즉 흡연자는 비흡연자의 건강할 권리를 침해해서는 안 된다는 의식이 사회 저변에 확장되기 시작했다. 뿐만 아니라 그토록 피워 대던 담배를 딱 끊어 버린 사람들이 많아졌다. 흡연자가 금연을 하게 되는 이유는 여러 가지가 있을 것이다. 그 으뜸가는 이유는 본인의 건강에 적신호가 켜져서 금연을 할 수밖에 없는 경우, 간접흡연으로 고통받는 가족들의 성화와 구박을 못 이겨서, 직장에서 동료들로부터 담배 냄새 난다고 노골적으로 핀잔을 받아서, 사회적으로도 흡연 구역을 찾아 멀리 이동해야 하는 등 흡연자의 설 자리가 점차 줄어들고 있기 때문이다. 이런저런 이유로 몇십 년씩 담배를 피운 성인들은 이래저래 갖은 구박을 받느니 금연으로 선회하는 경우가 많다. 오히려 청소년들의 흡연을 막을 길이 없다는 데 더 큰 어려움이 있다. 청소년들이 담배를 구매할 수 없도록 제도적 장치를 하고 있으나 담배 셔틀까지 시키며 일탈의 시발점으로 여기고 있다.

담배는 이제 백해무익한 것이라는 사회적 인식이 자리를 잡았다. 오로지 개인의 선택의 문제로 보고 있다. 거기에다 흡연자는 타인의 고충을 배려하여 흡연 가능 구역에서만 흡연이 용인된다. 휴게소와 같은 쉼터에서도 건물 안은 물론이고 야외에서도 아무 곳에서나 담배를 피울 수 없다. 정해진 흡연 구역이 따로 있다. 나아가 건물 전체가 금연 구역으로 지정된 건물이 점차 확산되고 있는 추세이다. 흡연이나 간접흡연이 건강에 미치는 영향에 대한 인식이 높아지고 비흡연자의 건강하게 살 권리, 흡연자에 의해 자신도 모르게 건강을 위협받는 일을 미리 차단하려는 권리 의식이 점차 확대된 덕분이다.

4.
가계 상속도

아버지 → 남편 → 아들 → 손자로 이어지는 가부장제도

증조할머니 상이었지만 아버지가 큰상주가 되었다. 할아버지가 먼저 돌아가시고 나자 장손이었던 아버지가 자연스럽게 호주가 되었다. 그래서 우리 집은 식구가 다른 집보다 많았다. 증조할머니, 우리 할머니, 어머니, 아버지, 우리 오남매, 이렇게 아홉이 살았다. 할머니, 할아버지가 안 계시는 집은 형제가 많다 해도 우리 식구보다는 적었다. 학교에서 식구 수를 조사할 때면 일곱까지는 거의 모든 아이들이 손을 들었다. 그 밖에 일곱보다 더 많은 식구는 거의 없었는데 그중의 한 집이 바로 우리 집이었다. 그리고 할머니, 할아버지 계시는 집은 있었지만 우리 집처럼 증조할머니까지 계시는 집은 없었다.

증조할머니에게는 둘째 아들인 작은할아버지가 계셨다. 지금 생각해 보면 작은할아버지도 당시에는 노인이었다. 손자인 아버지가 40대 중반이었으니 말이다. 작은할아버지는 차남으로 태어나서 장가간 그날부터 홀 살림[18]을 하였기 때문에 부모 모시는 어려움을 모르는 분이었다. 작은할아버지 입장에서 보면 연세 드신 어머니가 큰집에 살고

계시니 자주 문안 인사를 왔다. 그때 회갑을 넘겨서 이미 노인 축에 드는 작은할아버지가 달리 하는 일도 없어서인지 참 자주 내왕하셨다. 아흔을 바라보는 당신 어머니인 증조할머니와 일흔을 넘긴 형수님인 우리 할머니, 조카인 우리 아버지, 조카며느리인 어머니, 그리고 형님네 손자들인 우리들까지 있는 집에 오셔서 하는 인사는 "우리 어매 좀 어떠신고? 어디 아픈 데는 없으신고?" 하는 말이다. 작은할아버지는 오시면 하루나 이틀을 주무시고 가셨다. 그렇게 자주 내왕하셨지만 참 희한한 일은 아들이지만 당신 집에 모시고 가서 며칠이라도 놀다 오자는 말을 하지는 않으셨다. 증조할머니도 행여 작은아들을 따라나서는 일이 없었다. 그저 나이가 들수록 죽을 자리를 옮겨 다니면 안 된다는 지론을 폈다. 또 알 수 없었던 일은 누구 한 사람도 증조할머니의 거처를 불편해하거나 거론하는 사람이 없었다. 그때는 당연히 맏아들이 부모를 모시고 살았고 혹여 맏아들이 먼저 세상을 뜬다 해도 홀로 된 며느리가 그 부모를 모셨다. 홀로 된 며느리에게 장성한 아들이 있어 혼인을 했다면 그 손자가 어머니와 할머니를 모시는 것을 자연스럽게 여겼다. 우리 집이 바로 그런 경우였다.

장남으로 태어나면 부모 모시는 것을 당연하게 여기듯이 차남이나 삼남 등 지차로 태어나 혼인하여 일가를 이루게 되면 부모를 떠나 독립된 생활을 하였다. 부모가 살던 집은 장남이 함께 살며 승계하였고 차남 등은 장가를 가면 그때부터 제 살림을 하였다. 그래서 부모를 모시고 함께 사는 일은 지차들은 아예 생각해 보지도 않은 형님의 몫이

---

18. 부모를 모시지 않고 부부 중심으로 가정을 꾸리는 것.

었다. 차남이나 삼남은 결혼을 하면 바로 일가를 이루어 호주가 되었다. 그러나 부모를 모시고 살아야 하는 장남은 따로 살림을 한다 해도 호주는 되지 못했다. 할아버지나 아버지의 가계를 승계하여서 그 대를 잇는 사람으로 여겼기 때문이다. 그래서 할아버지가 오래 사는 집은 아버지가 그 집안의 실질적 부양자이고 모든 일을 한다 해도 호주는 여전히 할아버지이다.

그렇다고 해서 호주가 무슨 권력을 가진 것은 아니었다. 그저 부계 승계를 목적으로 가부장제를 원활하게 돌아가도록 만든 사회문화가 생성한 욕구의 반영일 뿐이다. 그 속에서 '장남은 아버지의 대를 잇는 자'라는 말의 의미로 늙은 부모를 모시고 살아야 하는 부양의 의무가 들어 있었다. '효도'라는 이데올로기로 단단히 엮어 놓은 사회에서 1970~1980년대까지는 형제간의 평등도 없었다. 부모를 모시고 제사를 지내는 장남을 중심으로 상속을 하였다. 아들이라 하더라도 차남, 삼남 등에게는 장남보다 재산 상속을 덜하는 것을 당연하게 받아들였다. 이에 부응하여 장남으로 태어난 자는 대체로 장남에게 기대하는 부모를 기쁘게 하는 일을 운명으로 받아들였다. 이러다 보니 『대한민국에서 장남으로 살아가기』라는 책이 나올 정도로 장남 콤플렉스를 지닌 채 살아야 하는 남자들이 있었다. 차남이나 삼남은 여기에서 벗어날 수 있는 태생을 가졌으니 그들은 자유롭고 변화 가능한 삶을 살며 도전적이었다. 반면에 장남은 부모를 섬기고 모시는 일이 우선이다 보니 자신의 자유와 행복은 늘 뒷전으로 밀어 두어야 했다. 장남은 호주제의 또 다른 희생자라고 볼 수 있다.

시어머니는 안방에서,
며느리는 건넌방에서 아기를 낳다

우리 할머니 세대와 아버지 세대의 장남은 부모와의 나이 차이가 그저 20여 년 되다 보니 남사스러운 일이 일어나기도 했다. 시부모의 나이도 40대 초중반으로 즐거운 성생활이 가능한 시기이다. 그러다 보니 안방에서는 시어머니가 몸을 풀고 건넌방에서는 며느리가 몸을 푸는 사태가 발생하기도 했다. 며느리를 보았으니 할머니가 될 마음과 몸의 준비가 되어야 했지만 생물학적 나이가 젊다 보니 아기를 낳은 것이다.

시어머니는 처음엔 좀 쑥스럽지만 나중에는 '한 다리가 천 리다'라는 말이 그저 생기는 말이 아니다.

"내 자식이 소중하지. 손자는 한 다리 건너이기 때문에 같이 키우는 입장에서는 별로 귀하지 않고 예쁜 줄도 몰랐어"라는 것이다. 그렇게 시어머니가 낳은 삼촌과 며느리가 낳은 조카가 같이 한마당에서 자랐다. 같이 한솥밥을 먹으며 놀다 보면 싸우는 일이 다반사로 일어나기 마련이다. 이렇게 다툼이 생기는 일이 있으면 "삼촌한테 덤비다니, 버르장머리 없다"라고 손자를 나무라니 며느리 속이 상하기 일쑤다. 안 그래도 고부 갈등이 있기 마련인데 각자의 아이들이 한마당에서 자라다가 싸움이 일어나면 며느리는 며느리대로 속상해서 제 자식을 큰 소리로 야단치게 되었다. 그러면 시어머니는 어른 앞에서 어려운 줄도 모르고 제 새끼 야단친다고 또 며느리를 혼을 냈다. 아들은 이편도 저편도 들지 않고 홀 집이라도 나가서 잠시 바람이라도 쐬고 오면 천만다행이다. 그러지 않고 어머니 편을 들고 나서서 제 새끼와 아내에게 소리를 지르기라도 하면 살기가 어려워진다.

시어머니는 생각지도 않은 늦둥이가 태어나 민망한 마음은 잠시뿐, 그저 막내가 좋아서 어쩔 줄을 모른다. 그 마음 한구석에는 늦게 본 아들을 다 키우지 못하고 죽을 터인데 그러면 구박덩이나 되지 않을지 걱정이 앞서기 때문이다.

'내가 죽으면 미우나 고우나 막내는 큰아들, 큰며느리가 제 자식처럼 거두어서 키워 주어야 하는데 부모 마음 따로 있고 형제 마음 따로 있다는데, 불쌍해서 어찌할꼬.'

이런 마음이다. 장남 위주로 상속은 물론 가계 승계를 하면서도 어린 자식을 두고 떠나는 마음은 편치 않았다는 거다.

몽골 유목민족의 막자 상속과 승계가 합리적인 까닭

유목민족인 몽골에서는 장자승계가 아닌 막자승계를 기본으로 하는 문화가 발달되었다. 매우 합리적이라는 생각이 들었다. 몽골의 유목민은 말과 양을 데리고 초원을 찾아서 이동하면서 산다.

그러고 보니 "몽골의 아기는 태어나 땅에 발이 닿는 순간부터 말 타는 방법을 배우고 말과 같이 놀며 성장한다"라는 말이 있을 정도로 말을 다루는 데에는 그만한 민족이 없을 것이다. 이렇게 말을 타고 이동하는 몽골 유목민들이 사는 '게르'라는 이동식 천막집은 부모와 미혼의 자녀를 중심으로 생활하기 적합하다. 하나의 큰 원룸 형태이기 때문이다. 그래서인지 스물 전후로 아들이 결혼을 하면 말과 양을 내어 주고 독립을 시킨다. 결혼을 한 자녀는 모두 부모를 떠나 경제적으로도 심리적으로도 독립된 생활을 한다. 부모는 아직 결혼하지 않은 미혼의 자녀들을 데리고 산다. 그러다 막내가 결혼을 하면 부모는 막내를 의지하고 함께 살다가 부모가 남겨 준 모든 말이나 양은 막내가 승계를 하는 형식이다. 그렇게 되면 막내는 장성하고 그 부모는 연로한 나이가 되기 때문에 늙은 부모는 막내에게 의지하고 자신의 모든 것을 직접 상속하게 된다. 내가 죽으면 막내에게 큰아들이 잘할까 못할까 걱정하지 않아도 된다. 부모가 아직 독립적인 생활이 가능하고 어린 자녀도 있는 상황에서 젊어서부터 큰아들 내외에게 의지하지 않아도 되는 길이었다.

너희끼리 눈 맞아서 좋다고 연애결혼 해 놓고 싸우기는 왜 싸우느냐?

이와는 달리 장남 승계를 기본으로 하는 우리 문화를 보면 20대의 아들 부부와 40~50대의 부모 세대가 한 울타리 안에서 살았다. 장남인데도 불구하고 분가하여 따로 살림을 하는 경우는 1980년대 들어 산업 사회로 진입하면서 일반화되었다. 그때도 부모가 이를 허락해야만 가능했다. 살림이 곤궁할수록 분가하기가 힘들었다. 방이라도 한 칸 얻어 줄 형편이 못 되니까 말이다. 처음에 분가하지 않고 같이 살기 시작하면 평생 가는 수가 많았다. 어른들 입장에서는 분가시킬 이유가 없는 거다. 젊은 아들, 며느리는 어른 눈치 살피느라 하고 싶은 것도 마음대로 못하고 사니까 분가하고 싶은 마음이 꿀떡 같지만 대놓고 분가하겠다고 말하지도 못했다. 부모 마음 상하게 할까 봐서 말이다. 특히 남자는 죽어도 그 말을 못해 이래저래 눈치만 살피다가 제 풀에 자빠졌다.

그러다 보니 부모 자식 간에 대판 싸워서 원수가 되다시피 해야 분가가 가능한 경우가 많았다. 자식을 끼고 살고 싶은 부모가 자식들 눈치를 모르는 척하고 그냥 넘어가는 경우에는 시시비비가 붙을 때까지 문제는 수면 위로 올라오지 않는다. 오랜 갈등 끝에 분가를 하게 되면 그동안 사느라 고생한 일은 물거품처럼 사라지고 죽일 놈이 된다.

"불효막심한 놈, 부모 싫다고 나가는 놈은 없다고 생각한다"라는 말을 듣는 지경에 이른다.

부모 세대도 장성한 자식들과 한집에 사는 것이 좋기만 하지는 않을 것이다. 어른들도 눈치라는 게 있으니 세태에 맞게 눈치를 안 볼 수가 없는 거다. 아들 부부가 부부싸움이라도 했는지 며느리 볼이 부어 있으면 눈치 없는 시어머니 하는 말이 "너희는 너희끼리 눈 맞아서 좋다고 연애결혼 해 놓고 싸우기는 왜 싸우느냐?"라고 핀잔을 준다. 연애결혼을 하면 부부싸움도 하면 안 된다는 생각을 하는 모양이다. 연애결혼을 한 사람은 어디에도 하소연할 데가 없다. 본인들이 좋다고 결혼했으니 책임지고 사는 걸로 간주되었다.

"누가 너보고 우리 집에 시집오라고 했니? 내 아들 좋다고 시집온 건 너다. 우리는 너 별로 마음에 들지 않았다"라는 말로 상처를 주면 곪아서 터진 생살에 소금을 팍팍 뿌리는 것과 같다.

'지가 좋다고 시집와서 어디 주둥이를 내어 미느냐?'는 식의 뉘앙스를 풍긴다. 거기에다 대고 "어머님, 우리 분가시켜 주세요. 우리끼리 살고 싶어서 그러는데 아범이 말을 못 하겠대요"라고 웃으면서 며느리가 말을 한다면 차라리 문제 해결은 간단할지도 모른다. 그런데 며느리도 그 말을 못하고 어물쩍 넘어간다.

　남자는 본가에서 자기 부모와 함께 사는 입장이다 보니 별 어려움을 못 느끼고 살아갈 수도 있다. 단 아내만 눈치껏 잘하면 말이다. 그러나 여성의 입장에서 보면 자기 부모 밑에서 20여 년 살다가 결혼하여 시집에서 50~60년을 살게 된다. 장남과 결혼한 여자는 시부모가 모두 돌아가실 때까지 모셔야 한다. 하루도 같이 살기 힘들다고 하는 오늘날 여성의 눈으로 보면 너무나 가혹한 일이다. 우리 할머니만 해도 열여덟에 시집와서 일흔에 증조할머니가 돌아가시니 고부간에 같이 산 세월이 자그마치 52년이었다. 할아버지가 돌아가시고 난 후에도 20년을 함께 더 살았다.

　더러는 예외적인 상황이 일어나기도 하였다. 옛날부터 '과거에 급제하여 입신양명하고 집안을 명예롭게 일으키는 일을 가장 큰 효도'라고 하였다. 이런 경우에는 장남이라 하더라도 부모를 모시지 않고 서울로 벼슬을 하러 가야 했다. 그러면 부모는 고향에서 선산을 지키고 사는 다른 동생들의 몫이 되었다. 이를 두고 세간에서는 '잘난 아들은 나라에 바치고 못난 자식이 부모와 선산을 지킨다'라는 말이 나왔다. 장남이 잘나서 나랏일을 하거나 객지에서 출세를 하여 따로 살림을 하는 경우에 부모는 차남이나 삼남이 모시고 살면 그들은 언제든지 형님과 형수님께 큰소리를 칠 수 있었다.

　"형님, 부모님 연세도 많으신데 언제 모시고 갈 겁니까?"
하면서 말이다. 원래부터 제 몫이 아닌 일을 하는 자의 오만함이 묻어 있다. 장남이 타향살이를 하고 고향에 부모만 사는 경우도 허다하다. 그럴 경우에도 장남은 죽을 죄인이 된다. 부모를 모시고 살지 않은 죄다. 1970년대 이후 산업화 과정에서 집도 절도 없이 무작정 상경하여 도시의 노동자가 된 사람들 중에는 장남도 많을 것이다. 장남은 차남이나 삼남보다 훨씬 무거운 마음으로 고향에 살고 있는 부모를 그리워했다. 장남은 한 울타리 안에서 부모 봉양을 하지 않고 도시에서 처자를 중심으로 산 것 자체가 죄인이라고 자책했다.

장남의 무게와 시어머니 심보

세월이 가고 나서 돌아보면 부모를 모시고 사는 장남은 평생을 제 부모에게 못할까 봐 전전긍긍하며 권위적인 가부장이 되어 있을 확률이 높았다. 아내에게 더 다정하고 살갑게 하면 아내도 남편의 마음을 알아서 더 잘하련만 장남은 부모 눈치 보랴, 다른 형제들 눈치 보느라 정작 아내와 아이들의 눈치는 보려고도 하지 않는 경향이 많다. 그렇게 한평생 살다 보니 언제까지나 제 속에 있을 줄 알았던 아내와 아이들은 멀어져 있기 마련이다. 대한민국에서 장남으로 산다는 것은 가족이라는 굴레의 돌덩어리를 이고 지고 살아간다. 그런 남자를 사랑한 죄로 함께 가는 아내에게만 큰소리치는 바보가 되어 있기 일쑤다. 그러니 남자 형제들 중에서 장남이 부부 사이가 가장 좋지 못하거나 이혼율도 높다. 호주제는 장남이라는 이름으로 족쇄를 채우고 재갈을 물렸다. 장남은 호주제가 낳은 가장 불행한 사람 중의 하나가 되었다.

가계 승계의 개념이 있는 호주제는 남아선호 악습을 낳았고 그중에서도 장남에 의존하는 문화를 만들었다. 특히 여성은 가계 승계의 후순위로 밀려나 딸은 출가외인 취급을 하였고 공공연히 그렇게 불렀다.

'삼종지도'라는 말도 바로 호주제를 떠받치고 있던 가부장제가 만들어 낸 결과물이다.

"태어나서는 아버지를 따르고 결혼해서는 남편을 따르고 남편이 죽으면 아들을 따르는 것이 여자의 도리다"라고 가르쳤다. 여자는 순종을 최고의 미덕으로 여기며 아버지, 남편, 아들을 따라야 한다고 귀에 딱지가 앉도록 가르쳤다.

이러다 보니 그 옛날에도 층층시하의 가난한 집 장남에게 시집가는 일은 고생길이 훤하다고 걱정부터 하였다. 애지중지 귀한 딸을 장남에게 시집보내고 싶은 사람은 아무도 없을 것이다. 더구나 가난하기까지 하다면 그 무게는 말할 수 없이 무겁다. 어차피 없는 살림이라면 지차에게 보내어 자기들끼리 재미나게 살기를 바랐다. 내 딸은 지차에게 보내어 편하게 살게 하고 싶고 남의 딸인 며느리 고생은 당연하다고 여기는 게 시어머니 심보다. 그것도 며느리 앞에서 아무렇지도 않게 속마음을 드러낸다. 자신은 며느리 손에 밥을 받아먹으며 편히 살기를 원하고 딸은 지차와 결혼시켜 편하게 살기를 바랐다. 남의 딸인 며느리는 부려먹고 내 딸은 시부모 안 모셔도 되는 자리에 보내어 알콩달콩 살기를 원했다. 그래서 시어머니 심보는 하늘이 낸다고 했다. "봄볕은 딸에게 쬐게 하고 가을볕은 며느리에게 쬐게 한다"라는 말은 겨울이 지나고 봄이 올 때는 따스하고 햇살이 강하지 않아서 봄나들이 가기에 딱 좋다. 이런 좋은 날은 딸과 함께 봄볕을 쬐며 나들이하고 싶은 거다. 한편 가을볕은 여름의 끝자락에서 엄청나게 뜨겁고 강렬하여 얼굴 타기에도 가을볕에 겨눌 장사가 없다. 가을걷이는 며느리에게 시키고 싶은 속셈이다. 그럴 때 옆에서 "어머님은 장남부터 낳지 않고 차남부터 낳았나 봅니다"라고 누군가 말해 준다 해도 말귀를 못 알아들었다. 남의 딸인 며느리에게는 딸에게 주는 마음의 반의반도 주지 못했다. 오히려 자신의 잘난 아들을 차지한 며느리가 늘 성에 차지 않아서 시어미 심보를 숨기지 못하고 드러내었다.

명절문화와 친정 나들이

사회가 변화하면서 그 문화도 달라지기 마련이다. 그중의 하나가 친정 나들이라고 할 수 있다. 어머니 세대만 하더라도 장남 내외가 명절 당일에 친정을 간다는 건 엄두도 내지 못했다. 친정에 잔치가 있거나 부모 제사에 큰맘 먹고 다녀올 정도였다. 명절에는 손님들이 오면 일을 해야 한다는 이유에서다. 손님마다 상을 봐야 하고 술상도 내야 하기 때문에 그 일을 척척 해 줄 일손이 필요했다. 딸과 사위는 명절이라고 친정에 오는데 며느리와 아들에게는 어서 친정에 가라는 소리를 하지 않는다. 내 딸과 사위가 친정에 왔듯이 사돈의 딸인 며느리도 보내야 하는 게 맞는 이치다. 그러나 시어머니 마음에는 당신이 그러했듯이 '그럼 손님 대접은 누가 하느냐? 오랜만에 왔는데 다들 같이 있어야지.' 하는 생각을 한다. 그래서 생긴 병이 며느리가 겪는 명절증후군이다. 시댁에는 일찍 와서 많은 시간을 보내고 일하고 돈 쓰고 손님 대접하느라 친정을 못 가니 마음이 상한다. 특히 명절에 친정을 가는 시간을 두고 신경전을 벌인다. 그걸 남편이 알아주기만 하면 되는데 알아주기는커녕 남들 다 하는 일 하면서 생색낸다고 타박을 하거나 당연하다고 여기면 마음을 다친다. 명절을 보낸 뒤 부부싸움 끝에 이혼 상담이 가장 많고 실제 이혼으로 이어지는 경우가 많은 이유이다.

이제는 4차 미래혁명 사회이다. 세상이 그만큼 변했다. 가부장적 문화와 질서도 무너지기 시작했다. 당연히 명절 문화에 대해서 의심을 품는 사람이 생겨났다. 부모로부터 벗어나 사회문화적으로 독립적인 생활을 원하는 사람들이 늘어났고 그들이 점차 목소리를 냈다. 명절은 각자 부모 집에 가서 본인 가족을 중심으로 지내거나 한 번은 친정에서 또 한 번은 시집에서 보내는 등 평등한 명절 문화를 꿈꾼다. 아니면 명절은 또 하나의 휴가라 여기고 여행을 떠나기도 한다. 그러나 새로운 명절 문화는 아직 정착하지 못했고 별나다고 욕을 먹기도 한다. 그러나저러나 역사와 문화는 기존의 제도에 합리적 의심을 품은 소수에 의해서 변하기 시작한다.

부모에 대한 호혜나 부담은 균등하게 1/N 하자

지금이야 장남, 차남 차이도 없다. 결혼을 하면 부모를 떠나 따로 사는 것을 당연하게 여긴다. 호주제는 여성 인권 차원에서 꾸준히 제기되어 2007년 6월 27일 자로 사라졌다. 호주제 대신 가족관계를 증명하는 가족관계등록부에 부모, 자녀, 배우자가 있을 뿐이다. 결혼하지 않았다면 부모만 기재된다. 독립된 개인이 있을 뿐이다. 형제자매 관계를 알려면 각자의 가족관계등록부를 떼어서 부모를 확인하면 된다. 따라서 호주제에서 있던 관습도 사라지거나 약화되었다. 장남이라고 재산 상속을 더 하지도 않는다. 장남이라고 해서 특별히 기여한 것도 없고 부모를 모신 것도 아니니 먼저 태어난 이유만으로 더 많은 지분을 요구할 수도 없다. 요즘은 부모나 자식 간에도 불문율 같은 것이 있다. 자식이 여럿이라면 부모님으로부터 부담과 호혜 모두 균등하게 나누자는 거다. 형제자매가 있다면 빚도 재산도 균등하게 분배하자는 주의다.

젊은 사람들만 생각이 바뀐 게 아니라 그 부모 세대도 많이 변했다. 노후를 자식에게 의지하지 않으려고 미리 준비를 한다. 건강하게 살다가 죽는 것이 소원이지만 그 또한 쉬운 일이 아니다 보니 만의 하나 큰 병이라도 걸리거나 힘든 상황이 되면 노인요양원으로 간다고 생각하고 있다. 정보산업 사회 내지 4차 미래 사회에서 아이들도 나름 힘든 삶을 살아간다. 옛날같이 잉여 노동력이 집에 있지 않다. 각자의 일을 하고 각자 돌아와 쉬기도 바쁜 나날이다. 거기다 얹혀서 살아가기란 하루가 힘들 것이라는 짐작을 한다. 그러다가는 눈치만 살펴야 하는 구박데기가 될 것이라고 어림짐작을 한다.

그도 그럴 것이 일단 집의 구조가 변했다. 옛날에 대가족이 한집에서 살 수 있었던 것은 마당과 뒤꼍도 있고 안채, 바깥채, 사랑채가 있어서 나름대로 식구들을 분산할 수 있었다. 방문을 열면 마당이 있고 대문 밖에 나가면 서로 알고 지내는 이웃이 있었다. 집에서 키우는 짐승이 있어서 돌보기도 하고 허드렛일도 많았다. 그런데 이제 우리나라에서 젊은 층이 사는 집의 형태는 대개가 아파트다. 마당이 없는 아파트는 방문만 열고 나오면 모두 부딪히는 거실 공간뿐이다. 그렇다고 해서 누구라도 방에만 있을 수는 없다. 정말이지 아주 친밀한 사람끼리 살아야 별 탈이 없을 것이다. 그런 공간에 부모라는 이유로 함께 지내기도 쉬운 일은 아니라는 걸 어른들도 알게 되었다.

호주제도 폐지되고 가계 승계 개념이 많이 약화되었다. 딸만 있는 집도 많고 아예 딩크족이다 하여 결혼은 하되 아이 없이 사는 사람도 늘어나고 있다. 아들이 없는 것을 그리 염려하는 세상도 지났다. 여전히 자신을 중심으로 하는 가족에 대한 유대를 들어서 아들이나 딸의 배우자에게 참여를 강요할 수도 없다. 다만 원 가족 중심으로 효도는 각자가 하는 걸로 정리되는 세태다. 이제는 장남 콤플렉스에서 벗어날 때도 되었다.

5.

새야, 새야, 파랑새야

우리 집에서는 명절이 되어 차례를 지내고 나면 빙 둘러앉아서 노래자랑을 하곤 하였다. 이때 언니, 오빠들은 최신 가요를 섭렵하여서 신곡을 발표했다. 새 노래는 주로 라디오를 듣고 따라 적으면서 배운 거다. 아버지 항렬에서는 지나간 옛 노래를 불러서 큰 호응을 얻었다. 주로 작은아버지가 사회를 보며 진행을 하였다. 아이들이 부르는 노래도 잘했다고 반색을 하였고 어른들이 부르는 노래도 가수로 나가야 되겠다며 즐거운 시간을 보내고 있었다. 그러다가 증조할머니에게 마이크를 넘기며 할머니도 꼭 한 곡 하시라는 간곡한 청을 하였다. 증조할머니는 "아는 게 뭐 있어야지." 하시며 잠시 생각하시더니 노래를 부르기 시작하였다. 문자를 해독하지 못하는지라 구전되어 내려오는 민요를 불렀다. 처연하고도 아름다운 노래였다. 그것은 바로 동학농민운동을 이끌던 전봉준 장군과 관련된 민요였다.

"새야 새야 파랑새야/ 녹두밭에 앉지 마라

녹두꽃이 떨어지면/ 청포장수 울고 간다."

이 노래였는데 나는 그 당시에 처음 듣는 노래였다. 이 노래는 지금도 전국적으로 전승되고 있다. 민요 가운데 나오는 녹두는 동학농민

운동을 할 때에 전라도 고부에서 탐관오리의 부정부패에 맞서 군사를 일으킨 전봉준 장군을 가리킨다. 이는 전봉준이 키가 작아서 별명이 '녹두장군'이었기 때문이다. 여기에서 새는 민중을 가리킨다. 즉 정부에서 민중들에게 '전봉준이 결국은 패할 것이니 그를 따르지 말고 해산하라'는 의미를 담은 일종의 참요讖謠라고 할 수 있다. 이 노래가 서정적으로 처연하게 들리는 이유다.

그런데 증조할머니가 어떻게 이 민요를 여든이 넘도록 기억하였다가 부르는가 하는 것이었다. 우리가 살던 고향 영천은 경주와 가깝다. 동학의 제2대 교주가 바로 경주 사람 최시형이다. 최시형은 울진, 영덕, 영양, 봉화, 포항 쪽으로 포교를 많이 하였기에 경상도 일대에 큰 영향력을 가지고 있었다. 전봉준 장군에 의해 동학농민운동이 일어난 1894년은 증조할머니가 태어난 해였다. 증조할머니가 여남은 살이 될 무렵 2차, 3차 동학농민 봉기로 집강소를 중심으로 동학혁명의 물결이 거세게 휘몰아쳤다고 한다. 어린아이들은 무슨 뜻인지도 모르고 이 노래를 부르고 다녔다.

서동요와 마찬가지로 아이들에게 노래를 퍼트린 의도가 명백하게 드러난다. 민중들에게 녹두장군은 결국 죽는다는 것을 암시하며 그쪽 편에 서지 말라고 경고하는 노래다. 그것을 감지하지 못한 아이들이 엄청난 속도로 부르면서 골목마다 누비고 다닌 모습을 보는 듯하다.

한편 동학에서는 집강소를 설치하는데 최시형 교주가 당시 마을 집강의 소장이 되어 빠르게 동학의 교세를 넓혀 갔는데 증조할머니 살아생전에 그런 날이 오려나 했다고 한다. 동학에서는 토지의 균등 분배, 남녀평등, 여자의 재혼 허용, 적서차별 금지, 일본 등에 대한 반외세를 주장하여 당시 농민들로부터 뜨거운 호응을 얻었다. 그중에서 가장 울림이 큰 것은 토지의 균등 분배로 경자유전[20]을 주장한 것이다. 즉 농사를 직접 짓는 사람이 전답을 소유하는 것을 말한다. 그 당시에 농민들이 농사를 힘껏 지었으나 대부분 소작이라 지주가 다 가져가고 거기다 관원들이 세금으로 떼어 가고 물세다 하여 뜯어가고 나면 일 년 동안 고생고생하며 농사지은 게 남지를 않았다. 양반 상놈이 따로 없고 누구나 하늘 아래 평등하다니 이 무슨 반가운 소식이냐고 반색하였다. 여성들은 글을 모르는 사람이 대부분이라서 입에서 입으로 구전되거나 집강소에 모여서 강론을 직접 듣는 것으로 교세를 확장하였다. 새로운 세상을 꿈꾼 때가 바로 동학이 서민들의 가슴을 울리던 그때였다. 동학군들은 파죽지세[21]로 충청도 공주까지 확장하였다. 이에 기울어져 가던 조선은 겁을 먹었다. 조정에서는 자신들의 권력이 무너질까 봐 두려워 관군을 투입하여 동학농민군을 죽이고자 했다. 여기에다 청나라 군사를 끌어들이자 일본이 이에 질세라 한반도에 들어오는 빌미를 준다. 그러자 조선을 서로 먹겠다고 한반도 땅에서 청일전쟁이 발발했다. 한편 동학농민군은 우세한 무기를 가진 관군과 왜군, 청군의 반격으로 급격히 힘을 잃고 만다. 결국 우금치 전투에서 동학농민군은 패하고 전봉준 장군도 잡혀서 끌려가 처형당했다. 그 슬픈 노래가 바로 '새야, 새야 파랑새야' 하는 민요이다. 이 노래는 지금도 전해지고 있다. 민중들의 새로운 희망이었던 녹두장군이 결국은 죽을 것이라는 암시를 담은 슬픈 노래이다. 평등한 세상을 꿈꾸던 동학농민들은 죽거나 처형당하거나 좌절당했다.

---

19. 본부인이 낳은 아이를 적자라 하고 첩이 낳은 아이를 서자라 하여 차별함.
20. 농사를 짓는 사람에게 토지를 주는 것.
21. 거침없이 적을 무찌르고 진군하는 힘.

이후 '새야, 새야, 파랑새야'라는 구전민요는 민중들이 처연하게 부르는 노래가 되었다. 당시 탐관오리의 부정부패와 전근대적 신분제도에 맞서 싸우며 새로운 세상을 만들고자 했던 동학농민군들의 함성이 지금도 들리는 듯하다. 그들이 죽음으로 맞서 투쟁한 역사 위에서 우리는 한 걸음씩 내딛고 있지 아니한가?

VI.

삶과 연민

1.
고향 풍경

　내가 살던 고향은 꽃피는 농촌이었다. 마을 뒤로는 야트막한 산을 끼고 마을 앞으로는 넓은 들이 펼쳐져 있고, 그 들의 끝에는 강이 흐르는 전형적인 배산임수의 풍수를 지니고 있었다. 앞들을 지나면 강이 가까웠는데 강변에는 사과나무가 들어선 과수원이 나타났다. '과수원길'이라는 동요를 많이 부르면서 자랐는데 꼭 우리 마을을 두고 부르는 노래 같았다. 사과는 가을 햇살을 잘 받아야 했다. 가을볕에 빨갛게 익어 가는 사과는 하루가 다르게 빛깔을 더했다. 특히 낮과 밤의 일교차가 큰 가을에 영글었다. 강변에 사과밭이 있다는 것은 물이 많이 필요하다는 것을 의미하고 배수가 잘되는 토양이어야 했다. 사과나무는 심은 지 3~4년이 지나면 사과가 열리기 시작했는데 사과 맛이 가장 좋고 많이 열리는 시기는 5~10년 정도가 되었을 때라고 한다. 사과나무도 한 번 심으면 영원한 게 아니라 15년에서 늦어도 20년이 넘지 않도록 연차적으로 베어 내고 어린 묘목을 심어야 한다. 사과나무를 베고 새로 심을 때에 더 맛있는 수종으로 변화가 가능하다. 어릴 때는 주로 홍옥이 많이 열렸는데 점차 사라지고 꿀맛 나는 부사로 바뀌기 시작했다. 부사가 맛도 있고 저장하기가 좋았다.

가만히 두기만 해도 사과나무가 사과를 만들어 주는 게 아니다. 사과가 많이 열리게 하려면 겨울에도 일을 했다. 전지 잘하는 사람을 데리고 와서 몇 날 며칠을 나뭇가지를 치고 다듬는 작업을 말한다. 새순에서 새잎이 난다. 죽은 나뭇가지를 그대로 두면 새순도 나오지 못하고 제값을 못하기 때문에 봄을 맞을 준비를 겨울에 하는 것이다. 농한기인 겨울에는 상대적으로 한가한 편이지만 과수원을 하는 집은 사시사철 바쁘다. 사과가 많이 열린다고 해서 그대로 두면 안 된다. 적정량을 남기고 솎아 주어야 달린 사과가 제대로 영양분을 받아서 굵게 영글기 때문이다. 솎아 내고 남은 사과에는 봉지를 씌우는 작업을 해야 한다. 한여름 뜨거운 햇볕에 타 버리지 않도록 미리 손을 쓰는 일이다. 가을이 되어 한여름보다는 햇살이 한층 누그러졌다 싶으면 씌운 봉지를 벗겨 준다. 추석이 지나고 나면 사과를 따기 시작한다. 빠른 것은 시월부터 따기 시작하여 무서리가 내리기 전까지 따야 한다.

과수원 집은 대체로 외따로 드문드문 분포했다. 농촌이 다 그러했듯이 가족 모두가 일손이다. 농촌에서는 일하는 사람 따로 있고 노는 사람 따로 있으면 살지 못한다. 모두가 자신이 노동을 할 수 있을 만큼 일을 하면서 서로 도와야 분란 없이 살 수가 있다. 어린아이부터 노인에 이르기까지 몸져눕지 않는 한 일을 했다. '높이 나는 갈매기가 멀리 본다'는 말이 있듯이 농촌에서는 부지런한 사람이 도랑도 치고 가재도 잡는 법이며 마당도 쓸고 돈도 줍는 횡재를 얻었다. 그만큼 부지런하다 보면 가난했던 농부가 논이나 밭을 사서 농지를 늘려 가는 재미가 있었다.

내가 자랄 때만 해도 사과는 대구가 주산지였다. 대구와 동쪽으로 경계를 이루고 있던 내 고향 영천에도 사과밭이 흔했다. 대구 하면 사과의 주산지로 알려져 교과서에도 수록되던 때였다. 사과가 많이 나는 대구에는 미인이 많다는 설도 있었다. '능금 아가씨 선발대회'라는 미인대회도 열렸다.

사과와 능금은 같이 쓰이는 말이었다. 아마도 능금이 더 옛말이었던 것 같다. '사과'라는 세련된 말에 밀려서 점점 사라지는 운명이 되고 만 '능금'이라는 단어가 불현듯 떠오른다. 세상에서 사라지는 말이 어디 '능금'뿐이랴. 사람이 기억하여 사용하고 전달하지 않으면 그 말은 사라진다. 언어의 사회성이다. 말도 이러할진대 하물며 변하는 사회의 모습을 기억하기도 어렵거니와 현재를 사는 우리는 늘 세상이 현재와 같았다고 생각하기 쉽다. 그래서 한두 세대만 지나도 말로 표현하기 어려운 세태를 만날 수 있다. 더구나 우리나라는 너무나 빠른 속도로 변했기 때문에 더욱 그러하다. 몇 년 만에 내가 살던 고향을 찾아가는 길에서 만나는 낯선 풍경은 내가 기억하는 고향이 맞는가를 되묻게 만들었다. 대구 근처의 농지에 있던 그 많던 사과나무는 어디로 갔는지 보이지 않고 도시로 확장되어 빌딩이 들어서 있거나 포도나무가 대신하고 있다. 사과나무는 점점 북상하여 안동, 청송, 영주, 봉화 지역으로 올라갔다. 이제는 심지어 강원도 지역에서도 사과 재배를 하고 있다. 그만큼 지구온난화 현상을 작물 재배를 통해서도 충분히 알 수 있게 되었다.

복숭아밭은 대체로 산비탈을 끼고 있었다. 야트막한 산자락을 끼고 복숭아밭이 분포했는데, 우리 동네 산자락에는 복숭아밭이 있어서 봄이 되면 흐드러지게 복숭아꽃이 피었다. '무릉도원'이라는 말이 있듯이 아름다운 봄철이었다. 도연명의 「도화원기」에 나오는 무릉도원의 뜻은 복숭아꽃이 피는 아름다운 곳에서 아무 걱정 없이 행복하게 살 수 있는 이상향을 그린다. 현실 세계에서는 세속적인 근심 걱정이 많았지만 복숭아꽃이 지천으로 피어날 때는 정말이지 여기가 바로 무릉도원이었으면 좋겠다고 생각할 정도였다. 복숭아꽃이 질 때 즈음이면 사과 꽃, 배꽃이 피어 온 들을 꽃밭으로 만들어 주었다.

농사를 떠나 그저 바라보는 농촌은 낭만적이고 목가적이다. 꽃이 피는 봄이면 아름답기까지 하다. 그러나 그 속에서의 삶은 피폐하고 노동에 찌들어서 힘들기 그지없다. 힘겹게 노동하면서 살아가는 사람들의 삶을 만나지 않고서 겉으로 보기만 하면 수박 겉핥기에 지나지 않는다. 농사는 심은 대로 거둔다지만 가격 파동이 해마다 다르게 일어나서 농민들의 수입에 영향을 준다.

그나마 농사에 젊은 일꾼이 투입되고 귀농, 귀촌하는 사람들이 늘어나면서 농촌이 조금씩 활력을 찾아가고 있는 것은 반가운 현상이다. 이미 연로한 어르신들이 농사를 짓는다 해도 과학적인 영농은 어렵다. 소비자와 생산자를 바로 연결하는 직거래 등 인터넷을 활용한 안정적인 출하를 위해서 보다 전문적인 젊은 일손이 필요하다. 농촌에서의 삶이 질적으로 풍요롭고 자녀 양육과 교육에서도 걱정을 안 해도 될 정도의 사회적 인프라를 구축해야 청장년층이 돌아와 살게 될 것이다. 지자체에서는 신생아를 비롯하여 유입 인구를 늘리려는 적극적인 인구정책이 필요하다. 일회적이거나 단편적인 지원이 아니라 그곳에서 뿌리를 내리고 살도록 심리적, 정서적 지원을 하여 삶의 질이 풍요롭고 끈끈한 공동체 의식이 살아 있는 그런 농촌을 상상해 본다. 그래서 그 속에서 농민이 누구나 평화롭게 살고 인간적이고 따뜻하면서도 행복한 농촌에서 농산물을 생산해 내는 자부심을 가지는 그런 세상 말이다.

2.
옛집에 대한 향수

집에도 꽃이 피었다. 우물이 있던 장독대 옆에는 할머니가 가꾸던 제법 넓은 꽃밭이 있었는데 거기에는 작약이 여러 그루가 있어서 큰 꽃봉오리를 피워 주었다. 작약보다 더 큰 꽃을 피우는 목단도 여러 개가 있었다. 목단이 가장 검붉은 꽃을 피웠고 작약은 희고 붉은색이 어우러진 분홍색을 만들어 주었다. 작약과 목단은 여러해살이라 해마다 꽃을 피웠다. 꽃밭이라 부를 수 있었던 것은 아마도 작약과 목단이 빚어내는 아우라가 있었기 때문인 것 같다. 작약 앞으로는 키 작은 꽃이 차례로 있었는데 봉숭아꽃, 채송화가 피어났고 맨드라미와 해바라기, 접시꽃이 담장을 따라 키가 크게 자랐다. 집의 가장자리를 따라 삼면으로는 담이 둘러져 있었는데 감나무, 대추나무, 호두나무, 오동나무, 뽕나무가 담장을 따라 서 있었다.

대추나무는 대문 옆에 양쪽으로 두 그루가 있었고 집 뒤에도 아주 큰 늙은 대추나무가 있었다. 어릴 때 나는 큰 대추나무에 올라가는 걸 좋아했다. 어른들은 아이가 떨어질까 봐 오르지 말라고 했지만 집 뒤 대추나무는 오르기 좋은 가지가 있어서 아주 좋은 놀이터가 되었다. 나는 한 번도 떨어지지 않아서 무섭지도 않았다.

가을이 되면 대추나무에는 대추가 수도 없이 열렸다. 대추는 추석을 기점으로 빠르게 익었다. 추석에는 아직 파란색을 지니고 있는데 추석이 지나고 나면 하루가 다르게 붉게 변했다. 아버지는 대추가 붉게 완전히 익어야 대나무 작대기를 가져와서 대추를 땄다. 떨어지는 대추를 줍는 일은 우리들 몫이었다. 대추를 따면 마당에 널어서 말렸다. 말린 대추는 제사상에도 올라가고 오곡밥에도 들어가고 겨울에 심심풀이로 먹기도 하였다. 뭐니 뭐니 해도 대추는 갓 땄을 때 깨물어 먹는 맛이 제일이다. 대추는 크기가 작아서 먹는다 해도 배가 부르지 않았다. 그래도 아삭하게 씹히는 맛이 좋았다. 대추씨는 너무나 단단해서 잘못 씹으면 이가 빠질 정도였다.

어느 집에서나 제사도 지내고 명절도 쇠려면 대추는 상에 올리는 과일 중의 과일이다. 그래서인지 집집마다 대추나무 한 그루 정도는 있었던 것 같다. 우리 집 대추나무는 집 앞에 있어서 손을 잘 탔다. 동네 아이들이 오가며 대추가 파랄 때부터 손을 대었다. 입에 다실 것이 없어서인지 아직 맛도 나지 않는 대추였지만 손이 닿는 데에는 대추 구경을 할 수가 없었다. 대추는 워낙 많이 열리기도 하고 흔해서인지 대추 따는 손을 말리는 사람도 없었다. 참으로 후한 인심이었다.

집 담장을 둘러가며 있던 나무들은 특별히 가꾸지도 않는 것 같은데 해마다 우리에게 먹을 것을 내주고 동네 조무래기들이 모여 앉아서 놀 수 있는 그늘을 만들어 주었다. 특히 큰 감나무 밑에서 주로 돌무더기를 쌓아 놓고 공기놀이를 하면서 감 떨어질 때를 기다리기도 했다. 감나무에는 봄에 감꽃이 피어올랐다가 감이 열리면 꽃은 떨어졌다. 떨어진 감꽃을 주워 모아 실을 꿰어서 목걸이를 만들어 목에 걸고 놀기도 했다. 여름이 되어 감나무 이파리가 무성해지면 처음엔 감이 많이 열렸는지 잘 보이지 않았다. 감꽃이 떨어진 곳마다 감이 하나씩 열렸다가 다 익기 전에 스스로 떨어지는 감이 많아서 자연스럽게 적정 양을 생산했다.

우리 집 감은 대봉이나 단감이 아니었다. 그야말로 떫은 감이어서 감은 모두 그런 종인 줄만 알고 살았다. 나중에 자라서 주체적인 소비자가 되었을 때 시장에서 대봉이나 단감을 보고 '이렇게 좋은 감이라니.' 하고 탄복을 했다. 떫은 감은 홍시를 만들어 먹거나 뜨거운 물에 담그고 하룻밤 삭혀서 먹을 수가 있다. 또 감은 껍데기를 깎아서 벗겨내고 곶감을 만들었는데 가는 대나무나 싸리나무를 준비했다가 여러 개를 끼워서 바람과 햇살에 말렸다. 곶감이 채 되기도 전에 감이 꾸덕꾸덕하게 마르면 아이들이 오가며 하나씩 빼내어 먹기 시작했다. 그러면 곶감이 되기도 전에 반은 없어졌다. 그래서인지 귀한 것이 쉽게 동이 난다는 것을 가리켜 '곶감 빼먹듯이 사라진다'는 말이 생겼나 보다.

가을이 깊어져 감은 익었는데 너무 오래 두어서 감나무에 달린 채로 홍시가 되면 땅에 떨어져 터진다. 먹을 수가 없어지는 거다. 서리가 내리기 전에 적당한 날을 잡아서 감을 따는데 큰 작대기에 감이 들어가도록 주머니를 매달아서 기술적으로 따야 한다. 키가 큰 아버지는 작대기 사용법도 유연하고 감나무를 빙 돌아가며 잘도 땄다. 높은 곳에 달린 감은 나무에 올라가서 따야 했다. 감나무 끝자락에 여남은 개의 감을 남겨 두며 까치밥이라고 불렀다. 나는 새도 겨울이면 먹을 게 없어서 고충이 이만저만 아닐 것이라고 여겼다. 새가 먹을 양식을 남기고 사람이 먹을 것을 취했다. 참 아름다운 인심이라 여겼다.

백오동나무는 꽃밭 옆에 있었다. 백오동나무에도 듬성듬성 보라색 꽃이 피었다. 백오동나무 잎은 어른 손바닥보다 컸다. 오동나무를 백오동이라고도 했는데 나무줄기가 흰색을 띠어서 백오동이라 했다. 오동나무는 해마다 자라는 게 보였다. 경상도에서는 옛날부터 아들을 낳으면 오동나무를 심는다고 했다. 아들이 장가를 들 즈음이면 그 오동나무를 베어다가 장롱을 만들어 주는 풍습이 있었다. 나와 같이 자라던 오동나무가 장롱을 만드는 것까지는 구경을 못하고 말았다. 우리 때만 해도 가구시장이 번창하여 집에서 아버지가 직접 장을 만드는 일은 거의 없었다. 돈만 주면 본인의 취향에 맞는 장롱이나 화장대를 비롯한 가구를 쉽게 고를 수 있게 되었다.

호두나무는 딱 한 그루가 있었는데 앞 담장 대추나무 옆에 있었다. 호두나무가 귀하던 편이라 호두가 열리고 그것이 영글었다 싶으면 아버지는 큰 막대기를 휘둘러 호두를 따 주셨다. 호두는 한 해에 많이 열리는가 싶으면 그다음 해에는 적게 열리는 경향이 있었다. 그것을 해갈이라고 불렀다. 격년으로 잘 열린다는 뜻이다. 호두는 처음에는 파랗고 두꺼운 겉껍데기를 가지고 자란다. 호두가 먹을 수 있을 만큼 익으면 파란 겉껍데기는 툭툭 터지면서 옷을 벗는다. 그 속에 갈색의 딱딱한 속껍데기가 있다. 호두는 보기보다 먹기가 어려웠다. 호두 껍데기는 딱딱해서 좀체 제 살을 보이려 들지 않았다. 망치를 가져다가 호두를 깨야 했는데 호두알은 으깨지고 호두를 잡고 있던 손을 찧는 바람에 아파서 쩔쩔매기도 했다. 먹을 것도 없는 호두알을 까서 껍데기도 더러 섞여 들어가긴 하지만 깨는 재미, 먹는 재미에 빠지기도 했다.

집 뒤로는 담장 대신 탱자나무가 길게 서 있었다. 오월이면 탱자나무를 따라 줄장미가 가득히 피었다. 오월을 장미의 계절이라고 할 만했다. 우리 집 장미는 분홍색 꽃을 피웠다. 그것을 자랑하고 싶어서 장미가 수백 송이 흐드러지게 피어오르면 시키지도 않는 일을 했다. 장미 가시에 찔려 가면서 장미를 잘라 학교에 가지고 갔다. 선생님 책상에 꽂아 드리고 싶어서였다. 어린 나이에도 사람은 누구나 꽃을 받으면 입꼬리가 스르르 올라가는 행복감이 밀려온다고 생각했다. 선생님이 반색을 하며 "오, 이 장미 누가 가져왔니?" 하고 좋아한다면 더 바랄 게 없었다.

여름이 지나면 장미는 지고 탱자가 익어 갔다. 탱자는 익어 가면서 온 집 안에 탱자 향기를 선물해 주었다. 노랗게 익은 탱자는 탁구공만 한 크기였다. 탱자는 먹는 것이 아니라서 집 뒷마당에 가득히 떨어져 뒹굴었다. 가끔 탱자 향이 좋다고 주워 가는 사람도 있고 약으로 쓴다며 얻어 가는 사람도 있었다. 탱자는 뒷마당에서 지천으로 굴러다니고 있어서 귀하다는 것을 몰랐다. 탱자나무는 가시가 마디마디 있었는데 아마도 탱자나무 가시를 몰라보고 그 담장을 넘어올 장사는 없었던 것 같다. 넝쿨 장미는 탱자나무를 의지하여 넝쿨이 퍼져 나갔다. 장미에도 가시가 있고 탱자나무에도 가시가 있었으니 담을 쌓지 않고도 울타리로 안성맞춤이었다.

탱자나무 옆으로 뽕나무가 두 그루 있었는데 오디가 바로 뽕나무의 소생이다. 여름에 오디가 주렁주렁 열리는 풍경을 큰방에 누워서 볼 수 있었다. 앞문과 서로 마주 보는 뒷문이 있었는데 뒷문을 열면 뽕나무가 바로 보였다. 뽕나무는 원래 누에를 치는 집에서 키우는 나무다. 우리 집은 누에를 친 적이 없었는데 뽕나무 두 그루를 가지고 있었다. 오래된 나무였다.

누에를 치는 집은 뽕잎을 따서 누에 밥으로 먹이는 일이 가장 큰일이다. 겨울잠을 자던 누에가 뽕잎이 자라는 봄이 되면 누에고치에서 집을 깨고 스물스물 나온다. 그때 뽕잎을 따서 누에에게 가져다주면 누에가 먹어 치운다. 누에를 치는 친구 집에서 우연히 보았던 광경은 한마디로 표현하기 어렵다. 넓은 판에 누에가 바글바글하도록 많고 그것이 바닥에만 있는 게 아니라 30cm 정도의 높이 간격으로 바닥부터 천장까지 켜켜이 누에가 살고 있었다. 꼬물거리는 누에가 워낙 수만 마리나 되다 보니 그들이 먹어 치우는 뽕잎을 따다 대느라 학교에 오지 못하는 아이들도 있었다. 식구 수대로 뽕밭에 가서 뽕잎을 따서 누에를 먹여야 했다. 누에는 뽕나무 잎사귀만 먹고 자랐다.

옛날부터 누에를 치는 일은 비단을 만드는 매우 중요한 산업이었다. 누에 똥구멍에서 가는 실이 뿜어져 나왔는데 그것이 바로 비단을 만드는 원사였기 때문이다. '상전벽해'라는 말이 있다. 이 이야기는 갈홍葛洪의 『신선전神仙傳』에 나오는데, 동해가 여러 번 뽕나무 밭으로 변했다는 마고의 말에서 '상전벽해'가 유래했다고 한다. 즉 세상의 변화가 너무 크다는 데서 왔다. 그러나 나는 누에치기하는 농사를 보고 이를 재해석하였다. '상전벽해'란 바로 '뽕나무 밭이 푸른 바다와 같다'라고 말이다. 이렇게 해석한 이유는 누에를 치는 일은 뽕나무 밭이 마치 푸른 바다로 보일 만큼 넓게 분포해야 한다는 것을 알았기 때문이다. 왜냐하면 누에는 뽕잎을 제 시간에 주지 않으면 꼬치를 만들지 않기 때문이다. 누에는 엄청나게 많은 뽕잎을 먹는다. 그 양이 어마어마하다고 할 수 있다.

누에를 치지 않는 우리 집에 있던 뽕나무는 잎보다 오디였다. 나중에 어른이 되고 나서야 뽕나무의 연한 잎이 얼마나 맛있는 나물이 되는지를 알았다. 아마도 어릴 때 밥상 위에 올라온 나물 중 하나가 뽕잎 나물이었을 것이다. 그때는 뽕잎 나물이 귀한 줄 모르고 푸대접을 했을 게 뻔하다. 지금 비로소 알고 있는 것들을 그때는 알 리 없었다. 심지어 우린 어린아이에 불과했으니 말이다.

우리의 주된 관심사는 오디를 따 먹는 데 있었다. 처음엔 연둣빛을 품은 하얀 오디가 점점 붉은빛을 띠다가 마침내 빨갛게 익어 갔다. 아직 따 먹기는 이른 빨간 오디를 먹으면 신맛이 입 안 가득히 퍼졌다. 기다리다가 더 익어야 한다. 오디는 빨갛던 열매 색이 검은빛을 띠도록 익어야 달콤하게 입 안에서 녹아내린다. 요즘은 오디가 사람의 몸에 좋다고 알려져서 복분자다 하여 상품이 된다. 내가 자랄 때는 오디를 따 먹으면 입 주변이 티를 냈는데 오디의 검붉은 색이 혀에도 입가에도 퍼져 있었다. 오디를 배가 부르도록 먹기는 어려웠다. 입에 묻히는 재미, 오디를 나무에서 따는 재미, 친구들과 같이 먹는 재미라 할 수 있었다.

농촌은 돈을 지불하고 사 먹는 것에는 익숙하지 않았다. 돈이 없어서이다. 그러나 집 울타리 너머에 한두 그루씩의 다양한 과일 나무, 즉 감나무, 대추나무, 호두나무, 뽕나무가 있었고 오동나무도 크게 자랐다. 울타리로는 탱자나무와 줄장미가 어우러져 향기를 더했다. 장독대 옆에는 할머니의 꽃밭이 있었다. 나무를 심어서 그 과일 맛을 보고 많이 열리면 많이 먹고, 적게 열리면 나누어 먹는 생활이었다. 아쉬웠던 점은 포도나무가 두어 그루만 있었다면 이육사 시인이 노래한 「청포도」 시가 더 감미롭고 향수에 젖지 않았을까? "내 고향 칠월은 청포도가 익어 가는 시절……." 하면서 말이다.

3.
할머니의 칠십 풍상

긴 세대 우리 할머니

위로는 성정이 대단하시다는 증조할머니와 아래로는 아들 내외를 건사해야 하는 긴 세대인 우리 할머니 이야기를 풀어 본다. 할머니의 위치는 위로도 치이고 아랫대의 눈치도 살펴야 하는 어려운 자리였다. 할아버지가 50대에 중풍으로 몸져눕자 3년 동안 병수발로 고생하셨다. 할아버지가 돌아가시자 이후 할머니는 해탈한 듯 욕심 없이 살아내셨다. 우리 할머니는 점잖으시기가 이루 말할 수 없었다. 말수가 적은 데다 조용히 말씀하셨으며 크게 웃는 일도 없었고 화를 내거나 야단을 치는 일도 없었다. 그저 화평하기만을 기원했다.

할머니는 자기주장을 내세우는 일이 없었다. 아들이 하자는 대로 따랐고 증조할머니의 성정을 잘 살폈다. 또 엄마가 고단할까 봐 집안일도 당신이 많이 하시고 손주들의 입성과 먹성을 살피느라 늘 분주했다. 할머니 덕분에 우리는 시골에서 보기 드물게 깔끔한 차림새를 하고 학교에 다닐 수 있었다. 또 학교에 갔다 오면 할머니가 만들어 주는 다양한 간식을 먹으며 할머니의 존재 자체가 우리에게는 큰 선물이었다. 할머니에게는 다 같은 손자이지만 같이 살며 돌보고 키우는 맏이네 손자들과 집 난 지차 집 손자들이 느끼는 할머니와의 정은 하늘과 땅만큼 다르다. 우리 집에는 늘 할머니가 계셨다. 할머니는 우리들의 든든한 지원자가 되어 주셨다. 칭찬할 만한 일을 하면 잘했다고 쓰다듬어 주시고 후다닥거리며 다니다 물건을 떨어뜨려서 깨어 버리거나 실수를 하면 괜찮다고 하시며 오히려 달래 주셨다.

후덕한 할머니

며느리인 어머니에게도 후덕한 시어머니였다. 어머니와 할머니의 갈등을 목격하지 못하고 자랐으니 말이다. 만약에 어느 한쪽이라도 날로 먹고자 하는 마음이 있다면 갈등이 증폭될 수밖에 없을 것이다. 세상에 공짜는 없다는 진리를 자라면서 작은 가정 공동체에서 보았다고나 할까? 누가 시키지도 않았고 규율이 있는 것도 아니었다. 아홉이나 되는 식구가 있는 집에서 큰소리 나지 않고 평화롭게 살 수 있는 비법은 저마다 각자의 방법으로 서로에게 보탬이 되는 노동을 하였다는 점이다. 시어머니라고 하여 또는 연세 든 노인이라 하여 공밥을 먹지 않았다는 의미이다. 내가 할 수 있는 일을 스스로 찾아서 하였고 그 덕에 집 안이 반질반질 윤기를 냈다. 서로를 대접하며 사는 모습을 보았다. 고생하는 며느리에게 연민을 가지고 위로를 해 주었다. 조용히 노동으로 도와주고 따뜻한 말로 고생했다고 다독여 주었다. 그러다 보니 나중에 할머니의 부재를 가장 크게 느끼는 사람은 어머니였다.

할머니는 언제나 당신의 힘을 보태며 무엇을 하면 며느리가 좀 편할까 싶은 마음을 가지고 도와주려고 애를 썼다. 어머니가 일을 하러 가고 나면 부엌일도 하시고 청소도 하시고 빨래도 하셨는데 그 모든 노동보다 더 중요한 게 있었다. 그것은 바로 할머니가 해 주시는 간식이었다. 어느 부잣집도 그런 맛난 간식을 먹으며 살지 못했을 것 같은 풍요로움을 주셨다. 할머니가 해 주시는 다양한 음식 안에는 손주들을 위한 정서적인 보살핌이 가득 들어 있었기 때문일 것이다. 간식이라고 해 봐야 주로 밭에서 나는 감자, 고구마, 개똥참외, 토마토, 옥수수 등이었다. 식구가 많은 탓에 제 몫이 각각 있었다. 그렇게 하지 않으면 먹는 사람은 먹고 그 자리에 없는 사람은 못 얻어먹기 일쑤여서 그런 자율적인 규칙이 있었던 것 같다. 그때는 모든 게 맛나고 모자랐다. 게 눈 감추듯이 제 몫을 먹어 치웠다. 그러고는 출타했던 다른 식구가 돌아와서 먹는 모습을 침을 흘리며 보고 있노라면 어른들은 괄시를 할 수가 없어서인지 조금씩 나누어 주곤 했다.

할머니는 "고픈 배는 참아도 나쁜 배는 참기 어렵다"라고 하시며 무엇이든 음식을 넉넉하게 하려고 애를 썼다. 할머니 덕분에 우리는 '오늘은 집에 가면 뭐 맛난 게 있을까?' 궁금했다. 봄이면 쑥을 뜯어다 쌀가루와 버무려서 쑥버무리를 해서 바구니에 담아 두었다. 여름이면 텃밭에 심은 감자, 옥수수를 쪄 두었고 가끔은 개똥참외가 열려서 우리를 즐겁게 하였다. 토마토도 주렁주렁 열렸다. 집 담벼락을 타고 올라가던 호박 덩쿨에 호박이 열리면 여름이면 애호박전을 부쳐 먹었고, 가을이면 늙은 호박으로 호박범벅을 쑤었는데 거기에는 고구마도 넣고 팥도 넣어서 그걸 건져 먹는 재미가 쏠쏠하였다. 찹쌀 가루로 만든 새알은 호박범벅에서 건져 먹는 새로운 맛이었다. 가끔은 추수한 녹두로 애기 똥색을 띠는 녹두죽을 쑤어 두었다. 학교에 다녀온 우리는 녹두죽을 별미로 먹었다. 겨울이면 동지가 되기 하루 이틀 전에 팥죽을 끓여서 실컷 먹도록 그릇마다 가득히 담아 두었다. 동치미를 곁들여 먹는 팥죽은 저녁에 놀다가 먹는 별미였다. 팥죽은 동지에 만들어 근 열흘은 두고 먹었다. 냉장고에 넣지 않아도 꽁꽁 언 광에서 사르르 얼은 듯 차가운 팥죽은 뒷집 할매가 놀러 와서 이야기꽃을 피우는 동지섣달 기나긴 밤에 먹는 야식이었다. 팥죽도 동이 나고 먹을 게 떨어지면 땅속에 묻어 둔 무가 등장했다. 날고구마도 깎아서 먹었다. 밤에 나누어 먹는 고구마나 무 맛도 달고 맛났다. 설이 지나고 정월 대보름이면 갖은 나물에 오곡을 가득히 담은 찹쌀밥을 하여 나누어 먹었다. 동지팥죽이나 대보름 밥이 맛나기로 소문난 우리 집에는 손님이 끊이지 않고 찾아왔다.

정월 대보름날 태어난 내 동생

어른들 생일 챙기기도 바쁘다 보니 아이 생일은 입에 올리지도 않고 지나가던 때였다. 그런데 예외가 있었다. 내 동생이 바로 정월 대보름날 태어나서 생일이기도 했다. 아들도 아닌 내리 세 번째 딸이었다. '최 진사 댁 셋째 딸'이라는 유행가가 있을 만큼 인물이 좋아서 묻지도 않고 장가든다는 셋째 딸이 바로 내 동생이다. 그러니 정월 대보름은 생일이 아니어도 먹을 게 많은 날인데 거기에다 생일까지 겹치다 보니 어른들도 "오늘 우리 옥이 생일이네." 하면서 생일 밥이라고 한마디씩 인사를 했다. 동생은 평생 잊어버리지 않고 생일 밥을 얻어먹는

운을 타고났다.

할머니가 며느리인 어머니에게 평생 후덕하였으나 내리 세 번째 딸을 낳자 냉담했다고 한다. 당시에 어머니는 남의 집 문간방에 살림을 나서 딸 둘을 데리고 살고 있었다고 한다. 할머니 집과는 바로 옆옆집이다 보니 오가는 데에는 시간이 걸리지 않는 한 동네였다. 젊은 아버지가 노름에 손을 대어 속을 썩이자 제 살림을 하면서 정신 차리라고 살림을 내주었다. 조금 자란 아들은 할머니가 데리고 키우고 있었다. 그런 와중에 셋째 딸을 또 낳는 일이 일어났다. 할머니는 전답을 축내며 노름에 빠진 아들이 미운 터에 반갑지 않은 딸을 또 낳자 며느리에게 첫 미역국만 해 주고 들여다보지를 않았다.

요즘에야 산모용 생리대가 있어서 그것을 쓰면 그만이지만 그때만해도 아이 기저귀도 산모 기저귀도 빨래를 해 대어야 하는 시기였다. 세탁기는 세상에 존재하는 줄도 모르던 때였다. 그러니 많은 빨래는 사람이 강으로 가져가서 해 와야 했다. 특히 피 빨래는 삶아야 하는 거라서 손이 두 배는 들어야 했다.

세 번째 딸을 낳고 몸조리를 해야 하는데 시어머니가 와서 도와주지 않는 것이었다. 그러면 남편이라도 이 상황에서 아내의 일을 도와야 하는데 그것은 기대조차 할 수 없는 일이었다. 어머니는 아기에게도 산모에게도 댈 기저귀가 없자 몸을 푼 지 초이레가 되기 전에 강으로 피 빨래를 하러 갔다고 한다. 어머니는 고무장갑도 없이 정월달 추운 강가에서 빨래를 해 오니 이튿날 손의 피부가 홀라당 모두 벗겨졌다. 찬물이 닿은 부위는 모두 벗겨져 이게 무슨 일인가 싶었다. 그때 고생을 해서인지 그 후로 손에 습진이 생겨서 평생 고생을 했다. 어머니는 습진으로 고생하면서 동생을 낳았을 때 산바라지를 해 주지 않아서 찬물에 손을 담그고 피 빨래를 했기 때문이라고 믿었다. 부처님 가운데 토막 같던 할머니도 며느리가 셋째 딸을 낳자 들여다보기도 싫었던 것이다. 시어머니 심보는 하늘이 낸다더니 그때 발동을 했나 보다 하였다.

그래도 대보름날 태어난 동생은 무럭무럭 자랐다. 뭐든지 잘 먹고 토실토실 잘도 컸다. 최 진사 댁 셋째 딸 같은 인물은 아니었지만 아프지 않고 잘 자라는 것만 해도 고마운 일이었다.

살림 밑이 맑아서

'식구가 단출하다'는 말은 밥을 일상으로 같이 먹는 사람이 몇 되지 않는다는 뜻이다. 내외와 자식들뿐으로 단출한 집에는 객식구도 별로 오지 않는다. 우리 할머니도 삼촌네 집에서는 사흘을 넘기지 못하고 집으로 돌아오셨다. 가을걷이 후에 무겁도록 이것저것 챙겨서 가셨지만 둘째 아들네에서는 마음이 편하지 않다고 한다.

"집 난 집(지차 아들네)에 가 보면 살림 밑이 훤히 보인다."

"작은아들네에서는 왠지 애들 양식을 축내는가 싶어서 불안한 마음마저 들더구나."

"내 집으로 가야 편하지. 작은아들네에 가면 어미도 손님이다."

할머니는 작은아버지 집에 가셔서 이틀을 못 넘기고 돌아오시곤 하였다.

"농사지어서 먹는 게 어둡지, 무엇이든지 돈을 주고 사 먹어야 하는 살림살이가 오죽할까." 하시며 먹을 게 넉넉하지 못할까 봐 걱정을 하셨다.

집 안을 깨끗하게 치워 두고 사는 모양도 농사를 짓지 않으니 먹을 게 없어서 그런가 싶은 마음이 든다고 하셨다. 천 가지 만 가지 무엇이든 돈을 주고 사 먹어야 하니 살림 밑이 맑다고 하셨다. 그래도 농사짓는 집은 살림 밑이 어둡다고 하시며 가까이 살면 철철이 나누어 주고 싶은 마음을 표현하시곤 했다. 작은 집까지 가려면 차를 타고 가야 하는 거리라 마음대로 오가지 못하는 것을 안타깝게 여기셨다. 지금은 집집마다 자동차가 있어서 30분이면 오고 가는 거리지만 할머니 살아생전에는 작은집에 가려면 버스 타고 읍내까지 가서 다시 기차를 타고 가야 했다. 할머니는 둘째 아들네에 한번 다녀오고 싶어도 큰마음을 먹어야만 했다.

할머니는 이야기 전달자

할머니는 많은 이야기를 전해 주는 구전 동화의 전달자이기도 했다. '옛날이야기 보따리' 풀어 달라고 부탁을 하면 그때부터 할머니의 이야기는 시작되었다. 심청전, 장화홍련전, 흥부전, 콩쥐팥쥐, 금도끼 은도끼, 해님 달님, 혹부리 영감, 홍길동전 등을 구연하셨는데 최고의 이야기꾼이었다. 지금도 잊을 수 없는 할머니의 목소리를 듣는 듯한 구절이 있다. 그것은 심청전이었는데 나는 할머니의 이야기 속으로 빠져들었다. 내일이면 인당수로 팔려 가는 청이가 잠을 이루지 못하고 혼자말로 읊조리는 대목이다.

"닭아, 닭아, 울지 마라.

네가 울면 날이 새고

날이 새면 나 죽는다.

나 죽기는 섧지 않으나

앞 못 보는 우리 부친을 어찌할꼬."

하면서 흐느끼는 장면이다. 할머니의 심청전 이야기는 사언절구로 이어져서 외우기도 좋고 전달하기도 좋은 방법을 선택하고 있었다. 뿐만아니라 노래를 하듯이 느리고 구슬프게 구연하여 이야기를 듣는 동안 나는 청이가 너무 불쌍해서 눈이 붓도록 울었다.

할머니가 들려주는 옛날이야기를 들으면 이야기 속 상황이 영화처럼 눈앞에 펼쳐졌다. 마음껏 상상하고 살을 더 보태기까지 하면서 이야기에 빨려 들어갔다. 어린아이에게 할머니나 어머니, 또는 친밀한누군가가 구연 동화를 해 주거나 책을 읽어 주는 일은 아이가 그 상황을 그려 보게 하는 일이다. 책을 읽을 줄 아는 나이가 되어도 그것은 마찬가지다. 그래서 아이가 잠들기 전에 옆에 누워서 동화책 한 권읽어 주는 것은 아이의 지적 호기심을 자극하는 일이며 문장 속에 녹아 있는 행간의 의미를 스스로 깨우치게 하는 바탕이 된다.

군에 보낸 두 아들을 잃고

할머니는 아버지 아래로 아들 셋과 딸 하나를 더 두었다. 할머니는큰 키에 마른 몸을 지녔고 돌아가실 때까지 허리가 곧았다. 어머니 세대까지만 해도 여인들은 대체로 키가 작은 편이었다. 그런데 할머니는유독 동네에서도 우뚝 키가 큰 어른이었다. 할머니 덕분인지 아버지,

작은아버지와 고모 모두 큰 키에 동네가 훤하도록 인물이 좋았다. 할머니는 맏며느리로 시집와서 아들을 내리 넷이나 낳고 막내로 고모를 낳아 고모는 고명딸로 귀하게 키웠다. 이야기 전달자였던 할머니 덕분에 아버지를 비롯해서 작은아버지와 고모 모두 이야기꾼이었다. 작은아버지와 고모가 들려주는 이야기 덕에 나는 먼저 간 삼촌 둘을 그려볼 수가 있었다.

내가 태어나기 전에 장성한 두 삼촌은 군에 가서 제대를 며칠 앞두고 차례로 비명횡사하였으니 만날 수 없었던 사람들이었다. 할머니에게 셋째, 넷째 아들이었다. 어머니의 기억에도 분명하게 자리했다.

"그렇게 인물 좋은 사람이 또 있을까 싶었지. 노래도 잘 부르고 나에게도 형수님, 형수님 하면서 얼마나 살갑게 했는데……."

작은아버지만 해도 인물이 좋아서 보병이나 공병으로 가지 않고 헌병대에서 근무를 마치고 병장 제대를 했다고 한다. 예나 지금이나 군부대 입구에서 들고나는 사람을 맞이하는 일을 하던 헌병대는 아무나 가는 곳이 아니라고 한다. 소위 헌병대 옷을 입혔을 때 말쑥하니 꽃미남 같은 핏이 나와야 뽑힐 수가 있었다고 한다. 우리가 보아도 작은아버지는 멋졌다. 모양만 멋진 게 아니라 마음도 비단 같은 분이다. 작은아버지는 전쟁이 끝나고 7~8년이 지난 시점이었지만 군에서는 밥을 양껏 주지 않았다고 한다. 배고픈 군인이 고픈 배를 참고 서 있는 것이 가장 힘이 들어서 작은아버지는 날마다 탈영하고 싶었다고 고백했다. 정말이지 상상이 되지 않는 풍경이다.

남자는 군대를 다녀와야지

1960년대 초반, 집집마다 식구는 많고 마땅히 일자리도 없던 시절이었다. 아버지 세대의 형제들이 청년기를 맞이하였고 아버지 또래의 사람들은 결혼을 하여 아이들이 서넛 딸린 가장이 된 시기였다. 대가족으로 살아가던 때였다. 아버지를 중심으로 보면 당신의 어린 아이들과 아내가 있고 부모님과 미혼의 형제들, 그 위로 할머니를 모신 대가족이었다.

그러다 보니 일단 남자는 군대를 다녀와서 무슨 일을 할 것인지를 생각하고 장가를 드는 것을 자연스럽게 여겼다. 군대에 가는 일은 스물 남짓한 시기에 통과의례처럼 당연했다.

'대한민국의 건강한 남자라면 군에 다녀와야 어디 가서든지 대우를 받을 수가 있어'라는 문화가 퍼져 있었고, 군대를 다녀온 사람들은 그 이야기만으로도 몇 날 며칠을 밤샐 만큼 수많은 사연을 안고 있었다. 그때나 지금이나 변함없이 취업이나 결혼을 할 때에도 빠지지 않고 묻는 말 중의 하나가 "군대는 잘 다녀왔니?"이다. 군대를 잘 다녀온 남자라야 기본적으로 별 하자가 없다고 믿었다. 어려운 군 생활을 무사히 마치고 돌아왔으니 웬만한 어려움은 극복할 수 있는 끈기와 생각이 있을 것이라는 공감대가 형성되어 있었다. 그만큼 병역의 의무는 중요했다. 더구나 전쟁을 경험한 세대가 아닌가? 1960년대 초중반만 해도 당시에 청년기의 남자들이 내세울 만한 것 중에서 '군필자'라는 것이 유일할 수도 있었다. 나라를 위해서 청춘을 바치고 돌아온 용사라는 의미로 국가가 이를 보증한다는 뜻을 담고 있었다.

죽은 자는 말이 없었다

할머니는 다행히 전시가 아닌 평시에 아들을 군대에 보내고 그저 무사히 돌아오기만을 기다렸다. 위로 둘은 무사히 제대하였으니 셋째, 넷째도 부디 잘 견디고 돌아오라는 말밖에는 달리 방법이 없었다. 그런데 군에 보낸 셋째 아들이 죽었다는 청천벽력 같은 소식이 왔다. 할아버지는 병석에 누워 있었고 할머니는 길을 나설 엄두도 내지 못했다고 한다. 아버지와 작은아버지 두 형제가 시신이라도 보겠다고 군부대를 방문했다. 사인은 병사라고 했다. 스물넷의 꽃 같던 청년이 병사라니 믿을 수가 없었다. 그런데 아파서 죽었다는 동생의 시신은 이미 한 줌의 재가 되어서 형들을 맞이했다. 그럴 리가 없다고 어떻게 죽었는지 시신이라도 봐야 했지만 이미 화장한 유골은 말이 없었다. 그나마 위로가 되었던 것은 군에서 죽었으니 동작동 국립묘지에 안장해 준다는 것이었다. 국립묘지에 묻힌다 해서 전사자로 인정되는 것도 아니었다. 공식적인 사인은 병사였기 때문이다.

셋째를 군에서 그토록 허망하게 잃고 정신도 못 차리고 넋을 놓고 있는데 또다시 비보가 날아들었다. 제대를 한 달 정도 앞두고 마지막 휴가를 다녀간 넷째가 죽었다는 연락이 왔다. 사인은 또 병사라고 했다. 장대 같은 아들이 아파서 죽었다니 세상에 믿을 부모가 어디에 있을까마는 당시만 해도 군에 이의를 제기하는 것은 있을 수 없는 일이었다. 아버지와 작은아버지 형제가 서로 부둥켜 울며 넷째를 수습하려고 갔다. 넷째 역시 주검조차 보여 줄 수가 없었는지 이미 재가 되어 형들을 맞이했다. 넷째도 동작동 국립묘지에 안장되었다.

할머니는 그렇게 두 아들을 군에 보낸 후에 잃었다. 군대 내 폭력이 말할 수 없이 비일비재하게 일어나던 시기라 맞아 죽었는지 총기 사고로 죽었는지 그 내막은 영원히 밝힐 수가 없었다. 분명한 것은 전사자가 아니라서 국가유공자도 되지 못했다. 그저 재수가 더럽게 없어서 군에서 죽어 나간 사람에 불과했다. 그래서 그런 말이 생겨났는지 모르지만 군에서 죽은 목숨은 개죽음이라 했다. 집에서 기르던 개가 죽어도 이를 안타깝게 여기거늘 사람이 죽었는데도 어디 가서 하소연할 데가 없었다. 할머니는 그렇게 두 아들을 가슴에 묻었다.

한 치 건너 두 치라고 형제들은 또 자신의 삶을 찾아 살아가기 마련이다. 그러나 아들의 시신조차 보지 못한 할머니는 그 마음을 둘 데가 없었다. 설상가상으로 몸져누워 있던 할아버지가 군에 보낸 두 아들을 앞세우고는 이를 견디지 못하고 운명하셨다. 1년 안에 집안의 사내 셋이 유명을 달리했다. 줄초상이 났던 거다. 그래도 산 사람은 살아내었다. 그때 이후에 할머니 가슴에는 단단한 돌이 생겼다. 삼촌이 죽은 봄이면 병이 도졌다. 가슴이 답답하여 콱 막힌다고 했다. 그럴 때면 아버지와 작은아버지가 할머니 배를 주물러 드렸다. 단단한 돌이 박혀서 도무지 내려가지 않는다고 했다. 먼저 보낸 아들이 그 속에서 살아 있다고도 했다.

"어매, 어매, 우리가 있잖아요. 부모보다 먼저 간 놈들은 잊어버리세요"라며 위로랍시고 하나 마나 한 소리를 하면서 안타까워하던 모습이 선하다. 할머니는 졸지에 아들 둘에 딸 하나를 둔 단출하기 그지없는 사람이 되었다.

국립묘지에 묻힌 아들에게 가는 길

그때만 해도 교통수단도 좋지 않았고 나고 자란 곳과 시집온 동네가 할머니가 경험한 세상의 전부였기 때문에 철책선 가까운 전방에서 근무한다는 아들을 만나기 위해 길을 나서지 못했다. 그저 아들이 휴가를 얻어서 집에 와야 비로소 볼 수가 있었다. 죽은 삼촌들은 마지막 휴가를 다녀가고 제대를 바로 코밑에 앞두고 있었으니 도대체 무슨 일이 있었는지 상상이 되지 않았다. 이미 군대를 다녀온 아버지와 작은아버지가 가늠해 보아도 이해가 되지 않는 부분이었다. 어른들의 말로 미루어 짐작해 보면 제대 말년의 병장이 맞아 죽을 리는 없을 것 같고 부대 안에서 미친놈이라도 있어서 총기 사고가 났거나 지뢰를 잘못 밟아서 형체도 알아보지 못할 정도로 산산조각이 나지 않았다면 유족이 시신을 수습하려고 도착하기도 전에 화장을 하여 유골만 내민다는 게 말이나 되느냐는 것이다. 심지어 군에서 내밀었다는 유골이 내 동생 유골이 맞는지 확인할 방법도 없었다. 이런 황당한 일을 겪고도 따질 데가 없으니 기가 막히는 세월을 견디는 수밖에 달리 도리가 없었다.

죽은 아들은 할머니에게 다시는 돌아오지 않았다. 말년 휴가를 나와서 곧 제대한다고 좋아하던 모습이 눈에 밟히고 귀에 쟁쟁하여 그 마지막 모습만을 기억으로 더듬을 뿐이었다. 무사히 제대를 하고 돌아와서 살아 있다면 셋째도 넷째도 장가들어서 식솔을 거느리고 살 터인데, 그토록 살갑게 굴고 착하던 아들은 간 곳이 없으니 할머니 가슴속은 시커먼 숯덩이만 남았을 것이다.

장성한 아들을 군에 보냈더니 아파서 죽었다는 말을 믿을 어머니는 없다. 어린아이도 아니고 장대 같은 스물서넛 된 청년이 아파서 죽었다니 말이 되지 않는다. 두 아들이 죽어서 서울 동작동 국립묘지에 묻혔다는데 할머니 살아서 딱 한 번 가 보았다고 한다. 왜냐면 서울이면 천 리 길인데 죽은 아들 보자고 산 아들을 또 죽일 수가 없었다. 할머니가 혼자 서울에 묻힌 아들을 찾아 나서지 못하거니와 어디가 어딘지를 알고 가겠다고 할 수가 없어서 그저 처분만 기다렸다.

'아무리 살기 바빠도 제 동생들이 묻혔다는 곳에 나를 한번은 데리고 가겠거니.' 하고 말이다. 이런 할머니 마음을 헤아려 아버지와 작은아버지가 힘을 냈다. 서울까지 세 모자가 길을 나서서 다녀오자면 이틀은 족히 걸리는 거다. 전날부터 서둘러 채비를 하여 새벽같이 영천역까지 나와서 기차를 탔다. 기차가 서울역까지 가는 데 6시간이 걸렸다고 한다. 서울역에서 물어물어 동작동 국립묘지를 찾아갔다. 그나마 아버지가 죽은 삼촌들의 부대와 군번, 죽은 날을 기억하고 있어서 입구에서 묘지 안내를 받을 수가 있었다.

동작동 국립묘지에는 전쟁에서 죽은 전사자만 묻히는 줄 알았는데 그나마 군에서 잃은 아들을 국립묘지에 묻어 준 것만 해도 세 모자는 조금은 위로가 되었다. 할머니는 수없이 많은 무덤을 지나서 아들의 묘지를 차례로 찾았다. 한글도 익히지 못한 할머니가 혼자서는 어림도 낼 수 없는 일이었다. 그렇게 딱 한 번 죽은 아들을 만난 후로는 다시는 가 보지 못했다. 죽은 삼촌들은 병사자로 공식적으로 처리되었기 때문에 국가에서는 어떠한 보상도 없었다. 할머니는 그렇게 아들 둘을 나라에 바쳤다. 소위 개죽음보다 못한 병사자로 말이다.

군인 의문사는 지금도 일어나고

군에서 죽은 사람이 어디 우리 삼촌들뿐이었을까마는 그 이유조차 속 시원하게 밝힐 수가 없었다. 국가에 대고 물을 수가 없는 시대를 살았다. 국가라는 철옹성에 모든 것이 가려졌다. 바위에 계란을 던지면 흔적이라도 남지만 국가를 상대로 죽음을 밝히라고 요구할 수 없었던 엄혹한 시절이었다. 군부대가 나와서 민간인을 사살해도 빨갱이로 몰고 가면 그만이었다.

세월이 지나 사리에 밝은 사람들이 늘어났다. 군을 잘 아는 사람도 아들의 죽음을 밝히는 데에는 20년이라는 세월이 가는 나라다. 그것도 지금에 와서야 가능하다. 그러니 60여 년 전에 죽은 아들을 무슨 수로 밝힐 수 있는가 말이다.

지금도 군대 내 폭력으로 사망 사건 소식이 들린다. 더러는 총기 사고로 죽기도 한다. 또 근무 중에 지뢰를 밟아서 큰 사고로 죽거나 다쳤다는 뉴스가 나오기도 한다. 이러다 보니 아들을 군대 보내고 발 뻗고 자는 부모가 있을 것 같지 않다. 삼촌들이 군에서 죽었다는 연락을 받던 그때만 해도 그저 무탈하게 돌아오기를 마음으로 축원할 뿐 3년 동안 면회를 가는 일은 없었다고 한다. 그것은 누구나 마찬가지였다. 군에 보낸 3년은 입 하나를 덜었다고 생각하며 산 시절이었다.

그때에 비하면 요즘에야 물질적인 양적 팽창이 말할 수 없이 늘어났다. 한때 방영되어 눈시울을 붉히게 하던 뽀빠이 아저씨가 진행한 〈우정의 무대〉는 군부대를 방문하여 장병들을 위로하고 그중에 한 명의 어머니가 면회 오는 프로그램이었다. 모든 병사들이 자기 어머니가 틀림없다고 우르르 몰려나오고 마침내 상봉하는 극적 상황을 만들었다. 대체로 너무 멀리 있어서 아들 면회 오기가 어려운 분을 섭외하여 눈물바다를 만들곤 하였다.

요즘은 아들을 군에 보내어도 면회를 자주 가는 부모가 많다. 하지만 자신이 20~30여 년 전에 군 복무할 때만 해도 부모님이 면회를 오시는 일은 아버지가 다정다감하시거나 경제적으로 형편이 되는 집에서나 있는 일이었다. 면회 오는 부모를 둔 전우가 한없이 부러웠던 아버지 세대가 이제 아들을 군에 보내고 있는 나이다. 경제적으로 살림이 많이 나아진 시대를 사는 아버지들은 당신들이 군 복무할 때의 그 기억 때문인지 주말마다 아들 면회를 가자고 먼저 나선다. 군에서 고생하는 아들을 면회 가서 맛난 것도 사 주고 용돈도 주고 오는 세상이 되었다. 아들이 멀리 최전방에서 복무한다 해도 집집마다 자동차가 있고 운전하는 건 기본이니 식구끼리 나들이 삼아 면회 가는 모습은 자연스러운 일이 된 것이다. 면회에 대한 풍경도 이렇게 달라졌다.

누구에게나 소중한 게 자식이다. 아들 낳았다고 좋아하며 잘 키워서 '병역의 의무는 신성하다'면서 군대에 보내는 일은 모두 같은 줄 알았다. 그런데 그저 아무런 뒷배를 가지지 못한 서민들의 몫이라는 사실이 드러났다. 1997년, 2002년 두 차례에 걸쳐서 이회창은 보수정당인 신한국당 대통령 후보였다. 그는 대쪽 이미지로 이 나라의 대통령이 되고자 하였으나 두 아들의 병역특혜 문제가 세상에 알려지면서 주저앉게 되었다. 돈 많고 권력 있는 사람들은 갖은 이유를 대며 아들을 군대에 보내지 않았다. 대통령 후보로 나온 사람도 두 아들을 군에 보내지 않았다. 수많은 고관대작들도 군에 가지 않고 이 나라의 높은 지위를 얻어 떵떵거리며 살았다. 군에도 가지 않은 사람들이 국가

안보를 논했다. 이런 사실이 드러나자 대부분 군에서 죽을 고생을 한 국민들은 분노했다. 그래서 이러한 세태를 가리켜 군 면제자는 신의 아들, 공익근무를 하는 사람은 장군의 아들, 군에 가서 빡빡 기는 일반인은 사람의 아들이라고 명명하였다. 신의 아들, 장군의 아들, 사람의 아들이라는 피라미드가 아주 견고하게 만들어져 있었다. 여기에 하나 더 보태어졌다. 군에 가지 않는 계급이 하나 더 생겼는데 그것은 바로 '재벌의 아들, 손자' 등이다. 드라마에서도 이러한 세태를 반영한 대사가 나온다. 바로 재벌의 개망나니 아들이 안하무인 격으로 갑질을 하는 장면에서 승계구도에서 밀려난 사촌 형을 가리키며 "얘는 우리와 달라. 군대도 갔다 왔어"라고 한다. 즉 재벌의 아들이 군대 가는 일은 거의 없다는 것을 반증한다. 현 세태를 그대로 드러내는 기가 막힌 말이다. 우리 할머니는 아들 넷을 군에 보냈다가 둘을 잃었다. 죽은 두 삼촌은 사람의 아들이었다.

군에 가지 못하는 사람들

한편 사람으로 태어났으나 사람의 아들에도 낄 수 없었던 사람들이 있었다. 군에 가고 싶어도 갈 수 없는 장애를 가진 사람들과 종교를 이유로 총을 들지 않겠다는 신념에 따라 군에 가는 대신 감옥을 선택하는 사람이 바로 그들이다. '여호와의 증인' 신도들은 그들의 종교적 신념에 따라 감옥을 선택했다.[22] 처음 시작은 '여호와의 증인' 신도

22. 매일종교신문 2019.09.02.

들이 일제강점기였던 1939년 6월, 천황 숭배와 징병을 거부한 일명 '등 대사' 사건이다. 당시 '여호와의 증인' 신도 66명이 체포되었고, 33명이 감옥에 수감되었으며 6명이 감옥에서 사망하는 일이 발생한다. 일제의 강제징병을 거부하면서 감옥행을 선택한 이들은 해방 이후에도 집 총을 거부하여 군대를 안 가는 대신 감옥을 다녀옴으로써 사회적 소수자가 되었다. 이후 '여호와의 증인' 신도들은 대체복무제를 요구하는 목소리를 줄기차게 내었다. 군 복무를 둘러싼 오랜 사회적 갈등과 공론화 과정을 거쳐 2018년 11월에 와서야 비로소 '양심의 자유'를 우리나라에서도 실현하게 되었다. 군 복무냐 감옥이냐의 양자택일을 강요했던 우리 사회에 마침내 대체복무가 가능한 대법원 판결이 내려졌다. 종교와 신앙의 자유를 지키기 위하여 병영 입소를 거부하는 것을 양심의 자유로 인정한 것이다. 대법원은 현행 병역법이 헌법 제19조에 명시한 '양심의 자유'를 위배한다고 병역법을 개정하라고 판결하였다.[23]

이 역사적인 판결은 징병제 국가라 할지라도 민주주의 사회라면 양심의 자유로운 형성과 실현을 함에 있어서 외부의 강제를 받지 않을 권리를 보장해야 한다는 의미이다. 이는 민주주의 국가의 세계적 흐름에 부합하는 것이고 군 복무 아닌 다른 방법으로 국가에 봉사하려는 그들의 의지를 우리 사회가 수용한 것이다. '모 아니면 도'의 이분법이 아니라 다양한 길을 갈 수 있도록 제3의 길을 연 것이다. 대체복무제는 징병제를 채택하고 있거나 채택했던 거의 모든 선진국에 존재하거나 존재했던 제도이다. 유엔인권위원회와 가톨릭 로마교황청, 또 대부분의 종교계에서도 대체복무제를 권고하고 있다.

---

23. 연합뉴스, 2018.11.01 대법원 판결.

그런데도 그동안 우리나라에서 대체복무제를 도입하지 못한 것은 일제강점기와 박정희, 전두환 군사 쿠데타로 형성된 군사 문화의 영향, 그리고 '여호와의 증인' 신도들에게 특혜를 줄 수 없다는 보수 기독교 교단의 반대 등 여러 가지 비합리적 이유가 사회문화 전반에 걸쳐서 팽배했기 때문이다. 특히 '여호와의 증인' 신도들의 종교와 양심의 자유에 의한 병역거부 행위를 '병역기피'로 몰고 가는 사회문화가 한 축을 담당하였다.

우리 동네 여덟 어린이가 숨진 사건

1983년 봄날에 우리 동네에서 엄청난 비극적인 사건이 있었다. 그것은 일곱 살 된 어린이부터 초등학교에 다니던 어린이 여덟이 한꺼번에 숨진 참사였다. 나는 당시에 집을 떠나 대구에서 고등학교를 다니고 있었기 때문에 이 사건을 텔레비전 9시 뉴스를 통해 알게 되었다. 아이들은 여느 때와 같이 따뜻한 봄이 되자 동네 뒷산으로 놀러 갔다. 상준이를 비롯한 여덟 명의 어린이들은 6·25 전쟁 때 불발이었던 수류탄을 발견하여 가지고 놀다가 터져서 한꺼번에 목숨을 잃었다. 온 동네가 아이를 잃은 이 사고로 또 한 번의 난리를 겪었다. 6·25 전쟁이 끝난 지 30년이 지났는데 불발이었던 수류탄이 아이들의 손에 우연히 들어가게 되었고, 그것이 터져서 남자아이 여덟이 무참하게 죽은 사건이었다. 영천 지역은 6·25 전쟁 당시 남북이 서로 밀고 밀리는 격전지였다. 포항, 경주, 영천, 창녕, 마산이 무너지면 부산까지 넘어갈 수도 있어 이 지역은 수많은 사람이 죽고 다치는 참혹한 전쟁의 현장이었다. 전쟁이 끝난 지 30년이 지나서 아이들의 손에 불발탄이 들어가 그토록 참혹한 지경을 만들었다. 그때까지 전쟁은 끝나지 않은 것이나 다름없었다. 전방에 군 복무를 하다 죽은 사람도 지뢰를 밟았는지, 수류탄이 터졌는지, 아니면 총기 사고인지 그때 우리 민간인은 알 수 없었다. 그저 군에서 죽은 목숨은 개죽음이라는 말밖에 달리 표현하지 못했다. 멀쩡한 동네 뒷산에서 어린이 여덟이 놀다가 사고로 죽은 사건으로 전쟁의 후유증이 30년이 지난 민가로 내려온 꼴이었다. 할머니는 이 사고를 보면서 그만 넋이 나간 듯했다.

20세기는 세계적인 전쟁의 시기였다. 그 가운데 자본주의와 공산주의의 대결 구도로 만들어진 한반도는 3년 동안 피비린내 나는 전쟁을 겪었다. 그 후로도 좌우 이데올로기에 의해 양분되어 수많은 사람들이 자기 의지와는 무관하게 목숨을 잃거나 감옥에 가거나 사회적 소수자로 전락하여 핍박을 받았다. 이를 경험한 많은 양심적인 세력들이 이제 더 이상 전쟁은 하지 말자고 외치는 상황이다. 한반도에 전쟁의 상흔을 없애고 평화를 정착하기 위한 노력이 이루어져야 비로소 진정한 의미의 평화로운 삶이 가능할 것이다. 전쟁의 흔적처럼 남아 있는 대인지뢰와 불발 수류탄을 완전히 제거하고 안심하고 살 수 있는 날이 와야 진짜 평화가 아닌가 싶다.

4.
'장가든다'는 의미

어머니와 아버지는 서로 얼굴도 한 번 못 본 채 중신아비 말만 믿고 결혼을 하였다. 어른들이 맺어 준 인연인데 싫다 좋다 할 사이도 없이 날을 받고 일이 진행되었다. 그러다 보니 신랑각시도 서로 서먹하여 내외하는 사이가 한동안 이어질 수 있었다. 그런 상황에서 내 편을 들어 줄 아무런 방패막이도 없이 낯설고 물선 시집으로 밀어내는 것은 너무 가혹하다고 어른들도 생각했다. 그래서 보통 일 년을 친정에서 지내다가 첫아이를 낳고 백일이 지나면 아버지와 삼촌들이 딸과 아기를 시집으로 데려다주었다고 한다. 지금은 그런 풍습이 사라져 이를 기억하는 사람들조차 얼마 되지 않는다.

결혼식은 보통 신부 집 마당에서 하기 마련이었다. 신랑은 사모관대를 갖추어 입고 조랑말을 타고 처가로 와서 결혼식을 올렸다. 신부를 배려해서이기도 하지만 장가드는 일이니 처가에서 시작하는 셈이었다. 요즘은 양가에서 의논하여 결혼식장을 잡지만 그래도 신혼여행에서 돌아오면 처가에 먼저 가서 인사를 하고 시가로 가는 행보가 남아 있다.

신랑은 결혼식을 올린 후에 신부가 시댁으로 오기 전에 뻔질나게 처가를 드나들곤 했다. 처음으로 이성에 눈을 떴으니 오죽했을까. 이를 두고 '장가간다' 또는 '장가든다'라는 말이 나오게 되었다. '장가'란 장인, 장모의 집을 말한다.

아이를 낳아서 시집으로 가기 전에는 남자가 '장가든다'고 하여 시시때때로 처가에 드나들며 아내와 동침하고 아내가 어여쁘면 아예 처가에 눌러앉아 살다시피 하는 사람도 더러 있었다고 한다. 그러면 마을 사람들이 부러움 반 시샘 반으로 누구네 사위는 문턱이 닳도록 처가에 드나든다며 흉을 보았다고 한다.

'아내가 예쁘면 처갓집 말뚝에도 절을 한다'는 말이 이래서 생겼는가 싶다. 얼굴도 못 보고 어른들이 맺어 주는 여인에게 장가를 들었는데 아내가 마음에 쏙 들다니 그것은 아마도 횡재한 기분이었을 것이다. 그러니 장가들어서 며칠을 처가에서 보내고 대개는 본가로 돌아와서 점잖게 농사일을 하다 보면 새색시가 친정에서 아이를 낳았다는 소식이 오기 마련이었다.

그런데 그새를 못 참고 사흘이 멀다 하고 처가를 드나들거나 아예 처가에 눌러앉아서 백년손님이 아니라 상머슴 노릇을 자처하기도 하여 본가에서도 처가에서도 흉이 이만저만 아닌 사람도 있었다. 그럴 때는 우물가에 모인 동네 아낙네들의 입방아에 오르며 질투 어린 시선을 받아 내야 했다. 이런 경우 장인, 장모는 일단 한시름 놓게 된다. 장가들어서 아내 곁을 떠나고 싶지 않은 사위가 어여쁘다고 할 수 있을 것이다.

그러나 사위 밥을 해 주어야 하는 사람은 여간 난감하지 않았다. 어느 집이든 입 하나가 무서운 시절이었다. 전쟁이 끝나고 아무것도 남아 있지 않던 그 시절에 귀한 손님 중의 손님으로 여겼던 사위가 제

집에 가지 않고 밤낮없이 처가에 있거나 사흘 걸러 하루씩 내왕을 하면 무엇으로 밥상을 차려 줄 것인가 하는 현실적인 문제에 부딪치는 것이다. 내 딸을 사랑하여 그 마음을 숨기지 못하고 자주 오는 일은 고마우나, 없는 살림에 씨암탉마저 다 잡아서 대접을 했는데 참으로 큰일이다. 밥해 주는 사람이 장모라면 그나마 다행한 일이다. 장모가 부엌살림에서 손을 떼고 그 며느리가 주장하는 살림이면 보통 일이 아닌 게다. 소위 시매부가 먹을 밥상에 얹을 반찬 때문에 걱정이 태산인 터에 시어머니는 사위 밥상에 놓을 반찬이 허술할까 봐 부엌을 드나들며 신경을 쓰니 고된 시집살이에 걱정 하나를 더 보태는 꼴이 되니 말이다. 올케 입장에서 보면 결혼한 시누이가 얼른 시집으로 가기를 바라는 마음이 생기지 않을 수가 없다. 날마다 '시매부'라는 손님 밥상을 차려야 했기 때문이다.

그렇게 일 년 정도가 되면 어른들도 더 이상 딸을 붙들고 있을 명분이 없어진다. 결혼을 하였으나 친정에 머물고 있는 아내가 보고 싶어서 들락날락하는 동안 처가의 일손도 거들고 소위 점수를 따기 좋은 시기였다. 또 처가 식구들이 장승같이 있으니 아내에게도 잘하려고 애를 쓰는 기간이었다.

'아무리 생면부지의 남녀가 만났어도 부부의 연을 맺고 이제 아이도 태어났으니 어려운 일이 있더라도 아이를 의지하고 잘 살겠지.'

친정 부모는 그렇게 생각하면서 고생길이 훤히 보이는 시집으로 보내야 했다. 아이를 의지하고 시집살이가 고되고 힘들어도 참고 견딜 것이라는 마음이었다.

만약 친정이 좀 경제적으로 여유가 있거나 방구깨나 뀌는 집안에서는 첫아이가 태어나도 딸을 더 데리고 있고 싶은 부모 마음에 차일피일 미루면서 핑계를 찾았다.

"아직 우리 딸아이가 아무것도 할 줄을 몰라서 집에서 더 가르쳐야 합니다. 조금만 더 데리고 있다가 아기 첫돌이라도 하고 나서 가면 안 되겠습니까?"

심지어 어떤 경우에는 둘째 아이가 들어서고 나서야 시집으로 딸을 데려다주었다고 한다.

시집 식구들도 손자가 태어났다는데 보고 싶은 마음에 며느리가 손자를 안고 이제나 오려나 저제나 오려나 하여 기다렸다. 귀한 손자를 실컷 볼 수 있을 뿐만 아니라 그날부터 며느리라는 일꾼이 하나 생기는 거니까 기다리는 것은 당연지사였다. 며느리가 와야 아들도 마음을 잡고 처가에 들락거리지 않을 테니 말이다.

5.
'시집간다'의 의미

　남녀가 결합하여 아내와 남편으로 사는 일은 '결혼한다' 또는 '혼인한다'라고 하고 그 예식을 '결혼식'이라고 한다. 요즘엔 '결혼한다'라고 하는 게 맞는 표현이다. '시집간다'는 말은 남편의 집으로 들어간다는 의미를 내포하고 있기 때문에 분가하여 따로 살림을 하는 경우에는 맞지 않는 말이다. 흔히 여자들은 결혼을 '시집간다'라는 말로 대신하는 경우가 있는데 그 의미에는 더 많은 뜻을 담고 있다. 남편의 집을 시집이라 하고 아내의 집을 처갓집이라고 하는 데에서 생각할 일이다. 결혼을 하여 남편과 아내가 둘이서 살림을 일구며 살게 되는 경우에는 자기들의 집이 되는 것이다. 살림을 따로 하지 않고 시집에 들어가서 대가족 제도를 이루며 사는 경우에 '시집간다'라고 할 수 있다.

　친정살이를 마치고 시집으로 갈 때에는 친정아버지와 삼촌, 오빠들이 동행하여 데려다주는 행보를 잊지 않았다. 사돈댁 사는 모양도 보고 딸아이 천대하지 말고 잘 지내게 도와 달라는 식의 무언의 압박인 셈이다. 또 이제 시집살이를 시작하는 딸아이가 안쓰럽고 처연하여 첫날이라도 편히 쉬게 하고 싶은 아버지 마음에서 사위를 앞세우고 데려다주었다. 즉 딸아이 뒤에는 우리가 있다는 것을 과시하려는 숨은 의도도 작동했을 것이다. 또 아버지 입장에서 딸아이의 시집 살림살이는 윤기가 나는지, 안사돈 품성은 어떠한지, 사돈댁 사람들은 순하고 어진 성품인지를 보려고 했다. 왜냐면 딸이 장차 살아갈 집이기 때문이다.

'딸은 출가외인이라 하여 시집을 가면 죽어도 그 집 귀신이 되어야 한다고 가르쳤는데, 시집 식구들이 어진 사람들이어야 할 텐데.'

이런 걱정이 되었던 것이다. 친정아버지 일행은 아침나절에 나서서 점심은 사돈댁에서 먹고 술을 대접받은 뒤에 집으로 돌아오는 일정이었다. 딸이 잘 살기를 빌면서 말이다.

시집에서는 며느리가 오는 첫날인 데다 사돈이 같이 오는 날이니 아침부터 준비하느라 분주하다. 이웃에 살고 있는 일가친척들이 새사람을 구경하고 일손도 도와주려고 모여든다. 며느리가 시집으로 온 첫날에는 일손도 풍부하고 모여든 일가친척들에게 흉을 잡혀서도 안 될 일이다. 바깥사돈 일행도 사랑채에서 지켜보는 상황이다. 그런 사정인지라 첫날 첫 끼는 새사람을 위한 큰상을 차렸다. 며느리에게 해 주는 처음이자 마지막 밥상이라고 할 수 있었다.

새 며느리는 친정아버지 일행이 데려다준 덕분에 마음이 한결 나았을 것이다. 친정아버지가 시아버지와 이런저런 이야기를 하며 잠시 머물러 계시는 시집에서 큰상을 받아 밥을 먹었다. 부엌에는 시어머니를 비롯하여 일손을 돕는 여인들이 있다. 혼자 먹기 불안할까 봐 아들과 겸상하게 하여 방으로 들여보냈다. 시집와서 받는 가장 큰 대접이다. 그다음부터는 시집온 며느리가 차려 주는 밥상을 어른들은 받는다.

둘째나 셋째 아들과 혼인을 하는 여성의 경우에는 신행을 다녀오거나 친정에서 며칠을 묵고 나서 신랑과 같이 시집으로 왔다. 시집에 와서는 적으면 이레, 많으면 한 달 정도를 시어른들께 아침저녁으로 인사를 하고 나면 바로 자기들만의 신혼집으로 가서 그들만의 보금자리를 엮었다. 굳이 친정에서 일 년을 묵힐 이유가 없는 경우이다. 자기들끼리 의좋게 살기만 하면 되는 것이라 어른들과 함께 사는 첫째 며느리에 비하면 외부적인 압력은 비교할 수 없을 정도로 적었다. 물론 시집 법도를 익힌다는 명분으로 둘째, 셋째와 결혼을 해도 시집에서 분가하지 않고 몇 달에서부터 일 년 정도는 함께 사는 경우도 있었는데 그런 경우는 두 가지였다. 시집이 떵떵거리도록 잘사는 집이거나 살림을 내어 줄 형편이 어려워서 차일피일 미루다가 늦어지는 경우였다.

신랑이 솜씨가 있어서 직장이라도 있으면 먹고살 방도가 있으니 금방 살림을 나기 마련이었다. 그러나 1950년대나 60년대에 농촌에서 직장이 흔한 일이 아니었다. 얼마 되지 않는 농토에 온 식구가 함께 매달려 입에 풀칠을 하고 사는 것이 일반적인 농가의 사정이었다. 더러 군대에 가서 익힌 운전기술이나 기계를 수리하는 손재주라도 있는 사람이라면 사는 모습이 달라질 수 있었다. 소위 말하는 월급쟁이가 될 가능성이 열렸다. 아니면 '어떻게든 살겠지.' 하면서 도시로 식구를 데리고 돈 벌러 가는 일이다. 타향살이를 시작하는 것이다.

그런데 큰아들과 결혼하는 큰며느리는 친정살이를 마치고 시집에 오면 시부모가 모두 돌아가시거나 시동생들과 시누이들을 모두 혼례를 치른 뒤 분가시켜야 하는 짐을 이고 지고 살아야 했다. 그래서인지 맏며느리가 되는 여성은 주로 친정에서 첫아이를 낳을 때까지 있으면서 시집살이에서 오는 어려움에 대해 마르고 닳도록 훈육을 받았다고 한다. 이러한 제도를 직접 경험한 분들이 아직 살아 계시는 80대 중후반의 어르신들이다.

바로 우리 어머니의 직접 경험담이다. 아무것도 모르고 시집이라고 와서 남의 집이나 다름없는 낯선 곳에서 모든 것을 참으며 살아야 했다. 그런 자신의 삶에 반해 둘째나 셋째와 결혼하는 여자는 며칠만 시집에 있다가 제 집으로 가서 홑 살림을 하니 부럽기 그지없었다.

'무슨 복이 많아서 저럴까.' 싶은 생각이 저절로 들었다고 한다.

한편 장남은 어른들 모시고 사는 입장이다 보니 주로 어른들 눈치 보느라 자식도 마음껏 귀여워하지 못하고 안아 주지도 못했다. 제 자식 어여삐 여겨 안아 주는 것도 층층으로 윗분들이 계시는 집안에서는 흉이었다. 그러니 아내에게 애정 표현은 기대하기 어려운 일이었다. 심지어 우리 때만 해도 그렇다. 손주가 1990년대생인데도 시어머니께서 남편에게 이렇게 말씀하신다.

"너희끼리 있을 때는 어떻게 하든지 간에 집에 올 때는 아범이 애를 띠를 두르고 안고 들어오는 모양새는 하지 말아라."

꼴불견이라는 거다. 남자가 아기 띠를 두르고 제 새끼 예쁘다고 어른들 계시는 집에 들어오는 모습은 보기 싫다고 분명하게 말씀하셨다. 그 이전 세대인 어머니 시대에는 아버지는 엄하고 무서운 분으로 존재했다. 아버지 앞에서는 아이들이 무서운 마음이 들어서 편하게 다리를 뻗고 앉지도 못했다.

어머니를 기준으로 보면 시할머니와 시어머니가 있는 층층시하이다. 어머니가 시집올 당시에는 시아버지와 시할아버지도 살아 계셨다. 그러니까 어머니가 시집을 와서 증조할아버지가 먼저 돌아가시고 우리 할아버지는 내가 태어나기 전에 돌아가셨으니 어머니가 두 분의 밥을 지어 드린 게 10년이었다고 한다. 딸을 보내야 하는 입장에서 보았을 때 층층시하의 큰아들과 혼인을 하게 되었는데 의지가 없는 시집에 바로 들어간다는 것은 불안한 일이다. 아무리 삼종지도니 예법이니 하지만 말이야 쉽지 막상 삶이란 얼마나 고달픈 것인가 말이다. 어머니는 결혼을 하여 친정에서 일 년을 묵히고 아들을 낳아서 백일을 지나고 나서야 시집으로 왔다고 한다. 그때도 스무 살 남짓한 어린 새색시에게 시집보다는 친정이 편하다고 여겨 결혼을 시키되 첫아이를 낳고 나서야 시집으로 보내는 풍습이 있었다. 이는 시집살이를 준비하는 한편으로 친정 부모가 딸과의 이별을 연습하는 기간이기도 했다.

'고추 당초 맵다 하나 시집살이만 할까'라는 말이 있다. 시집살이가 열 배, 백 배 더 맵다는 뜻이다. 고추나 당초가 맵다 해도 그것은 잠시 잠깐 시간이 지나고 나면 회복이 되기 마련이다. 그러나 시집살이에서 오는 설움과 마음 상함은 긁혀서 상처를 남긴다. 사람으로 인해 생기는 생채기는 그 사람이 풀어 주어야 하는데 문제는 상처를 내는 사람은 자신이 뭘 잘못했는지 모르고 상처 위에 또 상처를 내어서 마침내 덧나게 하고 곪아서 터지도록 한다.

식구가 무엇인가? 먹는 입을 말한다. 사람의 입은 하루 세 끼 밥을 달라고 한다. 그것도 맛있는 먹을거리를 원한다. 그러니 식구가 많다는 것은 먹을 게 부족할 확률도 높다. 효도를 밑바탕으로 하는 가부장제 사회에서 시어른 챙기고 남편 챙기고 남편의 대를 이을 아들을 챙기고 나면 밥이며 반찬을 웬만큼 많이 했다 싶어도 늘 부족하기 마련이었다. 그것도 상을 따로따로 보아서 나누다 보면 늘 아쉬웠다. 밥을 한 술 떠서 먹는가 싶으면 그 와중에도 "물 가져오너라, 국이 식었다. 데워 오너라, 숭늉 내어 오너라"라는 주문이 쉴 새 없었다. 엉덩이 편히 붙이고 밥을 먹는 날이 없을 정도였다. 그것도 팔자거니 여기며 살았다. 그나마 배를 곯지 않고 사는 것만 해도 고마운 일이라 여겼다.

어른 모시고 사는 집에서 한 가지 더 어려운 점이 있다. 손님이 끊이지 않고 찾아오는 것이다. 명절이 아니어도 어른을 뵙고 안부를 묻고자 하는 일가친척이 많다 보니 손님 마를 날이 없었다. 그러다 보니 밥상을 여러 번 차려 내야 하는 경우가 많아지는데, 없는 살림살이에 그 고충이 이만저만한 일이 아니었다. 뿐만 아니라 동네 사람들, 근동의 어른들도 오가며 일부러 들러서 연세 많으신 어른을 뵙고 가는 것을 도리로 알았다.

6.
사랑한다면 그들처럼

　같은 시대를 살았다 하더라도 모든 여자가 같은 상황에 처한 것은 아니었다. 그 시절에도 사람마다 다양한 성격과 성정이 있어서 사는 모습도 제각각 조금씩 달랐다. 그것을 소위 사주팔자로 여겨서 당신의 행복은 아예 포기하고 사는 사람도 있었고 부부간의 궁합을 핑계로 여기기도 했다. 그런 와중에 칠푼이, 팔푼이 소리를 들으면서도 아내를 무척 사랑하는 남자도 있어서 동네 여인들의 부러움을 사기도 했는데, 결국 그런 다정한 남자는 가정을 중히 여기고 아이 사랑도 남달라서 책임감 있게 무슨 일이든지 밤낮없이 열심히 하여 집안을 일으켰다.

　아내가 힘이 들까 봐 물을 길어다 주고 나무를 해다가 부엌 가득히 쌓아 주었다. 수시로 부엌에 와서 불을 때어 주고 칼이 들지 않으면 숫돌에 칼을 갈아 주었다. 아내의 노고를 알아주고 당신이 도와줄 수 있는 일을 하려고 스스로 찾았다. 그래서 누구네 대주(아버지)가 가장 아내를 사랑하는지를 알려면 그 집 칼이 어느 정도로 잘 드는지를 보면 안다고 했다. 특별히 할 일이 없으면 부엌칼이라도 갈아 주면서 밥 짓는 아내와 두런두런 이야기를 했다고 여겼기 때문이다.

그 옛날에도 아내를 사랑하는 마음이 있으면 말과 행동 또는 눈빛으로 나타났다. 남자가 특별히 배운 게 있느냐 없느냐의 문제가 아니었다. 오직 자신만을 의지하고 시집온 아내에 대한 연민과 사랑이 바로 그것이다. 서로 얼굴도 못 보고 어른들이 시키는 대로 결혼하여 부부의 연을 맺었다. 특히 장남과 결혼하여 한평생 시부모 모시고 사는 아내라면 남편은 아내를 다독이고 고마워하며 미안해할 줄도 알아야 한다. '말 한마디에 천 냥 빚도 갚는다'라고 했다. 세상 모든 사람이 그 수고로움을 알아준다 해도 남편이 몰라주고 무심하다면 아내는 힘이 든다. 아내가 힘이 들고 마음이 아픈데도 모른 척하는 남자는 남편으로서 빵점이다. 그 옛날에는 대체로 그러했다지만 여인들은 팔푼이, 칠푼이 소리 들어 가면서도 아내에게 다정다감한 남편을 최고로 여겼다. 사랑한다면 그들처럼 서로 눈을 맞추고 소곤소곤 이야기가 끊이지 않으며 하나가 가면 또 하나가 가까이에 가 있어서 둘이 한 몸처럼 일을 해도 같이, 놀아도 같이 노는 모습이다. 다른 사람이 보기에도 어떤 식으로든 표현되기 마련이었다. 이렇게 아들이 좋아서 어쩔 줄 모르는 며느리에게는 범 같은 시어미도 함부로 하지 못했다. 며느리를 하대하는 것은 곧 아들을 하대하는 것과 동일하게 여겨 아들의 마음을 상하게 하는 것을 염려했기 때문이다.

서로 죽도록 사랑하여 결혼해도 사네 못사네 하는 현재의 시선으로 바라본다면 이해할 수 없는 일이 많겠지만 당시에는 누구나 그러하듯이 자연의 이치처럼 남녀가 장성하면 결혼하여 일가를 이루고 아이를 낳아 키웠다.

7.
어디까지 왔나?

아버지는 만능 해결사

겨울이면 문풍지 바르는 일, 명절이 되기 전에 손님 맞을 준비로 문에 한지를 새로 발라서 깨끗하게 하고 마루에 니스 칠을 하거나 벽에 흰 회칠을 하여 집을 단장하였다. 가끔 벽지도 새로 발랐다. 군불을 때고 방 안에서 담배를 피우던 시절이라 벽지도 쉽게 누렇게 변했다. 요즘 말로 하자면 집 인테리어를 아버지가 손수 하는 것을 말한다. 지금도 단독주택에 사는 사람이라면 집을 단장하거나 수리하는 일은 스스로 할 수 있어야 사는 게 편하다. 일일이 사람을 사서 돈을 주고 하자면 끝도 없을 것이다. 국민의 80%가 아파트와 같은 공동주택에 살다 보니 주택관리사라는 새로운 직업도 생기고 이것저것 관리해 주는 사람을 공동으로 고용하여 쾌적한 환경을 만든다.

그러나 아버지 시대만 하더라도 농촌에서는 아버지가 만능 인테리어 기술을 가지고 있어야 살기가 좋다. 아버지는 일을 하자고 마음을 먹고 시작하면 기술자 못지않게 자로 잰 듯이 가지런히 잘한다고 소문이 날 정도였다. 자급자족 생활을 하던 시절에 아버지는 못하는 것

없이 무엇이든 해결해야 하는 기술이 필요했다. 집을 짓고 고치고 단장하는 일도 직접 하였다. 모든 가장은 목수이자 이런저런 것을 고칠 줄도 알고 뚝딱뚝딱 만들 줄도 알아야 집 안팎으로 윤기가 흘렀다. 누가 봐도 가장이 집안을 잘 돌보는 집이라 여겼다.

지붕을 이는 사람들

탈곡을 한 늦가을에 초가지붕을 새로 이는 큰 공사가 있었다. 지붕을 교체하는 일인 만큼 보통 큰일이 아니었던 것 같다. 조금 떨어진 곳에 사시는 이모부가 오셔서 같이 지붕을 이고 일을 마치고 나면 술판을 벌였다. 아마도 이모부가 지붕을 이는 남다른 재주가 있었던 것 같다. 그런 날이면 동네 어른들이 몇 차례나 오셔서 훈수를 두곤 했다. 지붕에 올라가서 일을 하는 사람, 엮은 짚 가래를 지붕 위로 던져 주는 사람, 새끼줄을 던져 주며 훈수를 두는 사람 모두 남자 어른들이었고 여인들은 부지런히 일하는 분들을 대접하기 위해 음식을 만들었다. 대개 지붕을 새로 이는 공사는 이틀 정도에 걸쳐서 마무리되었다.

그러던 초가지붕이 어느 날부터 슬레이트 지붕이나 기와지붕으로 변하기 시작했다. 새마을운동이 시작된 것이다. 그때부터는 초가지붕을 새로 잇는 공사를 할 필요도 없어지고 비도 새지 않는 영구적인 지붕으로 바뀌었다. 지붕에는 붉은색, 파란색 등 주인장의 취향에 따라 알록달록하게 색도 입혔다. 그러는 사이에 초가지붕 위에 올라가서 날렵하게 지붕을 이는 기술을 가진 사람도 사라졌다.

가끔 무너지던 흙 담장은 시멘트 벽돌로 만든 담장으로 바뀌었다.

울도 담도 없던 집들이 경계가 분명하게 만들어지기 시작했고 철 대문을 다는 집도 생겨났다. 동네 공동우물에서 물을 길어 오거나 물한 바가지를 붓고 힘차게 몇 번 아래위로 힘을 주는 펌프로 물을 퍼올리다가 집집마다 수도가 들어왔다. 수도꼭지만 틀면 물이 나오는 세상을 만났다.

대낮같이 밝은 세상을 만나

전기가 들어오기 전에는 일반적으로 호롱불을 썼다. 그러다 손잡이가 있어서 이동이 간편한 호야 불을 사용했다. 호야는 등유를 넣어서불을 붙이고 유리로 둘러쳐 있어서 바람이 부는 날에도 들고 나갈 수가 있었다. 그러다가 1970년대 초중반에야 농촌에 전기가 들어왔다. 어느 날 마을길을 따라 일정한 간격으로 전봇대가 들어서더니 집에도전깃불이 들어왔다. 전봇대는 전기가 들어오는 길이라고 했다. 전봇대에서 이 집 저 집으로 전기를 보내 주었다.

키가 아주 큰 사람을 가리켜 전봇대만 하다고 했고 커플인 남녀가키 차이가 심할 경우에도 전봇대에 매미 붙어 있는 꼴이라고 하면서전봇대를 가리켰다. 전봇대는 워낙 크고 땅에 단단히 박혀 있어서 가끔 아이들은 그것을 타고 올라가는 내기를 하였다. 발 디딜 곳 하나없는데도 날렵하게 척척 올라가는 아이도 있었다. 대체로는 얼마 오르지 못하고 전봇대를 끌어안고 죽는 소리를 냈다.

한전은 발전소에서 생산한 전기를 전국 각지로 보내 주는데 일정한간격으로 전봇대를 세웠다. 우리가 살던 농촌 지역은 대개 50미터 간격으로 세워졌다. 자세히 보면 전봇대는 일련번호가 있다. 전봇대마다 지번이 어디인지를 기록하는 번호를 붙이고 있다고 한다. 그래서 우리나라의 산이나 들, 해안가 어디에서도 위기를 만나 구조를 요청할 일이 있으면 가장 가까운 전봇대의 번호를 말해 주면 쉽게 찾는다고 한다.

그로부터 30여 년이 흐르자 콘크리트 전봇대와 전깃줄로 이리저리 이어지는 모습이 도시 미관에 좋지 않다는 여론이 등장했다. 거기에 다 전봇대 세우는 곳의 토지 소유주에게 사용료를 지급하는 문제 등이 드러나 신도시 건설 1기부터는 아예 전선의 지중화가 이루어지고 있다. 그래서 이런 신도시에서만 살고 있는 아이라면 전봇대가 무엇일까 하는 생각을 할 수 있을 것이다. 직접 전봇대를 보지 않았다면 말이다.

수직으로 세워 둔 전봇대를 떠난 전깃줄이 지붕의 처마 밑으로 들어와 방의 천장과 서까래 밑에 그대로 노출되었다. 부엌과 방에는 60촉이라는 대낮같이 밝은 전구를 달았다. 밤에 마실 온 어른들의 인사말은 "아이고, 이 집에는 어찌 이리도 불이 밝소?" 하는 거였다. 어른들 생각에 어두워도 된다고 여겨지는 곳에는 30촉을, 아래채를 돌아가야 있던 외진 화장실에는 5촉짜리 백열등을 달았다. 형광등이 나와서 훨씬 밝아진 것은 한참 후의 일이었다. 처음에는 어느 집이나 백열등을 달았다. 전기세 많이 나온다고 꼭 켜야만 하는 등만 켰고 전기 절약은 기본으로 지켜야 할 행동 수칙이었다. 농촌에서는 대낮같이 밝은 신천지를 만나 좋기도 했지만 그 대가로 전기세가 많이 나올까 봐 미리 걱정을 했다.

당시에 전기 제품은 구경하기 힘든 시절이었다. 전기도 갓 들어왔으니 말이다. 들어 보지도 못한 외부 세계였다. 유일하게 바깥세상 소식을 알 수 있는 수단은 라디오였다. 라디오는 건전지를 넣어서 들었다. 라디오의 건전지가 수명을 다하면 어른들은 '라디오 밥이 떨어졌다'고 했다. 사람이 밥을 먹어야 살 수 있듯이 라디오도 밥이 떨어지면 그만 제구실을 할 수 없다는 소리였다. 사람이나 라디오나 살아 있는 데에는 밥이 중요했다.

공유지는 부역으로

마을길을 넓히고 마을회관을 지었다. 정기적인 부역 활동에 마을 주민들이 노동력을 제공했다. 한 집에 한 명은 기본으로 동원되었다. 그런 날이면 마을회관에 설치한 스피커에서 동민들에게 알리는 소리가 울려 나왔다. 새마을운동을 한창 진행하던 십수 년간 아버지는 우리 마을 동장이었다. 동네 마이크에 대고 안내방송을 하는 이는 아버지였다.

"동민 여러분, 밤새 안녕히 주무셨습니까? 오늘은 마을 골목과 마을길을 청소하는 날입니다. 청소에 필요한 용품을 가지고 나오셔서 다 같이 마을을 깨끗이 단장하는 데에 참여해 주시기 바랍니다. 다시 한 번 말씀드립니다……."

지금은 웬만한 일은 모두 용역을 사서 한다. 공짜 노동력을 제공하지 않는다. 일자리를 만드는 차원에서도 공짜는 없다. 그때는 부역이라고 하였다. 지금의 공공근로와는 다른 의미이다. 부역이라 하면 돈을 받지 않고 국가에 노동력을 제공한다는 뜻이다. 마을길도 넓히고 수도를 놓고 마을길을 따라 청소도 깨끗이 하고 장마철에 대비하여 배수로를 정리하고 길가의 잡초도 제거하고 도랑도 쳐서 물이 잘 흘러가도록 준비를 했다. 사실 마을 사람들이 부역을 통해 함께 일을 하는 곳은 개인 소유가 아니어서 아무도 돌보지 않을 수도 있다. 공유지의 비극이 될 수 있는 것이다. 한 달에 한 번은 아침부터 한나절 부역을 하고 들어왔다. 주로 동네 남자 어른들이 했다.

지금은 어떠한가? 부역이란 말은 사라졌다. 누구도 강제로 부역을 요구할 수 없는 사회가 되었다. 대신 '봉사활동'과 '공공근로'라는 말이 생겼다. 봉사활동만을 강요하기도 어렵다. 누구나 자본주의 사회를 살면서 돈이 필요하기 때문이다. 적정 임금을 지불하는 게 당연하다. 이제 공짜 시대는 만나기 어렵다. 공공 서비스는 누구나 사용하거나 누리기를 원하지만 값을 지불하려고 하지 않는다. 어떤 사회의 발전 정도나 삶의 질을 보여 주는 한 부분이 공공 서비스이다. 아름답게 잘 가꾸어진 공원, 공공 체육시설, 넓은 도로, 쾌적한 공공 화장실, 잘 꾸며진 꽃밭, 깨끗한 거리 등은 시민들이 사는 환경을 보여 준다. 누구나 당연하게 이용하고 소비하는 공공 서비스 부문도 누군가 지속적으로 품을 들여 재생산하지 않으면 안 된다. 어딜 가도 우리나라만큼 공공 서비스가 잘되는 나라가 있을까 싶을 정도로 발전해 있다. 모두 돈을 들여서 가꾸고 여기에 종사하는 사람들이 있기 때문이다. 정말이지 눈부신 발전이다.

노인 일자리와 공공근로

산업화되고 도시화되면서 점점 노인에 대한 인식이 변했다. 젊었을 때는 가족을 부양하기 위해 평생 일을 했지만 막상 노인 세대가 되자 경제적으로 노후 준비를 하지 못한 사람들이 대부분이다. 전적으로 자녀들에게 의존하던 노인 부양의 문제가 삐거덕거리기 시작했다. 독거노인이 점차 늘어나면서 노인 빈곤 문제가 사회적인 문제로 부각했다. 가난한 노인들은 생계를 위한 일자리가 필요했다. 제 한 입 살기도 버거운 사람들이 부모를 부양하기란 쉬운 일이 아니다.

백세 시대를 살아가는 현대사회에서 노인 빈곤 문제는 정서적 우울을 가져오고 사회와 소통하는 연이 끊어지기도 하는 등 노인들을 벼랑으로 몰고 간다. 이러한 문제를 해결하기 위해 공공근로라는 이름으로 노인 일자리 창출을 많이 한다. 일할 의사가 있는 사람이면 누구나 동사무소에 일자리 신청을 한 뒤에 연락을 기다리면 된다. 어르신들은 주 3회 정도의 일자리를 배정받고 일을 한다. 공원 풀 뽑기, 공공시설에서의 청소, 어린이 등하굣길 안전 지킴이 등 주로 단순한 일이지만 누군가는 꼭 해야만 하는 일이다. 노인들 입장에서도 다른 사람들과 같이 대화를 나누고 스스로의 힘으로 어느 정도의 수입도 창출하니 반가운 일이다. 노인들에게는 일자리가 절실하나 매일같이 일 년 열두 달 일거리를 줄 수 없다. 보다 많은 노인들에게 일자리를 나누는 계산으로 주 3회 정도를 정책적으로 진행한다. 지속가능한 일이거나 안정적인 수입 구조는 아니다. 하지만 공공근로는 일을 할 수 있고 일정한 수입을 얻을 수 있다는 점에서 어르신들의 기대를 받는다.

이는 최저임금을 올려야 하는 이유이기도 하다. 요즘은 어딜 가나 대체로 최저임금을 기준으로 일한 대가를 준다. 최저임금이란 무엇인가? 아무리 노동생산성이 낮다 하더라도 최저임금 이상을 주라는 의미다. 즉 가장 적은 임금의 기준이다. 그런데 최저임금만 보장해 주어도 악덕 업주는 아니라는 인식이 팽배하다. 만약 법으로 최저임금을 강제하지 않으면 기업주는 가급적 낮은 임금을 제시하고 일자리를 구하지 못한 많은 사람들은 점점 더 낮은 임금을 받게 되는 악순환이 이어질 것이다.

우리가 흔히 만나는 노인 공공근로, 편의점이나 커피숍에서 일하는 사람들, 청년들이 하는 아르바이트는 물론이거니와 심지어 회사(대기업 제외)에 입사한 대졸 청년들까지 최저임금을 기준으로 환산한 월급을 받는 경우가 대부분이다. 그런데 우리나라의 물가는 세계적인 대도시 중에서도 비싼 편이다. 사람이 일터로 가기 위해서는 왕복 차비와 그에 소요되는 시간은 필수적이다. 점심 한 끼를 사 먹고 커피 한 잔 정도의 최소한의 소비를 하는 데에도 얇은 지갑을 의식하지 않을 수 없는 현실이다. 명목소득은 상승했으나 물가를 따라잡지 못하는 실질소득으로 인해서 노동자의 삶은 언제나 팍팍하다. 그러다 보니 헌법에도 보장되어 있는 모든 국민의 인간다운 삶을 위해서는 최저임금을 인상하는 방법이 가장 손쉬운 일이다. 모든 국민의 삶의 질을 높이기 위해서는 최저임금 인상에 대한 사회적 합의와 연대가 절실하다. 인간이 인간성을 잃지 않고 존엄한 존재로 살아가기 위해서는 누구나 적정 수입과 적정 소비가 있어야 하기 때문이다.

VII.

유년의 기억

1.
사춘기와 가출

    그네와 시소, 미끄럼틀은 초등학교 운동장에만 있는 진귀한 시설이었다. 아나나 다를까 중학교에는 그네도 시소도 미끄럼틀도 없었다. 그런 것은 초등학생이 노는 놀이터에만 있었다. 중학생 정도가 되면 다른 놀 방법을 찾아야 하는데 놀 수 있는 공간도 없고 친구들끼리 몰려다니는 것도 사고 내기 딱 좋다 하여 허락되지 않았다. 마치 중학생은 이제 더 이상 놀면 안 되는 사람으로 간주되었다.

    물론 그 시절에도 나름 호기롭고 사춘기다 뭐다 하여 방황하던 친구들이 없었던 것은 아니다. 더러는 가출을 하여 이틀, 사흘 학교를 오지 않거나 일주일 이상 무단결석을 하는 아이들도 있었다. 그러면 전교에 소문이 쫙 났다. 그러다 집 나가 방황하던 아이들이 하나둘 잡혀 왔다. 학교에 공고문이 떴다. 게시판마다 전지 크기의 종이에 몇 학년 몇 반 누구라는 이름 석 자를 적어서 공개하였다. 학생들에게 퇴학, 무기정학은 형벌과 같은 것이었다. 그 길로 영영 학교를 떠나 돌아오지 못하는 학생들도 있었고, 더러는 그다음 해에 한 해 후배들과 같이 학교를 다니며 간신히 졸업을 하는 경우도 있었다.

    그때에도 혼자서는 감행하기 어려운 행동이었기 때문에 반드시 무리가 있었다. 하나하나를 보면 모두 착한 아이지만 서너 명 또는 그 이상 무리를 이루는 순간 겁이 없어지는 것은 예나 지금이나 마찬가지인 것 같다. 그때에도 부모님들은 같은 말을 했다.

"선생님께서도 아시다시피 우리 집 아이는 착하기 그지없고 무서움도 많이 타는데 친구를 잘못 만나서 그만……."

어느 부모나 입을 맞춘 듯이 이같이 말하였다. 설마 내 새끼가 그 무리의 선두주자이거나 우두머리라고는 생각하지 못했다.

이렇게 집을 나간 아이들은 도대체 어떻게 일주일이나 열흘을 거리에서 생활했는지 지금도 알 수 없는 일이다. 그들은 그들만의 세계를 가지고 있었던 것 같다. 일단 집에서 돈을 훔쳐서 읍내에 나가서 영화를 보거나 구경거리를 찾아서 돈이 떨어질 때까지 놀다 보면 집 생각이 간절하지만 부모님이 무서워서 선뜻 돌아오지 못하고 이른바 노숙을 했다. 배고프고 추우니 며칠이 지나면 거지 중의 상거지가 되어서 어른들에게 붙잡혀 집으로 왔다. 그중에는 다행히 '집 나가면 고생'이라는 명백한 진리를 터득하여 한 번의 일탈로 끝이 나는 아이도 있었다. 누구라도 그런 경우에는 비싼 수업료 내고 인생 공부를 했다고 여기면 될 일이다.

그런데 무슨 귀신에게 홀렸는지 반복적으로 집을 나가는 아이들도 간혹 있었다. 단 한 번의 가출은 무용담이 될 수도 있었지만 습관성 가출 병을 앓는 아이는 무릇 올곧게 성장하는 걸 기대하기가 어려웠다. '세 살 버릇 여든까지 간다'는 속담에서 짐작하듯이 제 버릇 개 주기는 쉽지 않았다.

중학교에 처음 들어갔을 때 학생주임이라고 자신을 소개하던 무서운 백 주임 선생님은 말했다.

"남녀칠세부동석이라 연애하면 퇴학, 가출하면 퇴학, 무단결석 사흘이면 퇴학, 일요일에 할 일 없이 읍내 나가서 돌아다녀도 퇴학, 몰래 영화 보러 가도 퇴학이다."

갓 입학하는 열네 살 아이들이 듣기에 중학교의 무시무시한 규율이었다. 그래서인지 영화 보러 읍내 나가는 일을 상상하지도 못하고 살았다. 학교에서 틀어 주는 '문화극장'이 유일하게 만나는 영화였다.

세상이 많이 변했다. '학생인권'이라는 단어가 나온 지 20여 년이 되었다. 2000년대 초반에 당사자인 학생들에 의해서 제기되었다. '체벌 금지, 두발 자유'가 학생들이 요구한 가장 뜨거운 화두였다. 우리도 인간이라는 선언이었다. 그러나 '학생인권'이라는 말이 학교에 들어와 시행된 것은 불과 10여 년이다. 어른들은 학생은 아직 어리고 미성숙한 존재여서 가르쳐야 하고 학생다워야 한다는 생각에 사로잡혀 있었다. 그들은 보수적인 언론매체를 통해서 '학생인권'을 이야기하면 사회질서가 단박에 무너지는 것처럼 연일 대서특필하였다. 학생이 교사에게 대들거나 상스럽게 굴어 교실이 붕괴된다고 난리였다. 그러나 이제는 명백한 잘못을 저질러 그에 상응하는 벌을 받게 된다 하더라도 이름을 넣은 공고문을 붙이는 일은 없어졌다. 개인정보를 함부로 흘려서도 안 되거니와 그가 원하지 않는 일을 불특정 다수가 알도록 명기하는 일은 인권 침해이기 때문이다.

학생인권이 '체벌 금지, 두발 자유'에서 시작하여 이제는 보편적 인권에 맞게 학생인권도 보장되어야 한다는 생각이 확산되고 있다. 인권에는 차별이 없어야 하기 때문이다. 비록 학교폭력 가해자라 하더라도 징계 과정이나 결과에 승복해야 처벌이 가능하다. 불복할 경우에는 재심을 청구할 수 있어서 절차상 한층 까다롭게 다루고 있다. 즉 어떤 사람의 인권도 함부로 여겨지지 않고 최대한 보장되도록 법적인 조치를 취하고 있다. 그만큼 우리 사회는 많이 진보하고 있다.

2.

봉인된 학구열

초등학교를 마치고 중학교에 입학하지 못하는 친구도 있었다. 중학교에는 입학금과 수업료를 내야 했기에 돈이 없으면 다닐 수가 없었다. 심지어 초등학교 다닐 때도 육성회비라는 걸 내야 했다. 당시에 시골에는 현금이 없었다. 농사지어서 겨우 식구들 밥 굶지 않고 먹고살 정도의 형편이어서 얼마 되지도 않는 육성회비조차 기한 내에 납부하지 못하는 아이들이 흔히 있었다. 학교에서는 육성회비 독촉을 담임의 일로 여겼다. 그때도 담임선생님이 당신이 맡은 철 모르는 아이에게 육성회비 가져오라는 말을 하고 싶었겠냐마는 학교에서 수업하다 말고 육성회비 가져오라고 아이를 집으로 보내는 경우가 흔하였다. 집에 가 보았자 돈이 없다는 것을 뻔히 아는 아이는 선생님이 돈 가져오라고 쫓아내니 교실 밖으로 나오는 수밖에 달리 도리가 없었다. 가방도 없이 집으로 가는 산비탈에 앉아 저 혼자 한없이 시간을 죽이고 있다가 다시 학교로 간다.

"선생님, 엄마가 내일 준다고 했습니다."

하면서 모기만 한 소리로 말을 하고 제자리로 가서 앉는다. 친구들이 모두 쳐다본다. 어린 나이에도 가난이 너무나 부끄럽다.

'나중에 내가 자라면 돈을 많이 벌어서 내 자식에게는 절대로 나 같은 굴욕을 당하지 않고 살게 해 주리라.'

이런 생각이 가슴을 타고 올라온다. 그다음 날에는 꼭 육성회비를 가져다 선생님께 드리고 싶다. 엄마가 어디에 가서라도 돈을 구해다 주면 좋으련만 그게 가능할지 알 수가 없다.

어린 가슴에도 학교에 낼 돈 때문에 생기는 수치심과 분노가 지글지글 타오른다. 이런 경험을 한 친구는 초등학교를 마치고 중학교에 입학을 못하거나 중학교를 근근이 마치고 나면 공장에 가서 돈 버는 일을 스스로 찾는 경우도 많았다. 학교에 낼 돈이 없어서 받은 상처가 대못이 되어 아이의 가슴에 박혔다. 그 상처가 덧날까 봐 두려워 더 이상의 학구열을 가질 수가 없도록 단단히 봉인되었다.

그렇게 초등학교에서는 얼마 되지도 않는 육성회비 미납 때문에, 중고등학교는 수업료 때문에 고통받던 그들이 자라서 이 나라 경제 발전의 주역이 되었다. 그들이 낳은 다음 세대는 원한다면 누구나 대학 진학이 가능한 시대를 살고 있다. 우리나라는 세계에서 가장 높은 대학 진학률을 자랑한다. 심지어 여학생의 대학 진학률이 남학생보다 높다. 평균 5~6명이던 형제는 한 세대 내려오자 1~2명으로 줄어들었다. 이제는 아들과 딸을 차별하지 않고 가르치는 시대가 되었다. 문맹률이 가장 낮은 나라에서 우리는 살고 있다.

그러나 여전히 부모의 경제력이 아이의 동아줄이 되는 사회이다. 부모의 사회적 지위와 경제력이 높은 집에서 자라는 아이들은 어릴 때부터 좋은 환경을 두루 경험하게 된다. 사교육 시장이 이토록 광범위하게 성장하게 된 이유는 교육의 기회가 그만큼 불평등하다는 구조를 반증하고 있다. 작년에 방영하여 일대 돌풍을 일으킨 드라마 〈스카이 캐슬〉은 우리 시대의 실상을 잘 드러냈다. 너무나 역동적이고 다이내믹한 한국 사회의 성장 동력은 인력자본이라고 볼 수 있다. 중요한 의사결정을 하는 희소한 자리까지 진입하려면 대학을 나와야 한다. 그것도 스카이라고 하는 서울대, 고려대, 연세대를 나와야 그들만의 세상에서 학연을 배경으로 밀어주고 당겨 주는 네트워크에 들어갈 수 있다. 이러다 보니 스카이 대학을 보내기 위해 엄청난 돈이 든다. 조부모는 재벌 정도 되어야 하고 부모는 전문직이거나 엄마는 전업주부로 아이 공부에 대한 정보에 밝아서 과외든 학원이든 척척 이동을 시키며 뒷바라지해야 한다. 이런 사회에서 대부분의 아이들은 스카이 대학에 진입하기는커녕 접근조차 어렵다는 것을 알고 좌절하게 된다. 〈스카이 캐슬〉은 좋은 대학이라는 학벌과 직업을 자식에게 세습시키고자 하는 부모의 욕망을 거침없이 드러낸다.

가난한 집에서도 가끔 공부를 잘하여 어쩌다 대학을 간 사람이 있었다. 부모가 공부하도록 뒷바라지해 줄 형편이 못 되는 경우에 그는 대학생이라는 한시적인 신분은 얻었으나 당장 먹고살아야 하는 문제에 직면하게 된다. 옛날이나 지금이나 이럴 경우 아르바이트를 죽도록 해야 살아갈 수가 있다. 겨우 입에 풀칠하며 살아가야 하는 형편에 남들이 말하는 대학의 낭만은 사치스러운 일이다. 학기마다 등록금 낼 걱정에 대출을 받아서 빚더미 위에 올라앉기도 하고 때로는 사채업자에게 쫓기는 신세[24]가 되기도 한다. 먹고사는 문제부터 해결해야 하는 대학생은 공부할 시간이 없어서 남들이 다 한다는 학점 관리하기도

---

24. SBS에서 2020년 1월 6일부터 2월 25일까지 방영된 16부작 드라마 〈낭만닥터 김사부 2〉에서 의사 서우진의 상황.

어렵고, 어학연수다 교환학생이다 하는 일은 그림의 떡이다. 당연히 성적이 좋게 나올 수가 없다. 공부를 하는 일도 좋은 스펙을 쌓는 일도 지원해 주는 부모가 있어야 가능함을 절감할 수 있다. 그래서 '부모 복이 반ᆤ 복이다'라는 말이 있다. 부모를 잘 만나는 일이 절반의 복을 타고난다는 뜻이다. 그러나 부모를 골라 모두 금수저를 물고 태어날 수 없으니 가난한 부모를 원망할 수만은 없다. 부모에 의해 인생의 많은 부분이 결정될 수 있는 위험사회라는 뜻이다. 기회는 누구에게나 공평하게 열려 있다는 말은 출발점이 다르다는 현실을 부정하는 것과 같다. 같은 능력을 지닌 사람이라 하더라도 부모의 능력에 따라 하늘과 땅 차이의 다른 경험을 쌓고 일생을 사는 동안 그 차이는 더 크게 벌어질 수도 있다.

어쩌다 '개천에서 용 난다'는 말도 옛말이 되었다. 이제 개천은 물이 마르고 바닥이 드러나 미꾸라지조차 살기 힘들게 되었다. 세계에서 가장 높은 대학 진학률을 자랑하는 이유는 부모의 교육열이 높았기 때문이다. 부모 세대는 비록 힘들게 살지만 내 자식만큼은 많이 배워서 더 좋은 직장에서 대우받으며 살기를 바랐다. 우리나라에서 고등교육이 희망의 사다리 역할을 일정 부분은 하였고 중산층을 만드는 데 기여하였다. 그러나 외환위기 이후 중산층이 다시 빈곤층으로 전락할 수 있는 위기 구조가 만들어지고 몰락하는 경험을 하였다. 비빌 언덕을 갖지 못한 사람은 돌아갈 곳이 없다. 새로운 사회의 도래, 즉 4차 미래혁명 사회에 적응하고 능동적으로 대비할 수 있는 재교육이 사회적으로 이루어지지 않으면 또다시 나락으로 내몰릴 사람들을 예측할 수 있다.

산업의 전환과 기술혁신이 가져온 생산성의 증대에서 만들어진 이윤, 즉 자본가가 가져가는 부가가치와 노동자의 임금 격차가 갈수록 커진다. 그러다 보니 빈부격차는 점점 커질 수밖에 없는 구조이다. 자본 시장은 기술 발달에 따른 생산성의 증대에서 오는 이윤을 자본가가 취하고, 거기에 기여한 많은 사람들에게는 차등적으로 조금씩 나누는 구조를 지니고 있다. 특정한 분야의 전문가가 되거나 기술을 가지려면 많은 시간을 투입하여 연마해야 한다. 그렇게 하려면 본인의 의지는 물론이거니와 그 기간 동안 최소한의 인간다운 생활이 보장되어야 한다. 그렇기 때문에 가난하다는 것은 조기에 학구열을 봉인하는 조건이 될 수 있다. 가난한 사람이 열심히 공부하여 개천에서 승천하여 용이 되었다는 신화나 전설 같은 이야기는 더 이상 듣기 어려운 시대가 되었다.

3.

난로와 도시락

등산길에 주변을 살펴보면 소나무에서 떨어진 낙엽이 바닥에 수북이 쌓여 있다. 제 명을 다한 나무는 둥치째 모로 누워 있는 모습도 흔히 볼 수 있다. 옛날 생각이 절로 난다. 내가 초등학교를 다닐 때에는 학교에서 교실에 난로를 피웠다. 땔감은 석탄과 나무였다. 당번이 아침마다 석탄을 받으러 가면 석탄도 풍요롭지 않은 터라 그날 땔 양이 모자랄 정도로 조금만 준다. 불쏘시개는 우리들이 주워 온 소나무 깔비와 솔방울이다. 4~6학년이 되면 비료 포대를 하나씩 들고 학교 뒷산으로 나무를 하러 갔다. 떨어진 솔방울과 깔비를 모아 포대에 가득히 채울 때까지 열심히 주워 모았다. 1인 1포대가 그날의 작업 할당량이다. 포대에 가득히 솔방울 등을 담으면 가지고 오는 일도 여간 고생스럽지 않았다. 새끼줄로 주둥이를 묶고 가로세로 얼기설기 묶어서 이고 지고 내려왔다.

교실에서 다 같이 추위에 견딜 땔나무를 하는 터라 누구도 불만이 없었다. 가끔 죽은 나무가 쓰러져 있는 날이면 횡재한 것같이 여겼다. 쓰러져 있는 나무를 주워서 영차영차 끌고 학교까지 가져오면 소사 아저씨가 톱과 낫으로 난로에 넣기 좋을 정도의 크기로 잘라 주었다.

아침마다 난로 옆에 석탄과 나무를 나란히 놓고 학교가 파할 때까지 불을 지폈다. 연노란색의 큰 양은 주전자에 물을 가득히 부어서 볶은 보리를 한 줌 넣고 끓이면 구수한 보리차가 되었다. 우리는 보리차를 호호 불어 마시며 추위를 녹였다.

아직 보온 도시락이 나오기 전이라 양은 도시락이 대부분이었는데 그것을 3교시 때부터 난로 위에 쌓기 시작했다. 아래위 도시락을 수차례 바꾸어 가며 뒤집어 놓는 일은 면장갑을 낀 선생님의 몫이었다. 한 교실에 45명 정도였으니 도시락을 뒤집는 일도 만만치가 않았을 것이다. 아이들은 서로 제 도시락을 아래에 놓으려는 욕심을 드러냈다. 그렇지만 적당한 시간이 지나면 아래에 있던 도시락은 위로 올라가고 위에 있던 도시락은 아래로 내려왔다. 뜨거운 불 위에 있는 밥을 옮기는 일이라 안전이 중요했다. 잘못하면 손을 데기도 하고 밥을 떨어뜨려서 쏟아지기도 했기 때문에 아이에게 맡기기에는 불안하고 조마조마한 일이었다. 또 아이들은 선생님이 도시락을 뒤집을 때는 가만히 있다가도 아이가 하게 되면 자기 도시락이 아래에 들어가야 한다고 주장하는 놈들이 여럿이 나타나서 다툼이 생겼다. 뿐만 아니라 귀신같이 자기 도시락이 어디쯤 자리를 잡는지 알았다. 도시락의 모양도 색깔도 비슷했지만 말이다. 난로 위에서 뜨끈뜨끈하게 된 도시락을 열고 밥을 먹는 점심시간은 행복했다. 다 먹은 아이들이 차례로 도시락에 보리차를 부어 홀홀 불며 마셨다. 큰 주전자에 담긴 보리차도 동이 났다. 물도 맛나던 시절이었다.

---

25. 지금의 시설 주무관을 이르는 호칭.

도시락을 가져오지 못하는 아이도 더러 있었다. 그러면 아이들은 너나없이 십시일반 한 숟가락씩 나누어 주었다. 가난한 날의 인심은 도시락을 가져오지 못한 친구가 있더라도 쫄쫄 굶지 않도록 서로서로 배려할 줄을 알았다.

지금은 학교에서 무상급식을 한다. 무상급식 시행을 앞두고 보편적 복지냐 선별적 복지냐를 두고 입장이 둘로 나뉘어 치열한 공방으로 이어졌다. 결과는 선거 민심으로 판가름 났다. 시민들은 보편적 복지를 통해 무상급식으로 나가자고 표심을 나타냈다. 가난을 증명해야만 그 혜택을 볼 수 있는 선별적 복지를 주장하던 보수당은 할 말이 없었다. 무상급식이 보편적 복지를 선호하는 민심을 나타낸 신호탄 역할을 하였다. 이후 많은 부분에서 보편적 복지 혜택을 입게 된다. 노인수당, 육아수당, 아동수당, 임산부 지원 혜택 등이다. 또 학교를 다니는 학생들이 평등한 밥상을 받는 급식에 이어 교복 지원으로 이어졌다. 나아가 2020년에는 고등학교 3학년까지 무상교육으로 확대되어 수업료 걱정을 하지 않아도 되는 시절을 만났다. 지금 이루어지는 일들이 당연하다고 생각한다면 그것은 오산이다. 40~50여 년의 세월을 거쳐서 여기까지 왔다.

누구나 학교 다닐 적에 도시락에 얽힌 에피소드가 있을 것이다. 지나간 바람은 후하다지만 그때는 어린 마음에 친구들 보기에 창피하여 도시락 뚜껑을 열 수 없었던 기억을 갖지 않은 사람이 몇이나 될까? 이제 와 생각하면 고마운 추억이 되었다. 그 가난을 발판 삼아 열심히 일하고 공부했다. 우리는 김치 국물이 흘러내리는 도시락을 열던 시절을 건너왔다. 그래서 지금 내 아이들이 학교에서 받는 평등한 밥상의 의미는 크다. 아이가 도시락 때문에 상처받을 일도 없고 엄마를 원망할 일도 없어졌다. 학교에 간 아이들은 급식비 내야 하는 돈 걱정할 필요 없이 행복한 점심시간을 맞이한다. 부모는 적어도 아이가 학교에 가면 점심 굶을 걱정은 안 해도 된다. 뿐만 아니라 도시락 반찬 걱정을 내려놓게 해 주었다. 모두 똑같은 평등한 밥상을 받게 되었다. 가난하다는 이유로 기죽지 않아도 되는 점심시간이 얼마나 다행한 일인가 싶다.

4.
나무와 숲

학교에 다니는 아이들까지 동원하여 땔감을 보태던 시절이라 산에는 나무가 자랄 새가 없었다. 연탄이 생산되었지만 농촌에서는 겨울철 군불은 모두 나무를 땠다. 소나무 낙엽을 우리는 '깔비'라고 불렀는데 이것이 땔나무로 환영을 받았다. 불을 지피기도 좋았고 연기가 많이 나지 않아서 밥을 할 때도 깔비만 있으면 문제가 없었다. 불이 잘 붙기 때문에 이 부엌 저 부엌 불쏘시개로도 그만이었다. 나무는 바로 불이 붙지 않는다. 불쏘시개가 있어서 불을 붙이고 난 뒤에 나뭇가지나 장작을 넣어야 서서히 불이 붙고 오래 탈 수가 있다.

마른 가지는 무엇이든 땔감이 되었다. 농사를 지어 추수를 마친 깻단, 짚단, 보릿단은 불이 붙으면 부지직거리며 금방 타고 말았지만 그것도 아쉬운 대로 쌓아 두고 땔감이 떨어지는 만약을 대비했다. 추수를 마치면 겨울 한철 땔나무를 준비해야 했다. 부엌에서 불쏘시개로 환영받는 깔비는 소나무가 있는 산에 가서 갈구리로 끌어모아야 한다. 집집마다 갈구리 한두 개 정도는 있었다. 마당에서 탈곡을 할 때에도 갈구리로 콩단이나 깻단에서 떨어진 잎사귀를 쓸어 내었다. 갈구리는 농촌에서 여러 가지로 쓸모 있는 연장이었다.

어떤 사람이 운이 좋아서 돈을 잘 버는 모습을 보면 "돈을 갈구리로 끌어모은다"라고 한다. 갈구리로 돈을 끌면 금방 산처럼 쌓여 부자가 될 것이다.

갈구리로 돈은 쓸어 담지 못해도 떨어진 깔비를 모아서 부엌 한구석에 소복이 쌓으면 어머니는 며칠은 걱정을 안 해도 되니까 부자가 된 것 같다고 했다. 사람이 부지런해야 일이 코앞에 닥쳤을 때 허겁지겁하지 않고 미리 대비를 할 수가 있다. 그러니 부지런히 땔감을 집 안에 수북이 쌓아 두면 겨울이 든든했다. 나무를 하더라도 가지고 오는 일이 만만치 않다. 아무래도 지게 짐을 지는 일이라거나 큰 짐을 옮기는 것은 남자가 힘을 써야 일이 축이 난다. 남편이 부지런하여 아내의 근심을 덜어 주려고 애를 쓰는 사람이면 겨울 마당에 땔감도 가지런히 쌓여 있고 한겨울 밤에도 온기가 있는 집이다.

집집마다 이렇게 땔나무를 산에 가서 구하니 나무가 귀하여 점점 멀리 가서 해 와야 했다. 국가에서 나무를 못 하게 아무리 '입산금지'라는 현수막을 산에 오르는 길목마다 붙여 두어도 소용이 없었다. 얼어 죽지 않으려면 나무를 해 와서 불을 때야 했기 때문이다. 그러다 보니 가까운 산에는 나무가 살아남지 못했다.

물론 연탄이 보급된 시기이기도 했지만, 연탄은 돈을 주고 사야 하는 귀한 것이었다. 돈이 없는 농촌에서 연탄은 호사품이었다. 연탄을 아끼려고 불구멍을 최대한 틀어막아서 불기운만 있도록 했으니 연탄 한 장만으로는 뜨끈한 구들목을 기대할 수가 없었다. 그것만으로는 방이 추워서 잠을 자기가 어려웠다. 부엌에는 아궁이가 두 개 있었는데 작은 아궁이는 연탄을 넣어 뚜껑 위에 양은솥을 얹어 두었다. 찬

기운을 면한 물을 일할 때 쓰기 위해서였다. 연탄 아궁이는 반찬을 하거나 생선을 구울 때 요긴했다. 연탄불이 꺼지지 않도록 적당히 다 탔을 때 새 연탄으로 갈아 주는 일이 중요했다. 그래도 연탄이 작은 아궁이에서 타고 있으면 든든한 불씨를 안고 있는 느낌이었다.

부엌의 큰 아궁이에는 밥솥이 걸려 있었다. 반질반질한 무쇠솥에 아침저녁으로 밥을 지었다. 식구가 많으니 밥도 많이 지었고 잠시 일을 보려고 나간 사람도 있으니 넉넉하게 밥을 하지 않으면 두 번 해야 하는 번거로움이 발생할 수가 있었다. 아무리 밥을 잘해도 솥 바닥과 옆구리에 누룽지가 눌어붙었다. 적어도 밥 한 그릇은 누룽지가 된다고 보면 된다. 그냥 두면 솥을 씻기도 어렵다. 그래서 밥을 푸고 나면 얼른 물을 부어 누룽지를 끓였다. 그것을 숭늉이라고 불렀다. 숭늉은 쌀뜨물을 받아 두었다가 부어서 끓였다. 그러면 숭늉이 더 고소하고 밥맛이 없는 사람이면 숭늉을 먹고 견디기도 했다. 그런 다음에 다시 물을 붓고 설거지 준비를 했다. 그래도 추운 날에 달리 할 일이 없는 빈 솥이 되면 물을 붓고 아궁이에 군불을 더 때고 잤다. 나무는 그렇게 한시도 뚝 떨어지면 안 되는 귀한 것이라서 언제나 미리 준비를 해 두어야 했다. 그러다 보니 길에는 마른 나뭇가지 하나 돌아다니는 게 없었다. 뭐라도 가져오고 싶지만 더 부지런한 사람이 주워 가 버렸는지 보이지 않았다.

이제는 나무가 지천으로 돌아다녀도 아무도 욕심을 내지 않는다. 불을 때는 아궁이를 만나는 일도 어렵다. 기름이나 천연가스로 바뀌었다. 심지어 그 귀하던 연탄을 사용하는 집도 거의 사라졌다. 석탄을 캐던 탄광도 거의 문을 닫았다. 소나무가 많은 산에는 떨어진 깔비가 길에 쌓여 발이 푹푹 빠질 정도이다. 깔비가 땔나무로는 최고의 환영을 받던 일을 기억조차 하지 못한다. 사람이 나무를 하지 않으니 산은 우거지기 시작했다. 나무 사이사이에는 잡풀이 무성해지고 큰 나무 사이에는 작은 나무가 자라고 있다. 땔나무를 베어 가던 시절에는 민둥산이 많았는데 지금은 사람이 길을 내지 않으면 들어갈 수가 없을 정도로 수풀이 무성해졌다. 아름다운 산이다. 누구나 오를 수 있는 산이 바로 마을에 있다는 게 얼마나 축복인지 아는 나이가 되었다.

옛날에는 사람이 땔나무가 필요해서 들어가던 산에 이제는 자연을 벗 삼아 걷기 위하여 들어간다. 숲이 주는 안식을 얻고자 걷는다. 사람이 다니지 않아서 사라진 옛길을 복원하여 둘레길을 만들고 산책하기 좋은 길을 열고 있다. 스페인의 '산티아고 가는 길'은 세계의 많은 사람들이 자신을 찾고자 할 때 나서는 길이 되었다. 이 길을 걸었던 제주 출신 서명숙 님은 제주도 올레길을 만들기 시작하여 오늘에 이르렀다. 제주 올레길을 모델 삼아 지역마다 아름다운 산을 끼고 있는 곳에는 둘레길을 만들기 시작했다.

산을 둘러서 가는 길이라 하여 둘레길이다. 산이 높아서 쉽게 가지 못하던 산 너머 마을을 둘레길을 따라 조금 느리게 걷는다. 산꼭대기를 향해 오르지 않고 산모퉁이를 돌아서 간다. 더 많이 걷지만 오르막이 많지 않아서 평지처럼 가는 길이다. 그동안 무엇이든 빨리빨리 서두르는 데 익숙해져 있었다. 느리거나 쉬어 가면 도태되기 쉬운 문화에서 남보다 먼저 도착하기 위해서는 뭐든지 서두르지 않으면 패배했던 경험을 하였다. 직선 코스를 선호하는 문화에서 '둘레길로 가 보자, 천천히 걸으며 쉬어 가도 괜찮아'라는 사고를 둘레길을 걸으면서 확산하였다. 그래도 여전히 세상은 바쁘게 돌아가지만 누구나 조금씩

쉼이 필요하다. 천천히 걸으며 바람을 느끼고 하늘을 올려다볼 시간
을 가져 보자.

5.

놀이터의 진화

사방 천지에서 노는 아이들

요즘 도시에는 아파트가 대부분이다 보니 단지 안에 초등학교가 있기도 하고 바로 걸어서 다닐 수 있는 초등학교, 중학교가 있다. 나는 농촌 마을에서 자랐다. 초등학교에 입학하기 전까지 내가 아는 놀이란 돌을 주워 모아서 공기놀이를 하는 것, 언니들을 따라다니며 그들이 노는 걸 쳐다보는 것, 살림놀이[26]를 하는 데 같이 끼어서 노는 것 정도였다.

우리 집 바로 뒤에는 야트막한 동산이 있었는데 올라가면 잘 꾸며 놓은 산소가 한 쌍 나란히 있었다. 그 산은 층석으로 이루어져서 아이들 손으로 돌을 조금씩 파내면 제법 넓적하고 평평한 면적을 만들 수 있었다. 그곳이 그날 소꿉놀이를 하는 데 필요한 집이었다. 어린 마음에도 자기 집을 더 넓게 만들려고 고사리손으로 층석을 캐내었던 일이 새록새록하다. 나무 꼬챙이를 주워 와서 후벼 파기까지 하면서

---

26. 소꿉놀이를 당시에는 살림놀이라 부름.

조금 더 넓은 집을 지으려 애를 썼다. 살림살이라고는 깨져서 버린 그 릇조각, 병조각, 돌멩이, 나뭇조각이 전부였다. 어쩌다 주운 병뚜껑이라도 있으면 부잣집이 되어 이웃집 아이들이 부러워했다. 상이라고 차린 데에 담긴 음식은 흙, 낙엽, 풀 이파리가 전부였는데 그걸 가지고 놀아도 재미가 꿀맛이었다. 왜냐면 아이들은 집에서 보고 배운 것을 살림놀이 시간에 풀어 가며 연기를 했다.

"오늘 우리 집에 제사를 지냈는데 이거 좀 잡수어 보세요."

"고생이 많으셨네요. 아이고 음식이 맛나기도 하네요."

이렇게 척척 주고받으며 역할극을 했던 거다. 이 단순하고 무료하던 시절을 건너 초등학교에 입학을 했다.

초등학교에서 처음 만난 그네

나는 1970년대 초반에 초등학교에 다녔다. 그때는 초등학교를 국민학교라고 불렀다. 일제강점기의 영향을 받은 어른들은 더러 소학교라고 부르기도 했다. 우리 동네는 초등학교가 있는 마을이 아니었다. 학교는 이웃 동네에 자리 잡고 있었는데 지금 가늠해 보아도 3km는 넘는 것 같다. 지금은 그 정도의 거리가 되면 버스를 타고 다닐 것이다. 그때는 우리 동네보다 몇 배나 더 먼 동네에서도 걸어서 학교에 다녔기 때문에 우리 동네 아이들은 힘들다는 소리를 아예 하지 못했다.

나는 초등학교에 입학하고 나서야 비로소 그네, 시소, 미끄럼틀을 보았다. 그네, 시소, 미끄럼틀, 철봉이라는 말 자체를 처음 들은 것이다. 나 같은 아이들이 많았다. 우리는 미친 듯이 이 재미난 놀이에 빠져들었다. '놀이터'라는 말도 처음 알았다. 왜냐면 우리가 몰려다니는 사방 천지가 놀면 되는 곳이었는데, 학교에 와 보니 놀이터가 따로 있고 거기에는 아이들이 타고 노는 그네, 시소, 미끄럼틀이 있었다. 그런데 그네는 달랑 세 개, 미끄럼틀은 하나, 시소는 두 개가 전부였다.

입학하고 나서 아이들이 줄을 서서 그걸 타 보느라고 북새통을 이루었다. 그러자 담임선생님이 아이들에게 줄을 서게 해서 놀이터의 규칙을 정해 주었다. 힘세다고 새치기하지 말 것, 종이 치면 놀이를 멈추고 즉시 뛰어서 교실로 올 것, 그다음 시간에는 그전 줄을 기억하여 그 사람부터 탈 것 등등이었다.

미끄럼틀은 하나가 있었지만 차례로 올라가서 타고 내려오면 되니까 정체가 덜 되었다. 시소는 두 개 있는데 양쪽으로 두 명씩 앉으면 되니까 한꺼번에 여덟 명이 탈 수 있었다. 문제는 세 개가 있는 그네였다. 그네 앞에는 줄이 늘 길게 서 있었다. 한 명씩만 차례로 타서, 탄 사람이 다리를 굴려야 그네가 올라가기 시작한다. 한참을 기다려 마침내 타게 되면 간이 큰 아이는 너무 높이 올라가서 그네가 뒤집어질까 봐 밑에서 쳐다보는 사람이 아찔할 정도였다. 그네에 두 다리를 딛고 서서 올라가기까지의 즐거움, 높이높이 오를 때의 짜릿함, 두려움을 이길 만큼 오래 타고 싶은 마음이 어울려서 밑에 있는 아이들이 그만 내려오라고 소리를 지를 때까지 신나게 그네를 탔다.

그네 옆에는 아주 큰 측백나무가 있었는데 그네를 타고 오르면 측백나무의 어디까지 가는지, 누가 더 많이 올라갔는지 은근히 경쟁을 했다. 이제 그네를 탄 아이가 정점을 찍으며 내려오기 시작했다. 내려오는 일은 별 힘을 줄 필요도 없었다. 처음엔 발이 땅에 닿을 때까지 가만히 서 있다가 내렸다. 그러다가 얼마 되지 않아 그네에서 뛰어내리는 법을 배웠다. 그네가 앞뒤로 움직이는 반동의 힘을 이용하여 뛰어내리되, 누가 가장 멀리 뛰어내렸는지 금을 그어 가며 놀았다. 간혹 뛰어내리다 리듬을 잃어서 넘어지는 경우도 있었지만 몇 번 하다 보면 금방 익숙해졌다.

놀이터는 누구나 필요해

이제 놀이터는 학교 공간에만 있는 게 아니다. 마을마다 어린이 놀이터가 있다. 장사하는 가게에도 어린이를 데리고 오는 손님의 편의를 위한 실내 놀이터가 있고 돈을 내고 들어가서 노는 시설 놀이터도 있다. 양적으로 놀이터가 기하급수적으로 팽창하였다. 이제는 어린이 놀이터에도 새로운 개념이 들어왔다. 어린이는 원래 몸이 아프지 않은 한 논다고 했다. 놀지 않으면 그 아이는 어딘가 아픈 데가 있을 것이라고 생각할 만큼 어린이는 노는 것이 곧 배움의 과정이다. 또 즐겁게 노는 것이 곧 건강의 척도라고 여겼다.

동네마다 놀이터가 있고 아파트 단지마다 어린이 놀이터가 몇 개씩 있다. 이제는 단순히 놀이터의 유무를 묻는 시대가 아니다. 놀이터의 안전성을 지속적으로 확인하고 놀이기구가 어린이의 몸에 닿을 때, 해로운 성분은 없는지 위험 요인은 없는지를 점검하여 교체하고 있다.

비단 어린이만 놀이터가 필요한 건 아니다. 청소년들도 모여서 놀기도 하고 놀다 보면 뭔가 다양한 활동을 기획할 수 있는 공간이 필요하다. 청소년 수련관이나 청소년 센터가 바로 그러한 곳이다. 단순한 놀이터를 뛰어넘어서 청소년들의 공부와 여가, 동아리 활동 등 꿈의 실현이 가능하도록 지원해야 한다.

　노인들의 놀이터인 노인복지회관, 마을 경로당에 대한 복지 지원으로 춤, 요가, 노래 배우기 등 다양한 활동을 돕고 있다. 지금 있는 것들을 마치 원래부터 있었던 걸로 여기면 곤란하다. 놀이터도 끝없이 진화하여 여기까지 왔다. 어린이를 위하여 학교에만 있던 놀이기구가 동네마다 소공원이나 놀이터를 만들어 시설을 갖추고 있다. 놀이터는 어린이에게만 필요한 게 아니다. 누구나 비슷한 또래나 취미 활동을 위한 공간이 필요하다. 공간에 대한 인권 감수성이다.

6.
애국조회와 국민교육헌장

월요일마다 운동장에서 전교 애국조회를 열고

지금은 학교에서 전교생을 모아 놓고 애국조회라는 이름의 조회를 하는 학교는 거의 없을 것이다. 아마도 일 년에 한두 번 할까 말까이다. 그것도 실내 체육관에서 주로 이루어지기 때문에 추운 날이나 더운 날도 어려움을 덜 느낀다. 땡볕에 오래 서 있어서 더위를 먹거나 추위에 몸이 얼어서 발을 동동 구르지 않아도 된다. 어릴 때에 은근히 부러운 일은 운동장 조회시간을 견디지 못하고 쓰러지는 아이였다. 얼굴이 노랗게 변하는가 하면 어느새 픽 쓰러지는 아이는 몇몇 친구들이 부축하여 보건실로 옮겨서 침대에 누였다. 몸이 무척이나 약한 친구다. 운동장 조회 시간에 쓰러졌으니 여러 사람의 관심이 쏠리기 마련이었다. 농촌 생활에 익숙한 대개의 아이들은 쓰러지는 일 없이 잘도 컸다. 이제는 입학식이나 졸업식을 교실에서 학급별로 하는 학교도 있고 각각의 학교 공간 사정에 맞게 재량껏 한다. 부모님들의 관심도 내 아이를 가까이에서 보는 것이기에 교장 선생님의 연설이 길어질수록 싫어하는 내색을 한다.

그러나 1970~1980년대만 해도 상상하기 힘든 일이었다. 꼼지락거리며 살아 움직이는 아이들을 줄을 세우고 입이라도 뻥긋하면 혼을 내고 꼼짝 못하게 하는 전체 조회를 그때는 매주 월요일마다 진행했다. 학교에서 교장 선생님은 독재의 대리자로 엄청난 힘을 가졌다. 모든 선생님과 학생들이 애국조회 시간에는 긴장을 늦출 수가 없었다. 만약 조금이라도 교장 선생님의 눈에 거슬리면 그날은 공부하기는 글렀다. 정신교육을 받아야 했고, 오리걸음으로 운동장을 몇 바퀴나 돌게 하는 단체 기합을 받는 날이었다. 다리가 아파서 우는 아이도 생기고, 그 와중에 오리걸음을 제대로 하지 않는 아이가 있으면 선생님이 감독하면서 소리를 지르고 난리도 아니었다.

한 명이 잘못을 해도 전체 기합을 받던 시절이었다. 또 잘잘못을 정하는 사람은 누구이며 그 기준은 무엇인지도 우리는 몰랐다. 오리걸음으로 운동장 돌기, 전체 줄 맞추어서 운동장 달리기, 낙오자는 없어야 했다. 개인의 신체적인 사정이나 건강 상태는 아무도 묻지 않았다. 명령과 절대복종의 군사문화가 학교에 오래도록 남아 있었던 것이다. 이런 전체주의적 벌과 기합이 인권에 반한다는 이야기가 2000년이 넘어서야 학교에서 공론화되었다. 학교는 서서히 변하고 있었다.

나라에 충성하는 국민이 되라는 세뇌 교육

중학교의 넓은 운동장은 체육시간에 줄을 맞추어서 군인들처럼 노래를 부르며 몇 바퀴를 돌았는지 알 수도 없을 만큼 달리는 공간이었다. 그다음은 월요일 아침마다 열리는 애국조회와 단체기합 장소로 주로 쓰였다. 오뉴월 땡볕에도 아랑곳하지 않고 줄을 맞추어 전교생을 세워 두고 교장 선생님의 훈화 말씀이 계속되었다. 무슨 말씀을 하셨는지 하나도 기억나지 않지만 운동장 조회는 늘 "지금부터 애국조회를 시작하겠습니다. 먼저, 국기에 대한 경례"라고 시작한다. 학생들과 선생님들이 일제히 조회대에 걸린 태극기를 향해 가슴에 손을 얹고 다짐을 한다. 우렁차고 결의에 찬 목소리를 들으면서 말이다.

"나는 자랑스러운 태극기 앞에 조국과 민족의 무궁한 영광을 위하여 몸과 마음을 바쳐 충성을 다할 것을 굳게 다짐합니다."

익숙한 목소리가 이어진다.

"다음은 조국과 민족을 위하여 돌아가신 순국선열을 위한 묵념을 올리겠습니다. 일동 묵념."

그러면 장엄하게 음악이 흘러나온다. 아직 끝난 게 아니다. 이제 국민교육헌장을 낭독할 차례다. 그다음에는 교장 선생님의 훈화 말씀, 주 생활목표 발표, 전달사항으로 이어졌다. 모든 식이 끝나면 마지막으로 애국가 제창을 4절까지 해야 한다. 그래도 끝난 게 아니다. 학급별로 줄을 맞추어서 운동장을 한 바퀴 돌고 나서야 교실에 들어갈 수 있었다. 마치 군인들이 열병식을 하듯 조회대에 근엄하게 서 있는 교장 선생님을 향해 구령에 맞추어 거수경례를 하였다. 이러한 애국조회 과정에서 '국민교육헌장'에 문제가 있다는 것을 그때는 감지하지 못했다.

"우리는 민족중흥의 역사적 사명을 띠고 이 땅에 태어났다. 조상의 빛난 얼을 오늘에 되살려 안으로 자주독립의 자세를 확립하고, 밖으로 인류공영에 이바지할 때다. 이에 우리의 나아갈 바를 밝혀 교육의 지표로 삼는다. (중략)"

선생님이 올라와서 길고 긴 국민교육헌장을 귀에 박히도록 선명하게 모두 낭독하고 나서야 전교생이 모인 애국조회는 본론으로 들어갔다. 그때그때마다 조금은 같고 조금은 다른 교장 선생님의 훈화 말씀으로 이어졌다.

국민교육헌장이 탄생하고 사라지기까지

국민교육헌장은 1968년 12월 5일 선포하게 되고 나서 25년 만인 1993년에 와서야 초등학교 교과서와 정부 공식 행사에서 사라졌다. 1987년 민주화운동으로 '대통령 직접선거'라는 국민의 민주주의 열망이 일정 부분 이루어지고 나서야 비로소 그것에 대한 공론화가 가능했다. 1968년부터 1993년 사이에 초·중등학교 교육을 받은 사람이라면 누구나 기억할 것이다. 학교에서는 학생들에게 그 뜻도 모른 채 국민교육헌장을 통째로 줄줄 외우기를 강요했다.

국민교육헌장은 처음부터 정치적 논란을 빚었다. '반공'과 '민족중흥'이라는 집권세력의 통치 이데올로기를 사회적 이상으로 삼고 그 실현을 국민교육의 지표로 삼았기 때문이다. 그럼에도 불구하고 박정희 정권 아래에서 국민교육헌장은 곧바로 한국 교육의 이념과 동일시되었다. '국민에 대한 국가의 우위'로 요약되는 이 헌장은 절대권력을 정당화하고 무조건적인 복종과 충성을 강요하는 내용이다. 뿐만 아니라 일제의 '교육칙어'를 그대로 본뜬 것이라는 비판에 직면했다. 이에 대한 공개적인 비판은 유신체제하인 1975년 3월 1일 재야단체인 민주회복국민회의에 의해 처음으로 제기되었다. 민주회복국민회의는 국민교육헌장에 맞서 "우리는 자유와 평화와 정의를 사랑하고, 압제와 불의를 거부하는 민주국민이다"로 시작하는 '민주국민헌장'을 발표했다.

당시 박정희 유신체제는 국민교육헌장의 정치적 의도가 무엇이었는지를 그대로 드러냈다. 정권을 쥔 권력자들은 그 비판자들을 '반체제 행위자'로 엄단하였다. 그 대표적인 예가 유신체제 말기인 1978년 6월, 송기숙을 포함한 전남대학교 교수 11명이 발표한 '우리의 교육지표' 사건이었다. 그들은 국민교육헌장과 유신헌법 철폐를 요구하며 학원 민주화와 민주주의 교육을 주장하였다. 이 사건으로 성래운·이효재 교수 등이 연루되어 해직·투옥되었다.

이 사건을 모른다면 그토록 열심히 외워야 했던 국민교육헌장이 왜 사라졌는지 궁금할 것이다. 서슬 퍼런 유신정권 체제에서 국민교육헌장을 비판하며 민주주의 교육의 회복을 외친 지식인이 있었다는 사실을 말이다. 이를 시작으로 교육문제가 꾸준히 제기되었다.

7.
학교와 텔레비전

　초등학교에서는 학기 초가 되면 학생들의 가정 형편을 알기 위해서 일단 조사를 했다. 요즘에야 '개인정보'다 '인권 침해'다 하여 생각할 수도 없는 조사를 멀쩡한 정신으로 당해야 했다. 그것은 친구들이 다 보는 데서 손을 드는 일로 시작되었다. 학년이 올라갈수록 새로운 품목이 등장했다. 지금 생각해 보면 소위 물질문화 생활을 묻는 질문이었다.

　"집에 라디오 있는 사람, 집에 텔레비전 있는 사람, 집에 냉장고 있는 사람, 집에 벽시계 있는 사람, 집에 재봉틀 있는 사람, 집에 전축 있는 사람, 집에 경운기 있는 사람⋯⋯."

　선생님은 무심한 듯 말했다. 더러 손을 드는 아이도 있었다. 무어라고 선생님께 말할 수는 없었지만 그런 시간이 불편했다. 선생님이 말하는 그런 세련되고 풍요로운 물건을 갖지 못한 가난을 드러내고 싶지 않았다. 그래도 해마다 그런 얄궂은 조사를 했다. 지금이야 집집마다 텔레비전이 있다. 방에도 있고 거실에도 텔레비전이 있다고 하여 부자의 척도라고 여기는 사람도 없을 것이다. 뿐만 아니라 세탁기, 건조기, 스타일러, 에어컨, 공기 청정기, 청소기 등 사람들이 필요하다 싶은 물건은 모두 개발되어 출시되는 세상이다. 어느 날부터인가 그런 전자제품들이 그저 자연스러운 물건이 되어 집 안을 채우시 시작했다. 그러나 그때는 텔레비전이 가장 뜨거운 물건이었다. 저녁이면 동네 사람들이 텔레비전이 있는 집에 자연스럽게 모여들어서 새로운 구경을 하는 풍경을 만들었다. '김일 선수가 하는 레슬링'을 보면서 흥분하는 어른들, 〈육백만 불의 사나이〉, 〈소머즈〉, 〈캔디〉 등을 보고 나서 이야기를 나누던 아이들. 초등학교에서는 그걸 보지 않으면 친구들이 무슨 이야기를 하는지 소외될 수밖에 없었다.

텔레비전을 사서 새로운 문화를 먼저 접한 집에는 날마다 동네 사람들이 북적거렸다. 텔레비전 구경을 오는 사람들을 무슨 수로 막을 것인가 말이다. 그래도 여름이면 괜찮은 일이다. 방문을 활짝 열어젖히고 마당에서 구경을 하면 되니까. 마당 구석에는 모깃불을 피워서 매캐한 연기가 피어오르고 가끔 인심 좋은 주인이 감자나 옥수수를 쪄서 한입씩 얻어먹기도 하였다.

당시에 김혜자, 박근형이 주연한 〈후회합니다〉와 같은 주말연속극이 방영되었는데, 그들은 비련의 청춘 남녀 주인공이었고 김용림이 시어머니 역할이었는데 그렇게 독할 수가 없었다. 이를 보면서 혀를 차는 어른들의 모습이 지금도 눈에 선하다. 여성들은 비운의 여성 주인공에게 공감하여 눈물을 흘렸고 남성들은 "허 참, 저런 일이……." 하면서 멋쩍어서 연속극은 쓸데없는 이야기를 하는 요물이라고 핀잔을 주기도 했다.

연속극이나 드라마는 사회현상을 반영하되 좀 더 극적으로 만들 수도 있다. 며느리를 괴롭히고 아들과 이간질하는 시어머니 심보를 여실히 드러내는 극중 역할에 감정 이입을 하는 여성들, 어머니와 아내

사이에서 어머니를 따르자니 아내가 울고, 아내를 따르자니 어머니가 운다며 우유부단하게 처신하는 남편을 보며 한숨을 쉬었다. 그 당시만 해도 어머니는 아들에게 거역할 수 없는 존재로 등장하여 남편만 믿고 결혼한 아내에게 서운한 행동을 하기 일쑤였다. 그것도 사랑한다면서 말이다.

'여자는 의복과 같아서 새 옷으로 갈아입으면 그만이지만 부모형제는 사지와 같아서 잘라내면 병신이 된다.'

이런 말로 남자는 본가 부모형제가 아내보다 우선이라는 의식을 드라마에서도 가감 없이 드러내었다. 아내는 갈아입으면 되는 옷에 비유하고 부모형제는 자신의 몸에서 없어서는 안 될 사지로 비유하여 부모형제를 곧 자신의 몸의 일부로 여겼다. 남자가 부모로부터 벗어나 아내와 더불어 가정을 이루고 살아갈 정서적·심리적 독립은 불가능한 상태이다. 부모의 부당한 요구임에도 불구하고 그것을 차마 자르지 못하는 것을 마치 효도라고 생각하게끔 한다. 아내를 희생시키는 것은 당연하고 부모를 거절하지 못하는 것을 미덕으로 여기게 만들었다. 그 남자의 인생이야 어떻게 되든 말든 상관없었다. 혈연 중심 가족공동체를 최고로 우선시하는 문화를 재생산하였다.

드라마나 영화에서 이런 가부장적 질서를 옹호하는 모습을 보고 자라는 사람들은 자연스럽게 이런 사회문화를 수용하게 된다. 오랜 관습으로 내려온 남성 중심 사회문화와 질서를 텔레비전에서 끝없이 재생산해 내었다. 세상이 모두 그러려니 한다. 여기에 의심을 품고 던지는 '왜?'라는 질문 자체를 도발이라 여기고 차단한다. 여성을 중심에 두고 그녀의 입장에서 생각하지 못하도록 했다. 여성도 같은 인간이라는 사실을 상기하지 못하고 언제나 남성을 위해 존재하는 부수적이고 부차적인 인물로 만들었다. 이러한 거대 질서에 반기를 든 여성이 나타나면 공공의 적으로 규정하고 마녀사냥이라도 하듯 그녀에게 설 곳을 주지 않았다.

　학교도 대중매체와 마찬가지로 남성 중심의 가부장제를 굳건하게 만드는 데 주춧돌 역할을 하였다. 남학생은 회장, 여학생은 부회장이라는 질서를 만들었다. 출석부에도 앞번호는 남학생, 뒷번호는 여학생이 오래도록 자리 잡았다. 교과서에도 출근하는 아빠, 배웅하며 집안일을 하는 엄마로 그렸다. 여기에 의문을 제기하고 남녀평등을 주장하며 남녀 구분을 없애고 함께하는 교실, 성별로 양분화하지 않는 교과서로 개정하기까지 많은 시간을 투입해야만 했다. 대중매체는 우리 사회의 오래된 문화로 이어져 온 남성 중심 사회문화와 질서를 끝없이 재생산하였다. 학교의 교과서나 학교문화를 통해서도 너무나 자연스럽게 남성 중심 문화를 가르쳤다. 너무나 자연스럽고 거대한 흐름이라서 이걸 눈치채는 사람이 없을 정도였다.

8.
문화 충격

나는 초등학교를 졸업할 때까지 '영화'라는 단어를 몰랐던 것 같다. 내가 접한 문화생활은 텔레비전이 전부였다. 텔레비전이라는 문물을 접하고 나서야 세상 돌아가는 이야기를 어렴풋이 알았고, 중고등학교에 다니면서 텔레비전에서 방영한 '명화극장'을 보면서 영화를 통해다른 세상을 만날 수가 있었다. 버스도 하루에 몇 차례 다니지 않던시골에서 어른들이 장날에 필요한 물건을 사러 가던 읍내에 아이들은갈 엄두도 내지 못했고, 학교에 가는 게 집 밖을 나가는 유일한 일이었다. 학교가 문화생활의 전부라 해도 과언이 아니었다. 학교 가기 전에는 동네 친구들과 돌을 주워서 나무 그늘에 쌓아 두고 공기놀이를하고, 고무줄뛰기나 살림놀이(소꿉장난을 우리는 그렇게 불렀다) 정도를 하면서 놀았다. 지금 생각해 보아도 건강하면서도 원시적이었다.

골짜기에 있던 여섯 개의 초등학교가 모여서 내가 다닌 중학교 하나를 이루었다. 그때만 해도 중간고사나 기말고사가 끝나면 한 학기에한 번쯤은 영화를 보여 주었다. 시골 아이들에게 '영화'라는 문화 충격을 안겨 주었는데, 우리는 영화를 보는 '문화극장'을 하는 날에는 적지 않게 흥분되었다. 음악실에서 검은 커튼을 치고 빛 한 줄기 들어오지 못하게 한 다음에 어디에서 구해 왔는지 영사기를 돌리면 영화를 볼 수 있었다.

우리는 쥐 죽은 듯 조용히 영화를 보았다. 음악실도 평면적인 마루였다. 책상과 걸상을 모두 치우고 아이들은 마룻바닥에 다닥다닥 붙어 앉아서 영화가 끝날 때까지 숨도 쉬지 않았던 것 같다. 주로 반공 영화였다. 〈전우여, 잘 있거라〉를 보면서 나라를 위해 목숨을 바친 사람들이 불쌍해서 울었던 것 같다. 아니면 아들의 전사 소식을 듣고 애끓는 어머니의 울음을 보면서 애간장이 녹아내리는 고통을 느꼈다.

더러는 인간적인 사랑과 이별을 노래하는 영화를 보여 주었다. 〈엄마 없는 하늘 아래〉를 보면서 모든 아이들이 뜨겁게 울었다. 세상에 엄마 없는 아이만큼 불쌍한 사람은 없다는 생각이 저절로 들어서 울었고, 내 성에 차지는 않지만 새삼 울 엄마가 있어서 얼마나 다행인지 안도의 숨을 쉬었던 것 같다. 학교에서 틀어 주던 '문화극장'은 지금 와서 생각해 보면 시골 촌뜨기 아동들도 그 시절 다른 지역에서 알고 누리던 '문화를 누릴 권리' 차원이 굳이 아니더라도 얼마나 많은 생각을 하게 만들던 일이었는가 싶다.

동시상영 영화관에서 연애를 하고

그래도 우리 부모는 없는 형편에 중학교에 보내 주었으니 시답잖게 바람이 들어서 '읍내를 가네, 영화를 보고 싶네'라는 생각을 가지는 것조차 불손한 일이었다. 초등학생일 때는 텔레비전이 내가 만난 외부 세상의 전부였다. 중학생 때는 여기에다 학교 음악실에서 영사기를 빌려 와서 보여 주던 '문화극장'을 만날 수 있었다. 그러다 보니 영화관에서 제대로 상영하는 영화를 처음 접한 것은 고등학생이 되고 나서였다. 당시에 영화관에 가서 영화를 보는 일은 최첨단 문화를 접하는 것이었다. 그때 내가 본 영화는 〈벤허〉, 〈바람과 함께 사라지다〉와 같은 외화였고, 지금도 생각나는 우리나라 영화는 〈월하의 공동묘지〉, 〈얄개〉, 〈바보들의 행진〉 등이었다.

나는 극장에 가서 영화를 실컷 볼 수가 없었다. 영화를 볼 줄 몰라서 못 보는 게 아니라 돈이 없어서 갈 수가 없었다. 그러다가 대학에 와서 연애를 하게 되자 영화를 보러 자주 갔었다. 대학 바로 근처에 영화관이 있었는데 그 극장은 소위 삼류 극장이었다. 아직도 잊을 수 없는 극장의 이름은 '헐리우드'였다. 사랑에 빠진 우리는 같이 시간을 보내고 싶지만 마땅히 갈 데가 없었다. 그런 우리가 그나마 갈 수 있었던 곳이 바로 학교 옆에 있던 '헐리우드' 극장이었다. 잘나가는 최신 영화를 상영하지는 않았지만 살짝 지나간 영화를 두 개나 볼 수 있었다. 돈 없는 대학생들이 주로 갔는데, 동시 극장이라 하여 한 번 입장하면 영화 두 편을 그 자리에서 볼 수 있었다.

이렇게 동시상영을 하는 곳은 주로 시내 중심에서 벗어난 곳에 있었다. 갈 곳 없는 연인들이 다시 보기를 하여 하루 종일 영화관에서 진을 쳐도 쫓아내지 않는 참 좋은 극장이었다. 요즘은 영화가 끝나면 모두 퇴장이다. 모든 관객이 나갔는지를 확인하고 난 뒤에 다음 상영 시간에 맞추어 청소를 한다. 1980년대 중반만 해도 감동적인 영화는 객석을 지키며 그 자리에서 두 번 보는 일이 흔하였다. 좌석 번호가 따로 없었고 관객은 아무 자리나 자신이 원하는 자리에 먼저 온 순서대로 앉으면 그만이었다. 지금은 생각할 수도 없는 일이다. 당시에 영화는 문화생활의 척도로 여겼다.

내가 경험한 한계를 넘어서 사방에서 쏟아진 문화 충격

문화에 대해 다시 생각해 보면 동시대에 살아도 사람이 직접 보고 듣는 것, 경험하는 것에 따라서 그 차이가 엄청나다. 영화를 처음 접한 게 중학교에 가서 음악실에서 보여 준 '문화극장'이다. 그런 시골 아이가 고등학교에 가서 받은 문화 충격은 사방에서 쏟아졌다.

농촌 중학교에서 그래도 공부를 잘한다 하여 청운의 꿈을 안고 대구로 유학을 갔다. 고등학교에서 만난 친구들의 이야기를 들어 보니 '제일 유치원 출신이다, 삼익 유치원 출신이다'라며 자신이 일곱 살에 다녔던 유치원 이야기를 하고 있었다. 초등학교에 입학하기 전에 이미 유치원이라는 데를 다니며 글자를 다 익혔다는 소리였다. 나는 초등학교에 입학하고 나서야 그네나 시소를 보았고 미끄럼틀도 타 보았다. '놀이터'라는 단어도 처음 접했다. 그런데 나와 동갑인 다른 친구들 중에서 대구에서 도시생활을 한 아이들은 거의 50년 전인 그때 이미 유치원을 다녔다고 한다. 나는 유치원을 본 적도 없고 들은 적도 없었기에 그 친구들이 다른 세상 사람들처럼 느껴졌다. 유치원 이야기를 하던 그 친구들은 심지어 『성문종합영어』를 열 번 이상 보았다고 한다. 나는 시골에서 소위 빨간 영어도 한 번을 채 못 보고 제목만 들어 봤던 것이다. 또 그 친구들은 중학교 때까지 그룹 과외를 하며 영어,

수학 공부를 했다고 하였다. 그들은 『성문종합영어』에 지문으로 나오던 케네디 대통령의 연설문을 비롯해 영어 지문으로 등장하는 세계적인 여러 사건들을 줄줄 읽고 해설을 하였다. 나는 생전 처음 접하는 어려운 문장이었고 듣지도 보지도 못한 이야기를 그들은 이미 알고 있었다. 내가 알고 있는 것은 그야말로 한 점에 불과하다는 것을 깨달았다.

내가 고등학교에 들어가던 해에 전두환 정권에 의해 '과외 전면 금지 조치'가 내려졌다. 그것은 교실에서 정상적인 수업이 이루어지는 것을 의미했다. 아니나 다를까 중학교 때까지 그룹 과외를 했다던 그 친구들은 영어, 수학은 기가 차게 잘했다. 시골 중학교에서 학교 시험만 그럭저럭 잘했던 나는 엄청난 실력 차이를 느끼며 근접하기 어려운 벽을 깨닫고 말았다. 내가 다니던 학교는 공립 고등학교였다. 당시 영어를 가르치던 김○○ 선생은 자신이 얼마나 잘나가던 과외 선생이었는지 모른다며 친절하게 떠벌렸다. 학교 선생 월급은 용돈에 불과하고 과외로 돈 많이 벌었다고 학생들 앞에서 부끄러운 줄도 모르고 자랑을 했다. 소위 초등학교 때부터 그룹 과외를 수년간 했다는 대구 친구들을 가르친 과외 선생은 대부분 현직 교사였는데 그들은 과외 교습을 하여 돈을 많이 벌던 지난날을 그리워하였다. 같은 시대, 같은 공간을 사용하는 친구들 사이에서도 대도시에서 중산층 부모의 지원으로 이런저런 호사를 누린 사람과는 경험한 세상이 달랐다. 이래저래 나는 엄청난 문화 충격에 빠졌다.

전두환이 5·18 광주 학살로 정권을 잡으면서 그나마 잘한 정책이 있다면 바로 과외 전면 금지 조치였다. 나처럼 시골에서 살거나 도시에 살더라도 하루를 벌어서 하루를 살아야 했던 노동자의 자녀들은 과외나 학원은 생각조차 할 수 없는 사치스러운 일이었다. 그저 학교에 다니는 것만 해도 감지덕지였다. 왜냐면 대부분의 부모님들이 당신의 자녀보다 훨씬 배우지 못했고 또래의 아이들이 공장에 취업하는 경우도 많았기 때문이다. 부모가 돈 벌어 오라고 등을 떠밀지 않는 것만 해도 고마운 일이었다. 그런 상황에서 과외 금지 조치는 공부 한번 해 볼 만한 상황을 만들어 주었다. 누구나 교실에서 배우기는 같은 조건이었기 때문이다.

과외 금지 조치 세대가 자라서 당신의 자녀들을 교육하는 시대가 되었다. 그들은 급격히 변화하고 성장하는 한국 사회에서 교육을 통해 자녀들을 더 높은 곳으로 올려 주고 싶은 욕망에 사로잡혔다. 그래서 발달하게 된 사교육 시장의 규모가 엄청나다. 마침내 2000년, 과외 금지는 위헌이라는 헌법재판소의 판결이 내려졌다. 자녀에게 과외를 시키고자 하는 자유로운 교육 선택권이 우선되었다. 빈부격차에 따라 교육의 기회는 완전히 다른 세상이 열리도록 합법적인 조치를 해 주었다. 이러다 보니 교육이라는 희망의 사다리를 타고 오르려던 수많은 사람들이 절망에 사로잡히게 되었다. 더 많은 돈을, 더 어릴 때부터, 더 장시간 동안, 더 고급 정보를 가진 사람이 차지하게 되었다. 부자를 위한 세습구도가 갖추어지게 된 것이다. 나아가 그들과 다른 계급의 접근을 막는 역할을 했다. 헌법재판소에 의한 '과외 금지는 위헌'이라는 판결은 헌법이 보장한 '교육 기회의 균등권'을 '교육 기회의 자유로운 선택권'으로 대체하였다. 부자와 권력자들은 사회경제적인 우월적 지위를 자녀들에게 안정적으로 세습할 수 있는 법적 지원을 받은 것이나 마찬가지인 판결이었다. 같은 시대, 다른 세상을 사는 사람들을 양산할 수 있는 그들만의 리그를 합법화하였다. 이제 부모의 능력에 따라 얼마든지 자유롭게 더 좋은 교육 기회를 자녀에게 제공할 수 있다. 엄청난 과외비를 들여서 어릴 때부터 다양한 교육과정을 경험한 아이와 천둥벌거숭이로 자란 아이가 같은 경쟁 구도에 설 수 없다. 이는 어른이 갓난아기와 달리기 경주를 하는 것과 같다. 불평등하게 기울어진 운동장이다. 출발점이 다르다. 누구에게나 교육받을 기회는 주어지지만 모두가 똑같은 기회를 얻는 것은 아니다.

한편 유럽의 선진국들은 학생들의 선행학습마저 법으로 엄격히 금지한다. 선행학습을 한 학생은 수업이 시들해지고 재미없으니 산만해지기 마련이다. 그러다 보니 선생님의 수업 진행을 방해해 교권을 침해하기 쉽고 다른 친구의 학습할 권리를 침해한다는 것을 가장 큰 이유로 들고 있다. 우리 사회와 대조를 이룬다.

VIII.

이제는 인권을 생각할 때

1.

애기 손님과 호구조사

'10대에 꼭 해봐야 할 몇 가지 일'이라는 거창한 생각이 있었던 건 아니었다. 그런데 5~6학년 두 해 동안 우리는 동네마다 다니며 친구 집에서 먹고 자는 재미에 푹 빠졌다. 그때에는 어른들도 걱정을 하지 않았다. 어울리지 않고 집으로 가는 동네 친구 편이나 같이 학교에 다니는 동생 또는 이웃집 아이한테 "오늘 우리 용전동으로 놀러 가서 내일 학교로 바로 간다"라고 집에 가서 이야기만 해 달라고 하면 끝이었다. 그러면 왜 아이가 집에 안 오는지 찾고 걱정하는 일이 없었다. 일종의 품앗이 같은 친구 집 방문하기인데, 오늘 만약 옆 동네에 놀러 가면 다음에는 우리 동네로 초대를 하는 것이었다. 그것은 무슨 계획이 있거나 월중 행사가 아니었다. 어느 날, 갑자기 이루어지는 번개 모임 같은 것으로 "오늘 우리 동네로 놀러 가자"라고 바람을 당기면 우후후 하고 접속이 되었다. 보통 남녀 아이들이 같이 가서 일단 묵을 집을 정했다. 여학생 서너 명과 남학생 대여섯이 방문객이면 그 동네에 여학생, 남학생 집에 적절히 배분을 하는 것이다. 어떤 집에는 두 명이 가기도 하고 어떤 집에는 한 명, 또 어떤 집에는 잘 데가 마땅치 않다고 데리고 가지 않았다. 이렇게 남의 동네에 놀러 간 초등학생들은 저녁을 먹은 후에 다 모여서 재미난 게임을 하면서 두 마을의 아이들이 즐겁게 놀았다. 게임을 하다가 생음악으로 노래를 부르며 놀았는데 그게 모두 당시에 유행하던 트롯 대중 가요였다.

이렇게 모여서 놀기 전에 반드시 거쳐야 할 관문이 있었다. 그것은 친구 부모님의 질문에 대답하는 일이었다. 어느 동네에 사는 뉘 집 자식인지, 형제는 어떻게 되는지, 오늘 이렇게 이 동네에 온 사실을 어른들이 알고 계시는지…… 등등 쏟아지는 질문을 다 하고서 "그럼, 재미나게 놀다 가거라"라는 아버지의 말씀이 내려져야 했다.

남의 동네를 한 번 갔으면 다음은 우리 동네로 아이들이 놀러 왔다. 친구들은 층층 할머니 밑에 식구도 유독 많은 우리 집에 오기를 좋아했다. 그것도 두서너 명이 같이 지내겠다고 떼를 써서 애기 손님으로 북적였다. 애기 손님들이 집으로 오는 날에는 아버지의 호구조사가 진행되었다.

"부친 함자를 어떻게 쓰시는가? 본이 어느 김씨인지? 형제자매는 몇이냐? 할머니, 할아버지는 계시는가? 우리 집이 식구가 많아서 잠자리도 편치 않을 터인데 괜찮은지?"

아버지는 궁금한 게 참 많았다. 더러는 친구가 아버지 이름을 말하면 마침 잘 아는 분이라 아주 반기는 기색이 역력하기도 하고 두루 집안의 안부를 묻기도 하였다. 그러고는 "애기 손님이 가장 귀한 손이니 대접을 잘하시오"라고 큰 소리로 말하셨다. 갑자기 예고도 없이 들이닥친 애기 손님들을 무엇으로 대접을 하겠는가 싶었다. 그래도 어머니는 비상시를 대비해서 광에 넣어 둔 재료를 꺼내어 뭔가 특별한 것을 만들어 주었다. 아이들이 좋아하는 잡채를 하거나 가래떡으로 떡볶이를 해 주거나 아니면 갖은 나물을 기름에 데치고 볶아서 나물 비빔밥을 해 주었다. 아주 만족스러운 손님 밥상을 우리는 받았다. 가장 귀한 손님 대접을 충분히 받는 그런 느낌을 주었다.

이웃 동네 친구 집 놀러 가기 프로젝트가 어쩌다 진행이 되었는지, 어떤 계기가 있어서 그런 놀이를 하게 되었는지 우리끼리 이야기한 적이 있었다. 그러다 우리는 하나의 사건을 바라보게 되었다. 그날은 5학년 때의 봄날이었다. 어떤 수업 시간이었는지는 생각도 나지 않았다. 다만 엄청난 충격이 우리의 뇌리를 강타한 사건이다. 그때 우리는 담임이었던 늙그수레한 윤샘을 별로 좋아하지 않았다. 뭐라 꼭 꼬집어 말하기는 어려웠지만 좀 느끼한 그런 느낌을 주었다. 그런 그가 어느 날, 아이들에게 질문을 던졌다.

"자, 여러분, 오늘이 여러분의 생일이라고 가정합시다. 생일잔치에 부모님이 말씀하시기를 딱 두 사람을 초대하라고 해요. 여학생 한 명, 남학생 한 명을 초대하라고 하면 누구를 초대할지 생각해 보고 적어 내는 겁니다. 비밀은 완벽하게 보장합니다."

소위 인기투표라는 것을 이렇게 시작했다. 이 무슨 해괴망측한 일이란 말인가? 생일이라고 기억해서 차려 준 적도 없는데, 생일잔치를 하며 친구를 초대하라니 가당치 않은 일이라 두런두런 교실이 잠시 소란스러워졌다. 그래도 어찌할 것인가? 선생님이 설정한 이 가상의 생일잔치에 초대할 사람을 적어야 했다. 그것이 시작이었다. 누구를 적었느냐가 바로 가장 좋아하는 사람이라는 걸 우리는 그때 깨달은 것이다. 아무렇지도 않게 같이 놀던 친구 사이가 갑자기 특별한 사이로 전환되는 느낌이 들었다. 이성에 눈을 떴다고 해야 할까?

그런 생일 초대 프로그램을 한 다음에 누구의 머리에서 나왔는지는 알 수 없지만 떼로 이웃 동네로 놀러 가는 프로그램이 만들어지고 어른들은 아무 걱정도 없이 호구조사를 한 뒤에는 재미있게 놀다 가라는 말씀만 하셨다. 큰 방에 빙 둘러앉아서 재미난 귀신놀이, 수건돌리기, 묵찌빠 등을 하다가 뽕짝 트롯 노래 부르기에 이르렀다. 언니, 오빠가 있어서 노래를 많이 알고 잘 부르는 친구도 있고, 일어나서 춤도 추고 재미나게 놀았다. 나는 주로 아버지가 부르던 노래를 귀동냥으로 알고 있어서 옛날 노래인 강 시리즈로 불렀다. 두만강 푸른 물에…… 낙동강 강바람에 치마폭을 스치며…… 대동강아, 내가 왔다. 을밀대야 내가 왔다…… 그때 혜성처럼 등장한 혜은이, 방미, 이은하, 나미, 장은숙, 조경수, 최헌, 심수봉 등의 노래도 신곡으로 발표되어 우린 그걸 따라 부르며 즐거워했다.

우리는 기본적으로 노래와 춤을 좋아하고 즐기는 유전자를 가지고 있었다. 대학을 다니던 시절에는 주로 생음악이었다. 집단으로 모여서 기타 반주에 맞추어 노래를 불렀다. 1980년대에는 가라오케라는 일본에서 들어온 소위 단란주점 같은 곳도 있었다. 그러나 가라오케는 대학문화를 저질화하는 퇴폐 업소로 바라보고 가지 않았다. 그러던 어느 날부터 우리 체질에 딱 맞는 노래방이 생겨나기 시작했다. 누구나 술을 마시지 않고도 노래를 부를 수 있게 되었다. 어릴 때부터 동네에서 생음악으로 노래하고 춤추던 기질이 다분하던 사람이라 그런지 노래방 가서 노래 부르는 게 정말 즐거웠다. 마흔이 넘어 초등학교 동창회에 갔을 때 원조 노래방 문화가 살아났다.

애기 손님을 가장 귀하게 여기고 후하게 대접해야 한다는 어른들의 말씀이 참 좋았다. 그냥 별것은 없었지만 서로를 개방하는 것이었다. 부모님과 형제자매를 만나 보면 그 친구가 보인다고나 할까? '사는 게 다 그런 거지.' 하는 자연스러운 생각이 들었고 그래서 여과 없이 집을 개방하여 친구들이 오고 가며 묵었던 기억은 내 삶에 자양분이 되었다. 그때는 이웃 동네 어르신도 이름만 대면 거의 알고 있었다. '아, 이 아이가 뉘 집 딸이구나.' 혼자가 아니라 우리 동네 아이들이 같이 이웃 동네 친구들을 초대한 형식을 취했다. 그래서 같이 놀고 같이 먹고 대접도 같이 하려고 애를 썼다. 선생님이 생일잔치에 누구를 초대할지를 물은 이후, 개인적으로 가지 않고 집단으로 초대하는 형식을 빌렸다. 그 속에는 분명히 누군가를 좋아하는 사람이 있었다. 우리는 그렇게 어렴풋이 이성에 눈을 떴던 것 같다.

　지금은 어른들이 집에 있는 주말에는 애기 손님도 어른 손님도 폐가 될까 봐 오기가 어렵다. 모두가 바쁘게 주중에 일을 하고 주말에는 쉬는 시간이 필요하다는 것을 아이들도 아는 모양이다. 그러다 보니 친구 부모님을 만나서 호구조사를 당하지도 않는다. 친구네 집에 가서 놀고 자고 오려는 초등학생 자녀를 가진 부모는 마음이 편하지 않다. 사리 분별 없는 아이들이 모여서 무슨 좋지 못한 일이라도 할까 봐 걱정이 된다. 사회가 변하고 세상 인심도 변하니 사람의 생각도 변할 수밖에 없다. 어느 것이 옳다 그르다 하기는 어렵다. 그러나 아무리 디지털로 만든 인터넷 공간에서 논다지만 서로 만나서 친구와 즐거운 시간을 가지는 일은 인생에서 중요한 요소가 될 것이다. 사람과 사람 사이에서 느끼는 고마움, 따뜻함, 살아 있음, 관계의 중요성을 깨닫는 순간을 만날 것이기 때문이다. 오래전 내가 어릴 때 초등학생 애기 손님을 귀하게 대접하고 어른처럼 믿어 준 어른들이 있었기에 그 믿음 위에서 튼실하게 성장한 게 아닌가 싶다.

2.

성과 섹스

자나 깨나 딸 조심, 자는 딸도 다시 보자

첫째 아이지만 딸을 낳으면 일단 한번 서운해했단다. 고달픈 여자의 길을 살아가야 할 일이기에 안쓰러웠고 무엇이든 남자에게 밀리고 치이면서 살 것을 생각하면 애잔한 마음도 있었다. 특히 엄마는 아들부터 떡하니 낳아야 아들을 등에 업고 힘이 생겼다고 한다. 그래서 아들은 많을수록 좋아했다. 아버지는 대를 이어야 한다는 가부장 문화가 골수까지 박힌 사람이다 보니 아들 낳기를 소원을 했다. 우리 사회는 농경 사회에서 산업 사회로 나아가 지식정보 및 서비스 사회로 급격히 변했다. 그러나 누천년의 사회적 유전인자가 단박에 변하지 않았다. 사회는 저만큼 변해 가는데 사람들의 의식은 여전히 그 이전 사회에 머물러 있는 경우가 허다하다. 그러다 보니 사람들 사이에는 엄청난 혼동과 좌절이 있기 마련이었다. 세월 따라 세상이 변해서 딸을 낳아 서운했던 때와는 상황이 역전되었다. 딸만 낳았다고 구박받던 부모님이 아들 많은 집 부모보다 더 귀한 대접을 받는 경우가 많아졌다. 농경 사회와 산업 사회에서는 힘깨나 쓰는 남성이 우대받았지만 정보

지식사회가 되자 힘보다는 조곤조곤 상대방의 마음을 읽어 주는 정서적 지원이나 돌봄과 같은 감정 서비스를 원하는 사람이 늘어났다.

오랫동안 우리 문화는 성과 섹스에 대하여 금기시하였다. 특히 여성에게는 허락된 언어가 아니었다. 남자 아이들은 몰래 춘화도 보고 야한 잡지도 가져와 자기들끼리 은밀하게 접하였다. 학교교육과정에서도 성교육은 없었다. 그저 '남녀상열지사 절대금지'만이 대신했다.

'여자는 그저 몸가짐을 반듯하게 하지 않으면 인생 종 치는 수가 있다.'

'여자의 순결은 첫날밤에 남편에게 바치는 것'.

'여자는 자신을 좋아하는 남자와 결혼해야 한다.'

이런 말이 회자되었다. 소위 친밀한 사이에서 일어나는 데이트 강간을 당한 경우에는 그 남자와 결혼하는 것이 일반적이었다. 성폭력 범죄자와 결혼하는 것을 사랑이라는 이름으로 대신하였다. 남자의 성적 욕구는 당연한 것으로 알았고 현명한 여성은 그런 상황을 만들지 않아야 했으므로 결과적인 모든 책임은 그녀에게 있었다. 아예 성폭력에 대한 단어가 없었다. 따라서 '자나 깨나 딸 조심, 자는 딸도 다시 보자'라는 할머니 말씀이 생각난다. 딸 단속이라는 말, 귀가시간 밤 9시 이전이라는 말이 이래서 있었던 것이다. 반면에 아들 단속이나 통행금지는 애초에 없었다. 딸이 이성을 알게 되고 일이 터지고 나면 막을 길이 없다고 생각했다. 그러나 청춘은 남녀 서로에게 관심과 사랑으로 열이 난다. 그때에도 아들의 연애는 관대하여 자랑삼아 이야기 했지만 딸은 연애도 하지 말고 고이고이 있다가 결혼하기를 소망했다. 그래서 딸이 연애결혼을 하면 그 이후에 발생하는 모든 일은 자신이 책임져야 했다. 친정에 와서 사네 못사네 했다가는 '조신하게 있지 않고 연애

건 네 잘못이다'라는 책임론이 바로 날아왔다.

그저 조심하라는 말 외에는 성교육을 받지 못하고 성적인 지식을 알지 못한 상태에서 몸이 자랐다. 여자는 성에 대하여 무지하고 수동적이고 의존적 상태로 연애를 하거나 결혼을 하였다. 남자는 여자를 리드하고 적극적이고 능동적인 성적 존재로 성장했다. 한번은 그런 이야기를 꺼냈더니 이렇게 말했다.

"안 배우고도 잘하는 게 남녀 결합인데, 걱정할 것 없다. 남녀 인간의 이치다."

그런 걸 자꾸 꼬치꼬치 따지고 묻는 것 자체가 발랑 까져 보이고 밝히는 여자처럼 보이게 될까 봐 오히려 걱정을 했다.

서울대학교 화학과 신○○ 교수에 의한 조교 성희롱 사건은 1992년 일이다. 20세기까지 여성은 성폭력을 당해도 말을 못하던 문화였다. 성폭력 피해자가 오히려 문제가 있는 사람으로 여겨져 2차, 3차 피해를 당하던 문화가 지금도 남아 있다. '자나 깨나 딸 조심, 자는 딸도 다시 보자'던 어머니의 가르침에도 불구하고 틈새를 이용하여 연애도 하고 사랑도 했다. 그러다 보니 '젊은 날, 나도 한때 사랑에 속고 돈에 울었다'는 말에 많은 사람들이 공감하게 된 것이리라.

어른을 보고 배운 성매매 문화

1970~1980년대 사이에 경제성장으로 돈이 많아진 일본에서 많은 관광객이 우리나라를 찾았다. 그들은 소위 '기생관광'을 하러 왔다. 일본 남자들이 한국 여성을 옆에 끼고 관광을 하고 돈을 쓰고 갔다. 그

마저도 외화를 벌어들이는 수입의 중요한 부분으로 간주되었다. 일본에 비해 물가가 저렴하고 일제 식민지 때의 향수를 가진 일본인 남자들이 주로 찾았다. 경주, 부산에는 이들이 북적거렸다. 일본이 한국전쟁, 베트남전쟁을 거치면서 전후 경제가 급성장하여 다시 우리나라의 여성을 사는 행위를 했다. 이를 보고 괴로워하며 분노를 삼키며 살았던 때가 불과 얼마 되지 않았다. 그런데 그대로 복사하듯이 우리보다 경제성장이 늦은 나라에 가서 같은 짓을 한다면 이것을 어떻게 받아들일 수 있을까?

동남아 지역으로 매매춘을 하러 가는 남성들이 있다는 것을 공공연히 알고 있다. 그래서 남자들끼리 동남아 지역으로 골프를 치러 가거나 여행을 가는 일은 위험하다는 설이 있을 정도이다. '설마 그런 일이 있으려고.' 했는데 그런 이야기를 증명이라도 하듯 직접 보게 되었다. 나는 30년째 서로 형제처럼 친하게 지내는 네 집이 있다. 처음에는 한 달에 오만 원, 그다음에는 십만 원으로 늘리면서 돈을 모았다. 해외여행을 함께 가자는 약속이었다. 첫 해외여행으로 태국에 가게 되었다. 태국에는 가는 곳마다 한국인 관광객이 넘쳐나 북새통을 이루었다.

그중에서 우리의 눈길을 사로잡은 그룹이 있었다. 그들은 마침 우리와 같은 호텔에 묵고 있는 20대 후반으로 보이는 여섯 명의 남성이었다. 그들은 누가 봐도 세련된 옷을 입고 자연스럽게 멋을 낸 여섯 명이 각자 태국의 어린 여자아이들을 하나씩 옆구리에 끼고 호텔에서부터 내내 같이 다니는 것이었다. 딱 봐도 두말할 것 없는 '섹스 관광'이다. 그런데 20대 젊은 남성이 외국으로 무리 지어 섹스 관광을 온 모습에 충격을 받았다. 20대 청춘이면 당연히 사랑을 추구하고 사랑하는 사람과 섹스를 하고 싶어 할 거라고 믿었는데 외국에까지 와서 현지 여성을 돈을 주고 사서 다니는 모습에 적잖은 충격을 받았다.

　이보다 더 충격적인 일도 있었다. 이름만 들어도 누구나 알 수 있는 '내로라'하는 자립형 사립 고등학교 2학년 학생들이 동남아로 수학여행을 갔다. 수학여행을 간 남학생 여남은 명이 숙소 근처 마을에 살고 있던 여성들에게 돈을 주고 성매매 행위를 했다는 사실을 돌아와서야 알게 되었다. 그것도 매매춘을 한 당사자가 자랑삼아 떠벌리는 바람에 학교에서도 알게 되었고 같이 수학여행을 간 여학생들도 모두 알게 된 엄청난 사건이었다. 그런데 학교에서는 성매매에 연루된 학생들의 구만리 같은 앞날을 위하여 조용히 덮었다. 어떤 징계도 없이 넘어갔다. 이 사건 당사자들이 대학을 가고 자유로운 청춘이 되자 SNS를 통해 여자 친구와 다정하게 찍은 사진을 올리며 자랑을 하더란다. 마치 아무 일도 없었던 것처럼, 순진한 첫사랑에 빠진 사람처럼 말이다. 이에 분노한 한 여학생이 학교 졸업생 게시판에 '우리는 알고 있다. 너희가 수학여행 현지에서 무슨 일을 저질렀는지를'이라는 제목으로 자중하라고 경고를 날렸다. 너의 연애사는 듣고 싶지 않다고 말이다. 학교가 다시 발칵 뒤집히는 사건이었다.

　20대의 젊은 청년들이 섹스 관광을 가서 현지 여성을 데리고 다니는 모습이나 고등학생 남학생들이 모의하여 숙소 근처에서 집단 성매매를 한 일은 하나의 단면에 불과할지도 모른다. 아이들은 어른들을 보고 배운다. 특히 돈과 권력을 가진 지배계급의 행동을 보고 모방하려 든다. 그동안 우리 문화가 그들에게 보여 준 그대로 따라서 행했던 것이다. 참 부끄러운 단면이다.

'몽키 하우스'의 어두운 기억

1945년 남측과 북측에서 미군과 소련군에 의한 신탁통치가 시작되었다. 그때부터 미군이 들어온 도시에서는 예외 없이 매춘 여성들이 집단으로 거주하기 시작하였다. 섹스는 남성의 당연한 욕구로 인정하는 문화가 있었기 때문에 성을 사는 남성에게는 면죄부를 주었다.

그러면서 매춘 여성을 가리켜 양공주라 하여 천시하였고 외국인과의 사이에 태어난 아이는 튀기다, 혼혈이다 하여 차별을 하였다. 한편으로는 미군부대에 근무하는 외국인 남성을 위한 접대부를 제공하여 외화벌이를 하도록 하면서 또 다른 시선으로는 그들을 차별하였고 성병을 옮기는 근원으로 보아 국가가 포주와 함께 그들을 관리하는 보건 업무를 맡았다.

성매매 여성을 대상으로 소위 보건증을 주면서 체크하도록 하였고 일주일에 두 번씩 성병 검사를 강요했다. 성병으로 판정되거나 보균 상태로 있는 여성은 철창이 있는 방에 가두고 격리시켰다. 그들이 철창 안에서 울부짖으며 꺼내 달라고 아우성치는 광경이 마치 원숭이 같다고 하여 미군들이 '몽키 하우스'라고 불렀다. 다른 곳에 있던 몽키 하우스는 모두 철거했으나 의정부 소야산 입구에 몽키 하우스가 남아 있다. 어두운 과거의 역사를 증명이라도 하듯이 말이다. 우리나라에서는 1961년 윤락행위방지법을 만들어 일반 국민들에게는 성매매를 허용하지 않았으나 예외적으로 미군기지 2km 내는 특정 지역으로 분류하여 성매매 단속을 하지 않았다. 성병 검사에서 통과되지 못하거나 성병 보균자로 판정되면 강제로 몽키 하우스에 수용되어 약물을 투여받으며 살았는데, 이 과정에서 약물 쇼크로 죽거나 도망치다가 죽는 사람이 발생하는 등 인권 침해가 심각했다. 그러나 미군부대 근처 외에도 사람들이 많이 오가는 역 근처나 술집 등에서 공공연히 성매매가 이루어졌다. 성을 사고자 하는 사람이 있었고 이를 판매하는 자가 존재하였다. 윤락행위방지법이 있되, 성 구매자는 처벌받지 않고 성 판매자만 처벌하는 형태여서 사문화된 법이었다. 사회문화적으로 여전히 성매매가 가능했다.

2004년, 성매매특별법이 시행되자 성매매 행위를 공식적으로 범죄로 여기게 되었다. 그러다 보니 지금도 성매매를 필요악이다 뭐다 하면서 하나의 문화처럼 여기는 시대착오적 생각을 하는 사람도 있다. 성을 사고자 하는 사람이 있다 보니 인터넷을 통해 은밀하게 음성적으로 이루어지고 있는 것도 사실이다. 2019년 유엔인권위원회가 발표한 성매매 내용 중에서 음란물 제작을 가장 많이 하는 나라는 일본, 가장 나이 어린 여성을 찾는 나라는 한국, 인터넷에서 가장 많이 유포되고 다운받는 나라도 한국이라고 그 심각성을 발표했다.

우리나라는 경제적으로 국민 1인 소득 3만 달러 시대에 접어들었다. 우리보다 가난한 나라에서 '코리아 드림'을 꿈꾸며 외국인들이 돈을 벌러 많이 들어와서 일하고 있다. 그중에는 여행비자로 들어와서 석 달을 넘기고 그대로 주저앉았다가 불법 체류자가 된 외국인이 늘어나기 시작하였다. 비자가 없는 것을 악용하여 외국인 여성들을 대상으로 감금하여 매춘 행위를 강요하는 반인권적 범죄를 저지르는 일도 더러 보도되는 상황이다.

미투 운동이 던지는 과제

　우리 사회는 경제적으로는 백 배, 천 배 커졌지만 성에 대한 의식은 여전히 전근대적 차원에 머물러 있다. 또 돈 버는 일이라면 무슨 일이든 하려는 사람도 허다하다. 돈이 만능적 수단이 되어 돈으로 사람의 성까지 사려는 사람이 있는 문화다. 성폭력 범죄에 대하여 피해자는 말을 못하고 가해자는 딱 잡아떼는 이상한 문화가 형성되었다. 2018년, 성폭력 범죄 행위를 사회적으로 고발하는 '미투 운동'은 이러한 문화에 종지부를 찍고 여성도 살 만한 사회를 만들자는 사회운동이다.

　여성은 섹스와 성에 대하여 금기시하던 문화를 온몸으로 배운 사람들이다. 반면에 남성은 섹스와 성에 대하여 죄의식 없이 '카사노바'를 꿈꾸기도 하는 상반된 문화를 동시대의 사람들이 배웠다. 그러다 보니 남녀 간에 엄청난 차이를 갖게 된 것이 바로 성에 대한 의식이다. 가부장적 사회에서 남성에게는 관대하다 못해 '남성적이다, 상남자다'라는 타이틀까지 갖게 한 성문화였다. 반면에 여성에게는 '과거를 묻지 마세요'라는 식의 문화다 보니 성폭력 피해자는 평생 동안 묻어야만 했다. 몇십 년이 지난 지금에 와서조차 '내가 바로 성폭력 피해자입니다'라고 드러내는 데 얼마나 큰 용기를 내야 하는지를 알게 했다. 그것이 바로 '미투 운동'이다.

　여기에서 굳이 내가 '미투 운동'이라고 표현하는 이유는 그저 "나도 당했어요. 나에게 그런 몹쓸 짓을 한 사람은 바로 ○○○입니다"라는 데에서 그치는 것이 아니기 때문이다. 분명히 사람은 자신이 행한 일을 기억한다. 그러므로 세월이 아무리 지났다 해도 진정성이 담긴 사과를 한다면 용서할 수도 있는 일이다. 그런데 성폭력 가해자로 지목

받은 사람은 한결같이 "기억이 없다. 음해다. 무고죄로 고발하겠다"라는 말로 피해자를 부도덕한 여성으로 몰고 간다. 어떤 여자가 당하지 않은 일을 굳이 밝히면서 자신이 받을 세상의 이목을 두려워하지 않겠는가? 그것도 상대는 부와 권력을 가진 남성인데 말이다. 정말이지 우연을 가장하여 자신이 쥐도 새도 모르게 죽임을 당할 수도 있다는 것을 알고 있다.

'미투 운동'이라 이름하는 이유는 과거에 남성에게 관대했던 사회문화 속에서 죄의식 없이 행했던 성폭력을 이제는 끝내자는 운동이기 때문이다. 성폭력에 대한 사회적인 성찰과 반성이 있어야 한다. 나아가 다시는 그런 범죄 행위가 일어나지 않도록 하자는 운동적 의미를 담고 있다. 많은 남성들이 어머니에게서 태어났고 결혼을 하여 아내와 더불어 살아간다. 그리고 아들이나 딸을 낳아서 기를 것이다. 그렇다면 내 어머니와 아내와 딸이 우연히 살아남은 운 좋은 사람이 아니라 우리 사회에서 존엄한 존재로 살아갈 권리가 있는 사람으로 살아야 한다. 성 대결적 구도의 외침이 아니다. 양심적인 남성들이 함께 나서서 만들어 가야 할 세상이다.

3.
강제징용으로 끌려간 사람들

뒷집 할매는 매일 저녁마다 마실을 우리 집으로 오셨다. 저녁 드시면 어김없이 오셨는데 그때마다 한 많은 할머니의 인생 이야기를 쏟아내었다. 할머니는 열여덟에 우리 마을로 시집을 왔다. 그런데 그 이듬해에 갓 스물이 된 할아버지가 강제징용을 당해서 일본으로 끌려가고 말았다. 아직 아이는 없던 몸이라 뒷집 할머니는 일본으로 할아버지를 찾으러 나섰다. 어디가 어딘지를 알고 가느냐고 어른들도 말리고 두려워했지만 끌려간 영감님이 죽었는지 살았는지도 모르고 살 수가 없었다. 그 시대에 엄청 용감한 여장부였다.

뒷집 할머니는 지독한 골초여서 이야기를 하는 내내 담배를 피웠다. 그래서 방 안에 담배 연기를 가득 채운 채, 우리는 이야기에 빠져들었다. 그때 어른들은 방에서 담배를 피웠다. 너무나 자연스러운 일상이어서 이의를 제기하는 사람이 없었다. 방에 걸려 있던 옷과 아이들 몸에도 담배 냄새가 배었을 텐데, 아무런 문제가 되지 않았다. 다만 천신만고 끝에 어떻게 죽지 않고 다시 고향으로 돌아올 수 있었는지 그 과정을 수없이 되풀이하여 들어도 마음이 찢어지는 고통을 느꼈다. 동지섣달 기나긴 밤이 뒷집 할머니 이야기로 짧게만 느껴졌다.

열아홉 꽃 같은 젊은 아낙이 일본으로 할아버지를 찾아 나선 길은 말할 수 없이 험하고 무서웠다. 물어 물어서 죽을 고생 끝에 할아버지를 찾아서 부부 상봉을 했다. 할아버지는 피죽도 못 얻어먹은 몰골로 죽기 직전이었다. 생사람을 조선에서 여기까지 끌고 와서 탄광에서 일을 시키는데 월급도 제대로 주지 않고 무슨 쿠폰 같은 것을 주더란다. 억장이 무너지는 순간이 많았다. 그래도 피골이 상접했던 할아버지는 일본까지 당신을 찾아온 할머니 덕분에 각시가 해 주는 더운밥을 먹으면서 사람의 꼴을 찾아갔다.

뒷집 할머니도 남의 집 허드렛일을 하면서 보태고 고향에 돌아가면 논이라도 댓 마지기 사려고 악착같이 일했다. 그런 생지옥 같은 고생길에서도 어떻게 된 판인지 아기들이 줄줄이 태어났다. 없는 살림에 벌어서 입이라도 살고 고향 갈 준비도 해야 하는데 돌아서면 태기를 느끼니 무슨 황당한 일인가 싶어서 부끄럽기도 하고 난감했다. 그러나 그 와중에도 부모라고 찾아온 아기들을 키워야지, 세상에 나 하나 의지하고 찾아온 귀한 생명들인데 하는 마음이 저절로 생겼다. 십여 년 일본 있을 동안 다섯을 낳았다. 그러다 해방이 되었다. 해방되었다는 소식에 가슴이 벌렁벌렁하고 음식도 안 넘어갔다. 그러면 우리도 이제 고향으로 가겠구나 싶어서 잠도 오지 않았다. 죽을 고비를 수없이 넘기고도 살아서 해방을 맞이했으니 천행이었다. 얼씨구나, 고향으로 가야지. 이 낯선 곳에서 더 이상 탄광으로 들어가지 않아도 되겠지 하면서 올망졸망 새끼들을 데리고 배편을 구하여 집으로 가려고 했다.

큰 배가 오가는 항구마다 인산인해를 이루어 밟혀 죽지 않은 것만도 다행이었다. 안 되겠다. 서두르다가 고향땅 밟아 보지도 못하고 죽겠구나 싶어서 한숨 돌리고 가자고 했다. 그 와중에 조선으로 가던 배에 불이 나서 수백 명이 죽었다는 소문이 돌았다. 일본놈들이 고국으로 돌아가는 조선 사람을 죽이려고 일부러 사고를 내고 수장시켰다는 흉흉한 소문이 돌았다. 배에서 뛰어내려 헤엄을 쳐서 살아 나온 사람도 더러 있다지만 대부분은 물귀신이 되었다. 무서운 소문이 일본에 있던 조선인들 사이에 돌았다.

　조선인들 중에는 생활 터전이 이미 일본에 있는지라 가려면 가고 살려면 살라는 식의 일본인들의 태도에 고국으로 갈 것인지 이대로 일본에 눌러살 것인지를 결정을 해야만 했다. 뒷집 할머니는 죽어도 고향 가서 죽어야지 일본에서 더는 살기 싫었다. 간신히 배편을 구하여 고향 가는 항구에서 몇 날 며칠을 한뎃잠을 자며 기다렸다. 추석이 지난 시기라 밤이 되자 날이 차가워지기 시작했다. 어른들은 굶기를 밥 먹듯이 하며 그나마 애기 입에 먹을 것이라도 넣을 수 있으면 천만다행이라 여겼다. 그런 와중에 젖먹이가 열이 펄펄 끓는가 싶더니 축 늘어져 숨을 쉬지 않았다. 그렇게 잃어버린 젖먹이를 수습하여 묻어 줄 여유도 갖지 못하고 배를 탔다. 할아버지 혼자서 항구 가까이 땅에 묻고 돌아섰다. 할머니는 남은 자식을 돌보아야 했다. 그저 아직 살아 있는 네 명의 자식을 또 잃게 되지나 않을까 싶어서 두려움에 휩싸였다.

　배를 타고 부산에 와서 다시 기차를 타고 집에 오기까지 보름이 걸렸다. 온 식구가 거지 중에서도 상거지가 되어 돌아왔다. 집이라고 와 보니 초가삼간은 무너지고 아궁이만 남아 있었다. 그날부터 두 내외가 팔을 걷어붙이고 흙벽돌을 만들어 집을 짓기 시작했다. 방 하나 먼저 지어 비를 피하고 부엌이라고 얼기설기 바람이라도 피하도록 지어서 솥단지 걸고 죽기 살기로 농사짓고 남의 일도 거들면서 집이라고 짓다 보니 초가 세 칸 짓는 데 일 년이 걸렸다. 그러고 나서 아래채 세 칸을 더 지었으니 대궐이 따로 없다며 고생담을 털어놓았다.

뒷집 할머니는 골병이 들 대로 든 몸이라 대꼬챙이처럼 말랐다. 그래도 자기 이야기를 마다하지 않고 들어준다고 늘 고마워했다. 일본식 호칭으로 "사이상"이라는 말을 아주 자연스럽게 쓰는 할머니였다. 강제로 끌고 가서 온갖 죽을 고생 다 시키고도 그 누구에게도 "미안하다, 잘못했다"라는 한마디 말을 듣지 못했다. 당사자들이 살아 있을 때부터 강제징용 배상을 요구했다. 못 받은 임금도 받아야만 했다. 뒷집 할머니, 할아버지는 그런 논의를 하지도 못해 보고 세상을 떠났다. 나라 잃은 백성에게 얼마나 지난한 삶이 펼쳐졌는지 그녀는 매일 밤 우리 집에서 되새김질을 하였다. 듣고 있던 우리 할머니가 이렇게 진심으로 위로하고 또 위로했다.

"아이고 그래, 얼마나 고생이 많았습니까? 안 죽고 살았으니 천만다행입니다."

그렇게 한 시대를 넘어온 분을 만나 아주 실감 나게 이야기를 들을 수 있었던 것은 그 시절을 이해하는 바탕이 되었다.

2020년이 된 지금도 강제징용에 따른 배상문제는 한일 간 시각 차이를 드러내며 오리무중이다. 당시 일본으로 끌려가 죽을 고생을 한 어른들은 이제는 아흔이 넘은 고령이다. 거의 다 돌아가시고 몇 분 남지 않으셨다. 하루빨리 진정한 사과와 배상이 이루어져야 할 이유이기도 하다.

4.
타인의 고통에 공감하라

우리가 자랄 때만 해도 외국인을 보는 일은 흔하지 않았다. 나는 농촌에서 자라서 더욱 그러하였다. 그러나 이제는 농촌이나 도시에서나 외국인을 보는 일은 흔할뿐더러 바로 이웃으로 살아가고 있다. 매주 KBS에서 방영하는 〈이웃집 찰스〉는 평범한 외국인들 중에서 한국인 아내나 남편과 결혼하여 살아가는 일상을 담아 그들의 고충을 이야기한다. 또 EBS에서 방영하는 〈고부열전〉은 외국인 결혼이주여성이 우리나라에 들어와서 살면서 고부간에 겪는 갈등을 드러내고 이를 해결하기 위한 방안으로 시어머니와 같이 외국의 친정에 보내 준다. 거기에서 외국인 며느리의 친정 가족들이 사는 모습을 사실적으로 보여준다. 그렇게 하다 보면 서로 마음을 열고 진솔한 대화를 함으로써 그동안 쌓인 오해를 풀기도 하고 앞으로 잘 지내자는 약속을 하면서 훈훈하게 막을 내린다.

이런 국제결혼은 어쩌다 있는 일이 아니다. 지구가 하나의 촌락처럼 자유롭게 오가는 세계화 시대가 된 지 25여 년이 되었다. 우리나라에서도 1994년, 김영삼 정부 때 세계화 시대에 맞는 국가 전략 운운하면서 변화하는 국제 흐름에 맞게 살기 위한 준비를 시작했다. 당시에 김영삼 대통령은 텔레비전에 나오기만 하면 "친애하는 국민 여러분, 세계화 시대가 왔습니다. 우리도 세계화 시대에 맞게……"라고, 세계화 시대에 맞는 사고와 행동을 해야 한다고 국민들에게 당부했다. 사람과 물자가 자유롭게 국경을 넘나들어서 국가의 경계가 모호해지고 개념도 약화된다 하였다.

세계화 시대가 왔다지만 1990년대 초반부터 결혼하지 못한 농촌 총각들이 삶을 비관하여 자살하는 일이 점점 늘어나자 사회적으로 큰 문제가 되었다. 그들은 농촌에서 산다는 이유만으로 결혼하려는 여자가 없다고, 사는 재미가 없다고 하면서 농약을 마셨다. 이를 해결하기 위해 우리 사회는 먼저 중국에 살고 있는 조선족 여성들과 농촌 총각의 국제결혼을 시작으로 점차 동남아시아 여러 나라의 결혼이주여성들이 들어오게 되었다. 결혼이주여성들의 열악한 삶과 반인권적 상황이 드러나 우리 사회의 치부를 보여줄 수밖에 없는 일도 많았다. 일각에서는 남편이나 시부모의 학대를 견디다 못해 고국으로 돌아가는 사람도 생기고 폭력적인 가정에서 도망쳐서 도움을 요청하는 사람도 생기는 등 문제가 심각하다는 것은 어제오늘의 이야기가 아니다.

우리나라도 1960년대에서 1970년대에 일본 농촌으로 한국의 많은 여성이 결혼하여 이주했다. 속 모르는 사람들은 그녀가 몇십 년 만에 일본에서 친정 나들이를 나왔는데 선물 꾸러미가 많다고 구경하러 가는 일까지 생겼다. 그녀가 일본에서 그 세월을 어떻게 견디어 냈는지는 모르고 말이다.

우리 동네 남숙이네는 무슨 사연인지 부모님이 이혼을 하였다. 남숙이 아버지 혼자서 농사를 지으며 몇 년을 살았는데 어느 날 중신아비가 왔다 갔다 한다더니 재취를 얻었다고 했다. 그녀가 바로 같은 마을에 살던 분이었는데 일본 농촌 총각과 결혼하여 10년을 살다가 두 딸을 일본에 두고 온 분이었다. 정산댁이라는 분의 딸이었는데 일본으로 딸을 시집보내고 받은 돈으로 전답을 샀다는 소문이 도는 집이었다. 그녀는 친정으로 돌아와 죽은 듯이 조용히 지내고 있었다. 나이 차이도 있고 전처 소생인 남숙이가 있었지만 그만한 자리가 또 있겠느냐고 중신아비가 설득을 했더란다. 둘이는 서로 한 번 갔다 온 몸이라서 남사스러워 결혼식을 올리지도 않고 어느 날부터인가 그 아지매가 남숙이네 부엌살림을 맡아서 하고 있었다. 남숙이네는 할머니, 할아버지가 장승같이 계셨는데 혹여 계모가 남숙이 구박이라도 할까 봐서 끼고 살았다. 재혼하여 살러 온 그 아지매는 그런 범 같은 시부모 모시면서 일도 황소같이 잘한다고 동네 사람들이 칭찬했다. 일본에 두고 온 딸을 생각해서라도 이번에는 잘 살겠지 하고 응원했다. 그 아지매는 워낙 과묵했다. 일체 말이 없어서 그녀가 살아온 세월을 아는 이가 없었다. 남숙이 아버지와 재혼하여 딸을 셋을 낳고 마지막에 아들을 낳았다. 온 동네 사람들이 안도하는 소리를 냈다. 이제 아들까지 낳았으니 그 집 귀신이 될 거라고 짐작했던 것이다.

1960년대 우리나라도 가난하기로 하자면 지금의 동남아 여러 나라보다 더하면 더했지 나은 점도 없었다. 농촌에서 형제는 여럿이고 특별하게 가르친 것도 없는 딸을 일본 농촌으로 시집보내면서 사례로 친정에서 돈을 받아서 전답을 살 정도였으니 딸 팔아서 살았다는 말이 사실이다. 외국으로 시집간 딸은 이역만리 머나먼 타국에서 말도 통하지 않는 상태로 살아 내어야 하는 상황이다. 천만다행으로 이러한 아내의 사정에 대해 연민을 가진 남자를 만난다면 살기가 조금 수

월하겠지만 부모형제와 고향 산천에 대한 그리움은 여전할 것이다. 일본이나 우리나라나 농촌 총각에게 시집간 그녀들의 어려움은 시부모를 모시고 살아야 하는 경우가 대부분이었다. 갈등이 증폭될 수 있는 조건이다.

여기에서 내가 이야기하고자 하는 것은 30여 년의 시차를 두고 우리나라 여성이 일본 농촌 총각과 결혼하러 가서 고생한 점과 결혼이주여성들의 삶이 꼭 닮아 있다는 점이다. 마치 우리는 아무 일도 없었던 것처럼 결혼이주여성을 하대하고 깔본다면 '개구리 올챙이 시절을 기억하지 못한다'는 말이 이에 해당할 것이다.

마찬가지로 우리나라에서도 1970년대 독일로 보낸 광부와 간호사들이 있었다. 독일의 노동자들이 기피하고 싫어했던 직종에 외화벌이로 갔다. 중동 지역의 한증막처럼 무더운 사막의 건설 현장에도 현장 노동자로 파견되어 갔다. 우리나라에서 일자리는 변변찮고 가난을 숙명처럼 타고난 상황에서 고생스럽더라도 일자리가 있다니 가족을 위하여 자기희생을 받아들이는 사람들이었다. 그들도 현지에 가서는 외국인 노동자였다. 영화 〈국제시장〉에서도 그들의 삶을 그려서 많은 관객을 울렸다.

지금 우리나라에는 외국에서 들어온 이주민 300만 명 정도가 일을 하고 있다. 점점 늘어날 것이다. 결혼, 유학, 여행, 취업 등의 이유로 이주해 온 수많은 이주민이 있듯이 우리도 언제든지 다른 나라에서 머무는 이주민이 될 수 있다. 이제는 원주민과 이주민 구분을 하지 않고 동등하게 대하는 시대를 열고 있다. 이곳에서 원주민이라면 다른 곳에서는 이주민으로 살아야 하기 때문이다.

나의 인권이 소중하듯이 타인의 인권을 존중하면서 살아갈 때이다.

경제성장으로 돈이 많아지고 양적으로 엄청난 변화를 보았다. 또한 우리나라의 위대한 시민들은 정치적 민주주의를 위해서도 목숨을 걸었다. 일제 식민지 36년 동안 독립운동을 전개하였다. 독립운동을 하다 들키면 목숨을 잃을 수도 있었고 가족들은 말할 수 없는 고통을 겪어야 했다. 그런 줄 알았지만 구한말 의병운동부터 상해 임시정부를 비롯하여 다양한 방법으로 독립운동을 전개하였다. 뿐만 아니라 좌우 이념으로 대립하여 6·25 전쟁으로 3년을 싸우다 보니 전 국토는 잿더미 위에 올라앉았다. 그런 폐허 위에서 경제성장을 이루었다. 부정부패로 치달은 이승만 정권을 4·19 혁명으로 무너뜨렸다. 군사독재와 장기집권으로 국민을 억압한 박정희 유신체제에 맞섰다. 이어 또다시 등장한 전두환 군부에 맞서 저항한 5·18 광주항쟁, 1987년 6월 항쟁으로 정치적 민주주의를 이루기까지 수많은 희생이 있었다. 오늘날 안정적인 정권교체를 이루는 정치적 민주주의를 이루기까지 민주주의의 제단에 바친 목숨이 어디 한둘인가 말이다.

이제는 실질적인 민주주의를 위해 인권을 생각할 때이다. 일상생활에서 모든 사람의 인권이 존중되도록 노력하는 일이 바로 진정한 민주주의 사회를 만들어 가는 일이기 때문이다. 즉 타인의 고통을 바라볼 줄 아는 가슴이 필요하다. 타인의 고통을 줄이기 위해서 노력하는 사람이 많아질 때 비로소 사람 사는 세상이 된다. 한 사회의 인권지수를 알 수 있는 바로미터는 그 사회의 가장 낮은 위치에 있는 약자의 인권을 들여다보면 된다. 사회적 약자가 살 만한 사회를 만드는 일을 우리 모두 함께해야 할 것이다. 역사는 소수에게 독점되었던 권력이 점차 다수에게로 확장된 과정이다. 그렇게 다수 대중이 다스리는 정치체제를 민주주의라 한다. 민주주의는 나보다 우리가 현명하며 나

하나의 이익보다는 여럿의 행복을 추구한다. 다른 사람과 더불어 사는 세상을 만드는 일이다.

이야기를 마치며

아직 많은 이야기가 남아 있다. 한 명의 할머니가 세상을 떠날 때, 도서관 하나 분량의 이야기가 사라진다고 하였다. 나는 증조할머니와 할머니가 계시는 농촌에서 성장하였다. 증조할머니의 이야기는 그 이전의 할머니의 할머니가 들려준 이야기를 가지고 있을 것이다. 개인의 삶이 가장 정치적일 수 있는 것은 그가 산 시대를 반영하기 때문이다. 사람에 얽힌 남아 있는 이야기는 다음에 계속하기로 하며…… 앞으로도 오천 년을 사는 여자는 이야기를 계속 남기고자 한다.

오천 년을 사는 여자의 이야기는 현재를 사는 젊은 세대들이 누리는 물질적 풍요나 정보통신기술과 지식을 마치 처음부터 존재했던 것이라 알지 않기를 바라는 마음에서 시작되었다. 물질적 풍요와 자유가 있기까지 수많은 역사적 과정과 계단을 밟아서 여기까지 왔다는 것을 이야기하고 싶었다. 오늘 우리가 당연하게 여기는 민주주의, 그것을 위해 청춘과 목숨을 건 투쟁의 날들을 바친 사람들을 공적으로 기억하기를 바란다. 신념을 가지고 좁고 험한 길을 마다 않고 묵묵히 걸어간 사람들이 있었기에 오늘 우리가 여기에 있을 수 있다.

어느 시대, 어느 사회나 모든 구성원들이 동일한 문화를 누리거나 경험하는 것은 아니다. 사회는 많은 것들이 공존하며 발전해 간다. 지금의 10대, 20대는 태어나면서부터 인터넷을 만난 디지털 원주민이다. 부모들은 아날로그 시대에 태어나 디지털 시대를 사는 디지털 따라잡기 세대이다. 이보다 앞선 세대의 사람 중에서 디지털 문명 배우기를 포기한 사람을 가리켜 디지털 포기 세대라고 한다. 디지털 원주민과 디지털 따라잡기 세대, 디지털 포기 세대가 같이 살아가는 사회이다. 그들은 경험과 지식 등의 차이로 서로 다른 세상을 살아가고 있을지도 모른다.

지금도 지구촌 입장에서 보면 엄청난 기술과 생산력으로 물질의 풍요를 누리는 사회가 있는가 하면 제대로 된 물도 먹지 못하는 환경에 처한 아이, 전쟁의 소용돌이 속 난민촌에서 드러나는 폭력적인 상황, 빈부격차 때문에 같은 나라에 살지만 다른 세상을 사는 사람들, 코리안 드림을 꿈꾸며 우리나라를 찾은 이주민들, 인권의 사각지대에 놓인 약자들이 항상 우리 곁에 있다는 것을 잊지 않았으면 한다. 함께 공존하는 사회에서 조금씩 곁을 내주는 사람을 만나고 싶다. 그런 세상이라면 사람 사는 향기가 날 것이라고 기대하기 때문이다.

삶의 행복을 꿈꾸는 교육은 어디에서 오는가?

● **교육혁명을 앞당기는 배움책 이야기** 혁신교육의 철학과 잉걸진 미래를 만나다!

한국교육연구네트워크 총서

01 핀란드 교육혁명
한국교육연구네트워크 엮음 | 320쪽 | 값 15,000원

02 일제고사를 넘어서
한국교육연구네트워크 엮음 | 284쪽 | 값 13,000원

03 새로운 사회를 여는 교육혁명
한국교육연구네트워크 엮음 | 380쪽 | 값 17,000원

04 교장제도 혁명
한국교육연구네트워크 엮음 | 268쪽 | 값 14,000원

05 새로운 사회를 여는 교육자치 혁명
한국교육연구네트워크 엮음 | 312쪽 | 값 15,000원

06 혁신학교에 대한 교육학적 성찰
한국교육연구네트워크 엮음 | 308쪽 | 값 15,000원

07 진보주의 교육의 세계적 동향
한국교육연구네트워크 엮음 | 324쪽 | 값 17,000원
2018 세종도서 학술부문

08 더 나은 세상을 위한 학교혁명
한국교육연구네트워크 엮음 | 404쪽 | 값 21,000원
2018 세종도서 교양부문

09 비판적 실천을 위한 교육학
이윤미 외 지음 | 448쪽 | 값 23,000원
2019 세종도서 학술부문

10 마을교육공동체운동:
세계적 동향과 전망
심성보 외 지음 | 376쪽 | 값 18,000원

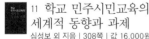
11 학교 민주시민교육의
세계적 동향과 과제
심성보 외 지음 | 308쪽 | 값 16,000원

12 학교를 민주주의의 정원으로
가꿀 수 있을까?
성열관 외 지음 | 272쪽 | 값 16,000원

한국교육연구네트워크 번역 총서

01 프레이리와 교육
존 엘리아스 지음 | 한국교육연구네트워크 옮김
276쪽 | 값 14,000원

02 교육은 사회를 바꿀 수 있을까?
마이클 애플 지음 | 강희룡·김선우·박원순·이형빈 옮김
356쪽 | 값 16,000원

03 비판적 페다고지는
세상을 변화시킬 수 있는가?
Seewha Cho 지음 | 심성보·조시화 옮김
280쪽 | 값 14,000원

04 마이클 애플의 민주학교
마이클 애플·제임스 빈 엮음 | 강희룡 옮김
276쪽 | 값 14,000원

05 21세기 교육과 민주주의
넬 나딩스 지음 | 심성보 옮김 | 392쪽 | 값 18,000원

06 세계교육개혁:
민영화 우선인가 공적 투자 강화인가?
린다 달링-해먼드 외 지음 | 심성보 외 옮김 | 408쪽 | 값 21,000원

07 콩도르세, 공교육에 관한 다섯 논문
니콜라 드 콩도르세 지음 | 이주환 옮김
300쪽 | 값 16,000원

08 학교를 변론하다
얀 마스켈라인·마틴 시몬스 지음 | 윤선인 옮김
252쪽 | 값 15,000원

혁신학교
성열관·이순철 지음 | 224쪽 | 값 12,000원

행복한 혁신학교 만들기
초등교육과정연구모임 지음 | 264쪽 | 값 13,000원

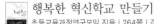
서울형 혁신학교 이야기
이부영 지음 | 320쪽 | 값 15,000원

대한민국 교사, 어떻게 가르칠 것인가?
윤성관 지음 | 320쪽 | 값 15,000원

아이들을 어떻게 가르칠 것인가
사토 마나부 지음 | 박찬영 옮김 | 232쪽 | 값 13,000원

모두를 위한 국제이해교육
한국국제이해교육학회 지음 | 364쪽 | 값 16,000원

● 비고츠키 선집 시리즈 　발달과 협력의 교육학 어떻게 읽을 것인가?

생각과 말
레프 세묘노비치 비고츠키 지음
배희철·김용호·D. 켈로그 옮김 | 690쪽 | 값 33,000원

도구와 기호
비고츠키·루리야 지음 | 비고츠키 연구회 옮김
336쪽 | 값 16,000원

어린이 자기행동숙달의 역사와 발달 I
L.S. 비고츠키 지음 | 비고츠키 연구회 옮김
564쪽 | 값 28,000원

어린이 자기행동숙달의 역사와 발달 II
L.S. 비고츠키 지음 | 비고츠키 연구회 옮김
552쪽 | 값 28,000원

어린이의 상상과 창조
L.S. 비고츠키 지음 | 비고츠키 연구회 옮김
280쪽 | 값 15,000원

비고츠키와 인지 발달의 비밀
A.R. 루리야 지음 | 배희철 옮김 | 280쪽 | 값 15,000원

수업과 수업 사이
비고츠키 연구회 지음 | 196쪽 | 값 12,000원

비고츠키의 발달교육이란 무엇인가?
비고츠키교육학실천연구모임 지음 | 412쪽 | 값 21,000원

비고츠키 철학으로 본 핀란드 교육과정
배희철 지음 | 456쪽 | 값 23,000원

성장과 분화
L.S. 비고츠키 지음 | 비고츠키 연구회 옮김
308쪽 | 값 15,000원

연령과 위기
L.S. 비고츠키 지음 | 비고츠키 연구회 옮김
336쪽 | 값 17,000원

의식과 숙달
L.S 비고츠키 | 비고츠키 연구회 옮김
348쪽 | 값 17,000원

분열과 사랑
L.S. 비고츠키 지음 | 비고츠키 연구회 옮김
260쪽 | 값 16,000원

성애와 갈등
L.S. 비고츠키 지음 | 비고츠키 연구회 옮김
268쪽 | 값 17,000원

흥미와 개념
L.S. 비고츠키 지음 | 비고츠키 연구회 옮김
408쪽 | 값 21,000원

관계의 교육학, 비고츠키
진보교육연구소 비고츠키교육학실천연구모임 지음
300쪽 | 값 15,000원

비고츠키 생각과 말 쉽게 읽기
진보교육연구소 비고츠키교육학실천연구모임 지음
316쪽 | 값 15,000원

교사와 부모를 위한 비고츠키 교육학
카르포프 지음 | 실천교사번역팀 옮김
308쪽 | 값 15,000원

혁신교육, 철학을 만나다
브렌트 데이비스·데니스 수마라 지음
현인철·서용선 옮김 | 304쪽 | 값 15,000원

혁신교육 존 듀이에게 묻다
서용선 지음 | 292쪽 | 값 14,000원

다시 읽는 조선 교육사
이만규 지음 | 750쪽 | 값 33,000원

대한민국 교육혁명
교육혁명공동행동 연구위원회 지음
224쪽 | 값 12,000원

경쟁을 넘어 발달 교육으로
현광일 지음 | 288쪽 | 값 14,000원

독일 교육, 왜 강한가?
박성희 지음 | 324쪽 | 값 15,000원

핀란드 교육의 기적
한넬레 니에미 외 엮음 | 장수명 외 옮김
456쪽 | 값 23,000원

한국 교육의 현실과 전망
심성보 지음 | 724쪽 | 값 35,000원

통하는 공부
김태호·김형우·이경석·심우근·허진만 지음
324쪽 | 값 15,000원

내일 수업 어떻게 하지?
아이함께 지음 | 300쪽 | 값 15,000원
2015 세종도서 교양부문

인간 회복의 교육
성래운 지음 | 260쪽 | 값 13,000원

교과서 너머 교육과정 마주하기
이윤미 외 지음 | 368쪽 | 값 17,000원

수업 고수들
수업·교육과정·평가를 말하다
박현숙 외 지음 | 368쪽 | 값 17,000원

도덕 수업, 책으로 묻고 윤리로 답하다
울산도덕교사모임 지음 | 320쪽 | 값 15,000원

체육 교사, 수업을 말하다
전용진 지음 | 304쪽 | 값 15,000원

교실을 위한 프레이리
아이러 쇼어 엮음 | 사람대사람 옮김
412쪽 | 값 18,000원

마을교육공동체란 무엇인가?
서용선 외 지음 | 360쪽 | 값 17,000원

교사, 학교를 바꾸다
정진화 지음 | 372쪽 | 값 17,000원

함께 배움
학생 주도 배움 중심 수업 이렇게 한다
니시카와 준 지음 | 백경석 옮김 | 280쪽 | 값 15,000원

공교육은 왜?
홍섭근 지음 | 352쪽 | 값 16,000원

자기혁신과 공동의 성장을 위한
교사들의 필리버스터
윤양수·원종희·장군·조경삼 지음 | 280쪽 | 값 14,000원

함께 배움 이렇게 시작한다
니시카와 준 지음 | 백경석 옮김 | 196쪽 | 값 12,000원

함께 배움 교사의 말하기
니시카와 준 지음 | 백경석 옮김 | 188쪽 | 값 12,000원

교육과정 통합, 어떻게 할 것인가?
성열관 외 지음 | 192쪽 | 값 13,000원

미래교육의 열쇠, 창의적 문화교육
심광현·노명우·강정석 지음 | 368쪽 | 값 16,000원

주제통합수업,
아이들을 수업의 주인공으로!
이윤미 외 지음 | 392쪽 | 값 17,000원

수업과 교육의 지평을 확장하는 수업 비평
윤양수 지음 | 316쪽 | 값 15,000원
2014 문화체육관광부 우수교양도서

교사, 선생이 되다
김태은 외 지음 | 260쪽 | 값 13,000원

교사의 전문성, 어떻게 만들어지나
국제교원노조연맹 보고서 | 김석규 옮김
392쪽 | 값 17,000원

수업의 정치
윤양수·원종희·장군 지음 | 280쪽 | 값 14,000원

학교협동조합,
현장체험학습과 마을교육공동체를 잇다
주수원 외 지음 | 296쪽 | 값 15,000원

거꾸로 교실,
잠자는 아이들을 깨우는 수업의 비밀
이민경 지음 | 280쪽 | 값 14,000원

교사는 무엇으로 사는가
정은균 지음 | 292쪽 | 값 15,000원

마음의 힘을 기르는 감성수업
조선미 외 지음 | 300쪽 | 값 15,000원

작은 학교 아이들
지경준 엮음 | 376쪽 | 값 17,000원

아이들의 배움은 어떻게 깊어지는가
이시이 준지 지음 | 방지현·이창희 옮김
200쪽 | 값 11,000원

대한민국 입시혁명
참교육연구소 입시연구팀 지음 | 220쪽 | 값 12,000원

교사를 세우는 교육과정
박승열 지음 | 312쪽 | 값 15,000원

전국 17명 교육감들과 나눈 교육 대담
최창의 대담·기록 | 272쪽 | 값 15,000원

들뢰즈와 가타리를 통해 유아교육 읽기
리세롯 마리엣 올슨 지음 | 이연선 외 옮김
328쪽 | 값 17,000원

학교 혁신의 길, 아이들에게 묻다
남궁상운 외 지음 | 272쪽 | 값 15,000원

 학교 민주주의의 불한당들
정은균 지음 | 276쪽 | 값 14,000원

 프레이리의 사상과 실천
사람대사람 지음 | 352쪽 | 값 18,000원
2018 세종도서 학술부문

 교육과정, 수업, 평가의 일체화
리사 카터 지음 | 박승열 외 옮김 | 196쪽 | 값 13,000원

 혁신학교, 한국 교육의 미래를 열다
송순재 외 지음 | 608쪽 | 값 30,000원

  학교를 개선하는 교장
지속가능한 학교 혁신을 위한 실천 전략
마이클 풀란 지음 | 서동연·정효준 옮김 | 216쪽 | 값 13,000원

 페다고지를 위하여
프레네의 『페다고지 불변요소』 읽기
박찬영 지음 | 296쪽 | 값 15,000원

 공자뎐, 논어는 이것이다
유문상 지음 | 392쪽 | 값 18,000원

 노자와 탈현대 문명
홍승표 지음 | 284쪽 | 값 15,000원

 교사와 부모를 위한
발달교육이란 무엇인가?
현광일 지음 | 380쪽 | 값 18,000원

 선생님, 민주시민교육이 뭐예요?
염경미 지음 | 244쪽 | 값 15,000원

 교사, 이오덕에게 길을 묻다
이무완 지음 | 328쪽 | 값 15,000원

 어쩌다 혁신학교
유우석 외 지음 | 380쪽 | 값 17,000원

 낙오자 없는 스웨덴 교육
레이프 스트란드베리 지음 | 변광수 옮김
208쪽 | 값 13,000원

 미래, 교육을 묻다
정광필 지음 | 232쪽 | 값 15,000원

 끝나지 않은 마지막 수업
장석웅 지음 | 328쪽 | 값 20,000원

 대학, 협동조합으로 교육하라
박주희 외 지음 | 252쪽 | 값 15,000원

 경기꿈의학교
진흥섭 외 지음 | 360쪽 | 값 17,000원

 입시, 어떻게 바꿀 것인가?
노기원 지음 | 306쪽 | 값 15,000원

 학교를 말한다
이성우 지음 | 292쪽 | 값 15,000원

 촛불시대, 혁신교육을 말하다
이용관 지음 | 240쪽 | 값 15,000원

 행복도시 세종,
혁신교육으로 디자인하다
곽순일 외 지음 | 392쪽 | 값 18,000원

 라운드 스터디
이시이 데루마사 외 엮음 | 224쪽 | 값 15,000원

 나는 거꾸로 교실 거꾸로 교사
류광모·임정훈 지음 | 212쪽 | 값 13,000원

 미래교육을 디자인하는 학교교육과정
박승열 외 지음 | 348쪽 | 값 18,000원

 교실 속으로 간 이해중심 교육과정
온정덕 외 지음 | 224쪽 | 값 13,000원

 흥미진진한 아일랜드 전환학년 이야기
제리 제퍼스 지음 | 최상덕·김호원 옮김 | 508쪽 | 값 27,000원
2019 대한민국학술원우수학술도서

 교실, 평화를 말하다
따돌림사회연구모임 초등우정팀 지음
268쪽 | 값 15,000원

 폭력 교실에 맞서는 용기
따돌림사회연구모임 학급운영팀 지음
272쪽 | 값 15,000원

 학교자율운영 2.0
김용 지음 | 240쪽 | 값 15,000원

 그래도 혁신학교
박은혜 외 지음 | 248쪽 | 값 15,000원

 학교자치를 부탁해
유우석 외 지음 | 252쪽 | 값 15,000원

학교는 어떤 공동체인가?
성열관 외 지음 | 228쪽 | 값 15,000원

 국제이해교육 페다고지
강순원 외 지음 | 256쪽 | 값 15,000원

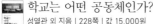

교사 전쟁
다나 골드스타인 지음 | 유성상 외 옮김
468쪽 | 값 23,000원

 시민, 학교에 가다
최형규 지음 | 260쪽 | 값 15,000원

 학교를 살리는 회복적 생활교육
김민자·이순영·정선영 지음 | 256쪽 | 값 15,000원

 교사를 위한 교육학 강의
이형빈 지음 | 336쪽 | 값 17,000원

 새로운학교 학생을 날게 하다
새로운학교네트워크 총서 02 | 408쪽 | 값 20,000원

 세월호가 묻고 교육이 답하다
경기도교육연구원 지음 | 214쪽 | 값 13,000원

 미래교육, 어떻게 만들어갈 것인가?
송기상·김성천 지음 | 300쪽 | 값 16,000원
2019 세종도서 교양부문

 교육에 대한 오해
우문영 지음 | 224쪽 | 값 15,000원

 혁신교육지구 현장을 가다
이용운 외 4인 지음 | 344쪽 | 값 18,000원

배움의 독립선언, 평생학습
정민승 지음 | 240쪽 | 값 15,000원

 선생님, 페미니즘이 뭐예요?
염경미 지음 | 280쪽 | 값 15,000원

 평화의 교육과정 섬김의 리더십
이준원·이형빈 지음 | 292쪽 | 값 16,000원

 수포자의 시대
김성수·이형빈 지음 | 252쪽 | 값 15,000원

 혁신학교와 실천적 교육과정
신은희 지음 | 236쪽 | 값 15,000원

 삶의 시간을 잇는 문화예술교육
고영직 지음 | 292쪽 | 값 16,000원

 혐오, 교실에 들어오다
이혜정 외 지음 | 232쪽 | 값 15,000원

 혁신교육지구와 마을교육공동체는 어떻게 만들어지는가?
김태정 지음 | 376쪽 | 값 18,000원

 선생님, 특성화고 자기소개서 어떻게 써요?
이지영 지음 | 322쪽 | 값 17,000원

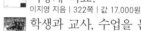 **학생과 교사, 수업을 묻다**
전용진 지음 | 344쪽 | 값 18,000원

 혁신학교의 꽃, 교육과정 다시 그리기
안재일 지음 | 344쪽 | 값 18,000원

● **살림터 참교육 문예 시리즈** 영혼이 있는 삶을 가르치는 온 선생님을 만나다!

 꽃보다 귀한 우리 아이는
조재도 지음 | 244쪽 | 값 12,000원

 성깔 있는 나무들
최은숙 지음 | 244쪽 | 값 12,000원

 아이들에게 세상을 배웠네
명혜정 지음 | 240쪽 | 값 12,000원

 밥상에서 세상으로
김흥숙 지음 | 280쪽 | 값 13,000원

 우물쭈물하다 끝난 교사 이야기
유기창 지음 | 380쪽 | 값 17,000원

 선생님이 먼저 때렸는데요
강병철 지음 | 248쪽 | 값 12,000원

 서울 여자, 시골 선생님 되다
조경선 지음 | 252쪽 | 값 12,000원

 행복한 창의 교육
최창의 지음 | 328쪽 | 값 15,000원

 북유럽 교육 기행
정애경 외 14인 지음 | 288쪽 | 값 14,000원

 시험 시간에 웃은 건 처음이에요
조규선 지음 | 252쪽 | 값 15,000원

밥상혁명
강양구·강이현 지음 | 298쪽 | 값 13,800원

좌우지간 인권이다
안경환 지음 | 288쪽 | 값 13,000원

도덕 교과서 무엇이 문제인가?
김대용 지음 | 272쪽 | 값 14,000원

민주시민교육
심성보 지음 | 544쪽 | 값 25,000원

자율주의와 진보교육
조엘 스프링 지음 | 심성보 옮김 | 320쪽 | 값 15,000원

민주시민을 위한 도덕교육
심성보 지음 | 500쪽 | 값 25,000원
2015 세종도서 학술부문

민주화 이후의 공동체 교육
심성보 지음 | 392쪽 | 값 15,000원
2009 문화체육관광부 우수학술도서

교과서 밖에서 배우는 인문학 공부
정은교 지음 | 280쪽 | 값 13,000원

갈등을 넘어 협력 사회로
이창언·오수길·유문종·신윤관 지음
280쪽 | 값 15,000원

오래된 미래교육
정재걸 지음 | 392쪽 | 값 18,000원

동양사상과 마음교육
정재걸 외 지음 | 356쪽 | 값 16,000원
2015 세종도서 학술부문

대한민국 의료혁명
전국보건의료산업노동조합 엮음 | 548쪽 | 값 25,000원

교과서 밖에서 배우는 철학 공부
정은교 지음 | 280쪽 | 값 14,000원

교과서 밖에서 배우는 고전 공부
정은교 지음 | 288쪽 | 값 14,000원

교과서 밖에서 배우는 사회 공부
정은교 지음 | 304쪽 | 값 15,000원

전체 안의 전체 사고 속의 사고
김우창의 인문학을 읽다
현광일 지음 | 320쪽 | 값 15,000원

교과서 밖에서 배우는 윤리 공부
정은교 지음 | 292쪽 | 값 15,000원

카스트로, 종교를 말하다
피델 카스트로·프레이 베토 대담 | 조세종 옮김
420쪽 | 값 21,000원

한글 혁명
김슬옹 지음 | 388쪽 | 값 18,000원

일제강점기 한국철학
이태우 지음 | 448쪽 | 값 25,000원

우리 안의 미래교육
정재걸 지음 | 484쪽 | 값 25,000원

한국 교육 제4의 길을 찾다
이길상 지음 | 400쪽 | 값 21,000원
2019 세종도서 학술부문

왜 그는 한국으로 돌아왔는가?
황선준 지음 | 364쪽 | 값 17,000원
2019 세종도서 교양부문

마을교육공동체 생태적 의미와 실천
김용련 지음 | 256쪽 | 값 15,000원

공간, 문화, 정치의 생태학
현광일 지음 | 232쪽 | 값 15,000원

교육과정에서 왜 지식이 중요한가
심성보 지음 | 440쪽 | 값 23,000원

인공지능 시대의 사회학적 상상력
홍승표 지음 | 260쪽 | 값 15,000원

식물에게서 교육을 배우다
이차영 지음 | 260쪽 | 값 15,000원

동양사상과 인간 그리고 사회
이현지 지음 | 418쪽 | 값 21,000원

참된 삶과 교육에 관한
생각 줍기